BASIC OF ARTIFICIAL INTELLIGENCE

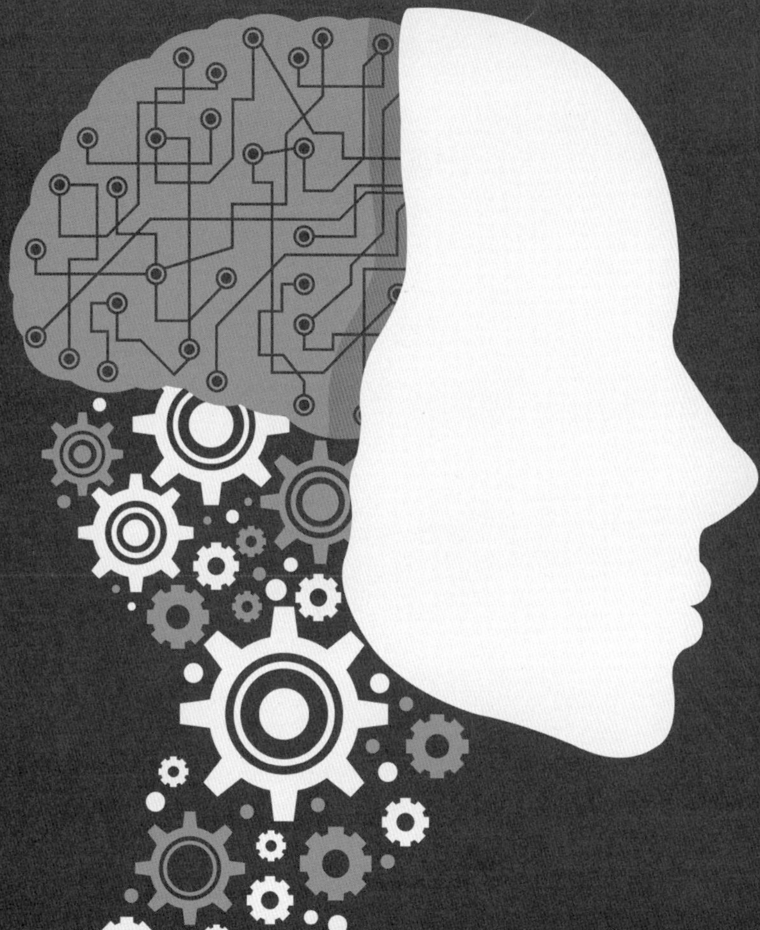

인공지능의 기초

저 자 고바야시 이치로(小林一郎)
역 자 장문수 · 심귀보 · 박계각 · 이상용 · 김광백 · 조영임

서문

1950년대부터 본격적으로 발전해온 인공지능 기술은 지금에 이르러서는 우리 일상생활의 어디서든지 넘쳐나서 생활을 윤택하게 하고 있습니다. 체스나 퍼즐을 푸는 게임 프로그램 등으로 시작하여 신약 개발이나 혹성탐색 로봇 개발 등, 지금은 인공지능의 범위에 포함되는 기술이 여러 방면에 걸쳐 있습니다. 애초의 "인공의 지능(Artificial Intelligence)"을 개발한다는 큰 뜻에서 보다 실생활에 밀착한 "지능의 증폭(Amplified Intelligence)"이라는 형태로 모양을 바꿔서 우리들의 생활에 녹아 들고, 그리하여 필수불가결한 것이 되고 있습니다. 이와 같은 의미에 있어서 인공지능 연구는 이전과 비교하면 연구대상을 한정하는 학문이 아니고, 또한 하나의 학문영역으로 구성된 연구영역을 넘어서 그 대상과 이론적 범위를 넓혀가고 있다고 말할 수 있습니다.

이 책은 대학의 학부생을 대상으로 인공지능이라는 기술을 접해봤으면 하는 바램을 담아서 집필하였습니다. 앞서 기술한 것처럼, 인공지능 연구는 학제적(學際的, interdisciplinary)이면서 다방면에 걸쳐져 있어서 한 사람의 연구자가 모든 것을 깊게 전공으로 하기는 매우 어려운 학문입니다. 이번 집필에 있어 인공지능 연구분야를 저자 혼자서 넓게 망라하는 것을 주저하면서도 학생들에게 널리 인공지능 기술의 훌륭함을 알려주고 싶다는 소망을 담아서 인공지능의 대표적인 기술을 15장에 걸쳐 집필했습니다. 그리고 혹시 이 책이 강의 교재로 사용되었을 때 교수님들의 전공이 포함될 수 있도록 가능한 한 많은 인공지능 기술을 소개할 수 있도록 신경을 썼습니다. 이와 같은 배려를 하고 있지만 이 책에서 다룰 수 있는 이론과 기술의 수, 그리고 내용의 깊이에는 한계가 있어서 독자분들을 만족시킬 없는 부분이 있을지도 모르겠습니다. 그것은 저자의 역량부족으로 양해를 구하고 싶습니다.

다음으로 이 책의 구성에 관해서 말씀드리겠습니다.

제 1 장 서론 인공지능이란 어떤 것인가? 또한 그 분야는 어떤 것인가? 인공지능의 현재에 이르기까지의 역사에 관해서 정리하였습니다.

제 2 장 문제-해결 문제의 표현 방법과 상태를 표현하는 탐색 공간 모델에 대하여 설명합니다.

제 3 장 절차적 탐색과 휴리스틱 탐색 인공지능의 기초 기술이 되는 여러 가지 탐색 방법에 대하여 설명합니다.

제 4 장 문제 분해법과 게임 탐색 문제를 분할하여 효율적으로 해를 구하는 방법과 게임을 대상으로 하는 탐색 방법에 대하여 설명합니다.

제 5 장 기호 논리 명제 논리와 술어 논리에 대하여 설명합니다.

제 6 장 도출 원리와 논리 프로그래밍 도출 원리와 그것에 기초한 논리 프로그래밍에 대하여 설명합니다.

제 7 장 의미 네트워크와 온톨로지 인공지능의 대표적인 지식 표현인 의미 네트워크와 지식의 재이용과 공유를 목적으로 하는 지식 표현인 온톨로지에 대하여 설명합니다.

제 8 장 프레임 이론과 객체 지향 인공지능의 대표적인 지식 표현인 프레임 이론과, 프레임 이론과 유사한 프로그래밍의 패러다임인 객체 지향에 대하여 설명합니다.

제 9 장 프로덕션 시스템 전문가 시스템의 핵심이 되는 기술인 프로덕션 시스템에 대하여 설명합니다.

제 10 장 지식의 불확실성 다루기 퍼지 이론과 베이즈 이론에 대하여 설명합니다.

제 11 장 기계 학습 개념 학습, 결정트리 학습, 강화 학습에 대하여 설명합니다.

제 12 장 신경망 이론 신경망 이론의 대표적인 모델인 퍼셉트론, 호프필드 네트워크, 볼쯔만머신에 대하여 설명합니다.

제 13 장 유전자 알고리즘 진화 연산의 하나로 조합 최적화 문제를 해결하는 유전자 알고리즘에 대하여 설명합니다.

제 14 장 에이전트 분산형 인공지능으로 일컬어지는 에이전트 기술의 기초에 대하여 설명합니다.

제 15 장 자연언어 처리 자연언어 처리의 기초 기술인 형태소 분석, 구문 분석, 의미 분석에 대하여 설명합니다.

이 책을 집필할 수 있는 기회를 주신 오차노미즈 여자대학 명예교수이자, 아오야마학원대학 사회정보학부의 増永良文(마스나가요시후미)교수님께 감사드립니다. 사이언스사의田島伸彦 (타지마 노부히코)편집부장님, 渡辺はるか(와타나베 하루카)씨께는 필력이 없는 저자를 끝까지 따뜻하게 지원해 주셔서, 그리고 교정 단계에서는 매우 성가시게 해드렸음에도 불구하고 시종일관 너그러운 마음으로 지켜봐 주셔서 진심으로 감사를 드립니다.

그리고 집필하는 중에 외부 연구로 나가게 되었는데 따뜻한 지원을 해주신 저자의 소속학과 교수님들, 그 외 여러 교수님들, 그리고 저자의 연구실 학생 모두에게 깊이 감사드립니다.

끝으로 항상 따뜻한 성원을 보내주는 가족에게 마음으로부터 감사를 드립니다.

이 책을 통해서 한 사람이라도 더 많은 분들이 인공지능에 흥미를 가지게 되어서, 그 분들이 인공지능의 기초를 배울 때 길잡이가 되어 한 사람이라도 더 많은 연구자를 육성하게 된다면 가장 큰 기쁨이 되겠습니다.

2008년 10월 13일

고바야시 이치로(小林一郎)

교수님들의 강의용 자료로 이 책에 게재된 그림과 표를 묶어서 PDF 파일을 준비해 두었습니다. 필요하신 분은 연락처를 적어서 사이언스사 편집부(rikei@saisensu.co.jp)로 연락해 주십시오. 책 뒤에 실리지 못한 각 장의 연습문제의 상세한 해답은 사이언스사 홈페이지(http://www.saiensu.co.jp) 의 이 책에 대한 지원 페이지로부터 받을 수 있습니다.

역자서문

역자가 대학을 다닐 때만해도 인공지능은 대학원 과정에서나 접할 수 있는 매우 전문적인 기술이었지만, 지금은 일상 생활 속에서도 쉽게 접할 수 있는 보통 명사처럼 사용되고 있습니다. 그러나 막상 기술적으로 접근하면 인공지능 분야는 컴퓨터 기술 중에서 매우 광범위한 기술 분야입니다. 저자나 역자 교수님들 모두 넓은 의미의 인공지능의 한 분야들을 전공으로 하고 있는 연구자들이지만 각자 기술적인 내용이 달라서 세부적인 내용을 공유하기는 어렵습니다.

따라서 학부 과정에서 인공지능은 주로 3학년이나 4학년 과정에 포함되는 경우가 대부분입니다. 학부에서는 인공지능에는 어떤 기술들이 있고, 각 분야 기술들이 어떤 기술적 갈래를 통해 발전되어 왔으며, 어떻게 응용되고 있는지 정도의 대략적인 개념을 배우고 있습니다. 그리고 자세한 기술적인 사항이나 프로그래밍 응용은 대학원 과정에서 다루는 것이 일반적입니다.

역자도 대학에서 학부 강의를 하면서 인공지능의 전반적인 내용을 두루 설명을 하려고 노력하고 있지만, 넓은 인공지능 학문 분야를 모두 다루는 교재를 접하기는 거의 불가능합니다. 만약 그런 교재가 있고 내용도 깊이있게 다루고 있다면 그 교재는 아마 한 권의 책이 아닐 것입니다. 불행히도 우리는 그런 교재를 찾을 수도 없을 뿐만 아니라 설령 있다고 하더라도 학부 과정에서 한 학기 또는 두 학기에 강의를 하는 것은 불가능하다고 생각됩니다. 역자도 강의 교재를 선택할 때 이러한 점 때문에 항상 고민을 하곤 하였으며, 이러한 이유로 인해 수없이 쏟아지는 컴퓨터 분야 도서 중에서 인공지능의 신간 도서를 발견하기가 쉽지 않은 실정입니다.

인공지능 분야는 산업과 밀접한 관련이 있는 학문으로 전통적으로 산업이 발달한 일본이 상당히 앞서 있는 분야입니다. 일본에서 과학과 공학 분야 기술 서적을 전문으로 출판하는 사이언스 사에서 컴퓨터 과학의 주요 분야들의 레퍼런스 북을 시리즈로 출간하고 있는데, 본 역서의 원문은 시리즈 중 13번째 책으로 나왔으며 일본 각지의 대학에서 교재로 채택하고 있습니다.

개인적으로 알고 있는 저자는 매우 꼼꼼하고 성실한 사람입니다. 너무 예의가 바르고 진지한 사람이라서 오히려 부담스러울 정도입니다. 이 책에는 이러한 저자의 성격이 잘 나타나 있습니다. 이 책은 인공지능의 많은 분야를 최대한 포함시키려고 노력한 흔적이 역력히 보입니다. 그리고 각 장의 내용은 그림과 함께 매우 친절하게 설명되어 있습니다. 다년간에 걸친 저자의 강의 노하우를 포함하고 있을 뿐만 아니라, 책의 저술을 위하여 부족한 부분은 관련 분야 교수님의 강의를 들으면서까지 내용을 이해하고 책의 내용에 포함시키는 노력을 한 것으로 알고 있습니다. 한편으로는 학부 강의를 염두에 두고 책의 분량이 너무 많지 않게 조절을 하고 있어서 강의할 때나 학생들이 혼자 공부를 할 때 부담을 덜 느낄 수 있습니다.

그러나 인공지능 분야 자체가 너무 넓고 많은 내용을 책에 담으려고 했기 때문에, 이 책의 내용을 한 학기의 강의에서 모두 설명하는 것이 부담스러울 수 있습니다. 5장의 기호 논리와 6장의 도출 원리는 학부생이 이해하기에는 어려운 부분도 포함하므로 생략할 수도 있습니다. 그리고 11장 이후 응용 분야 기술에서는 강의하시는 교수님의 견해에 따라 일부는 생략하더라도 전체적인 흐름에는 지장이 없습니다.

덧붙여 원문의 마지막 장인 자연언어처리가 번역과정에서 누락된 것에 대해 전공자의 한 사람으로서 매우 안타깝고 독자들에게 죄송스럽게 생각합니다. 자연언어처리는 인간의 언어를 컴퓨터가 이해하여 처리를 할 수 있도록 하는 기술로 인공지능에서 매우 중요한 응용 분야 중 하나입니다. 그러나 언어를 처리하는 기술이므로 그 언어의 문법에 따라 처리 알고리즘이 상당히 다릅니다. 번역과정에서 상당 부분은 번역이 완료되었으나, 일본어와 일본어 문법에 맞춘 알고리즘 부분은 한국어로 옮기더라도 국내 독자들이 이해하거나 활용할 수 없는 부분들이라서 고심한 끝에 역서에서 제외하기로 하였습니다. 거듭 죄송하다는 말씀을 드립니다.

역자들은 이 책을 번역하면서 저자의 의도를 존중하기 위하여 원문의 표현을 그대로 유지하는 것을 목표로 하는 한편, 한국어로 바꿨을 때 가능한 한 표현이 어색하지 않도록 하기 위하여 노력하였습니다. 그러나 한국어와 일본어의 유사하면서도 미묘한 차이들 때문에 번역이 매끄럽지 못한 경우도 간혹 있을 수 있습니다. 혹여 이러한 부분이 발견되면 역자의 능력 부족이 원인이니 너그러이 봐주시면 감사하겠습니다.

2014년 2월

역자대표 장문수

차 례

Chapter 1 서 론

Chapter 2 문제-해결

Chapter 3 체계적 탐색법과 휴리스틱 탐색법

Chapter 4 문제 분해법과 게임 탐색

Chapter 5 기호 논리

Chapter 6 도출 원리와 논리 프로그래밍

Chapter 7 의미 네트워크와 온톨로지

Chapter 10 지식의 불확실성 다루기

Chapter 11 기계 학습

Chapter 12 뉴럴 네트워크

Chapter 13 유전자 알고리즘

Chapter 14 에이전트

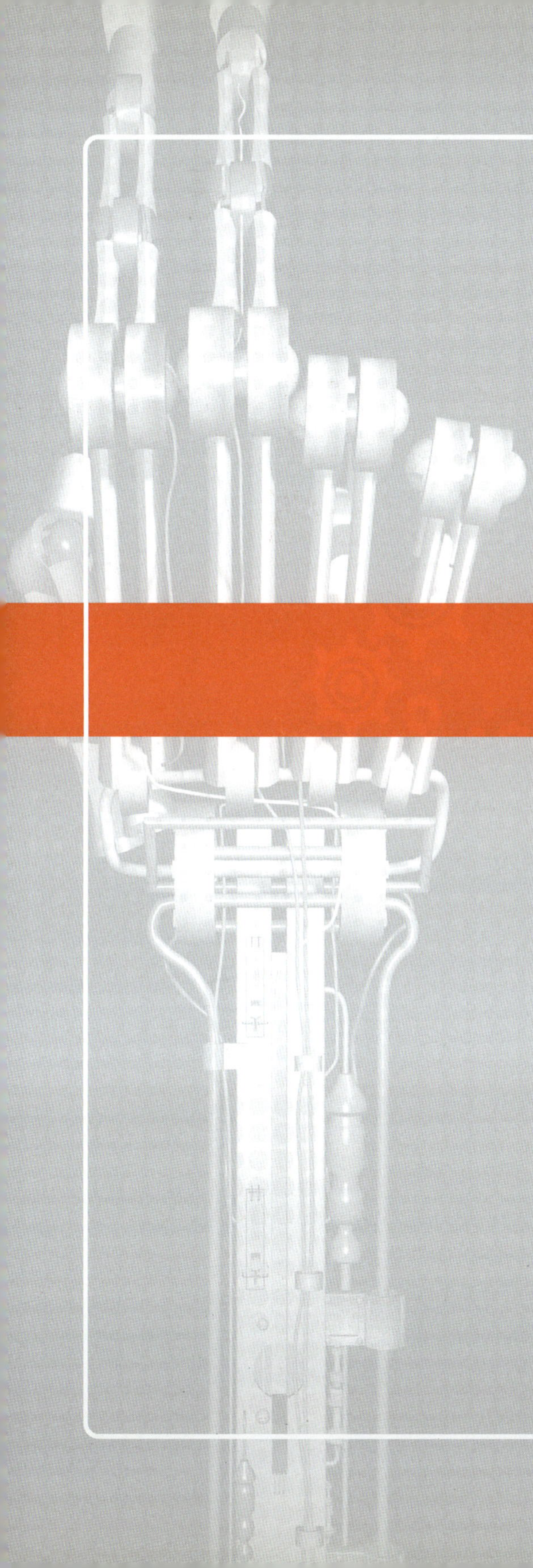

Chapter 1

서 론

지식을 가진 기계를 만들겠다는 꿈은 자신의 분신을 가지려는 인간의 본능적인 욕망일까? 계산기가 만들어지고 현실감이 높아지자 많은 연구자를 사로잡아 왔다. 인공지능 연구는 1950년대부터 시작하여 지금은 우리들의 일상 생활에서 자연스럽게 사용되고 있는 기술이다. 이 장에서는 인공지능이란 어떤 것인지, 어떠한 것들이 연구 대상이 되어 왔고, 어떤 변천을 겪어왔는지를 설명한다.

1.1 인공지능이란

인공지능 연구는 꿈과 희망을 가진 당시의 젊은 연구자들[1]이 1956년 미국 다트머스 대학에서 개최된 회의(**다트머스 회의**(Dartmouth Conference)라고 한다)에 모여서, 그 회의에 참가한 맥커시(J. McCarthy)에 의해 "Artificial Intelligence(인공지능)"라는 단어가 사용된 것으로부터 그 회의가 인공지능 연구의 기점이라고 말해지고 있다.

여기서 인공의 "지능"을 생각하기 전에 우선 사람(자연)의 "지능"에 대하여 생각해 보자. 인간의 지능, 즉 인간이 행하는 지적 작업은 추론, 기억, 인식, 이해, 학습, 창조라고 하는 현실 세계에 적응하기 위한 능력을 가리킨다. 인공의 "지능"은 인간 "지능"의 어느 부분을 기계가 하도록 함으로써 만들어진다.

[1]민스키(M. Minsky), 샤논(C. Shannon) 등 나중에 인공지능 연구, 정보과학 연구를 선도하는 연구자들이 참가하였다.

1.2 인공지능의 역사

● ENIAC 이후

1945년에 펜실베니아 대학에서 ENIAC이라는 탄도 계산용으로 세계 최초의 대형 계산기가 개발된 이후 계산기가 열어젖힌 가능성에 대한 기대는 한껏 부풀어 올라, 인간의 지성도 계산기에서 실현될 수 있지 않을까하는 데까지 이르렀다.

인간의 지성을 정보 처리라는 관점으로 포착하는 것의 유용성은 일찍이 튜링(A.M. Turing)에 의해 지적되었다. 특히 1950년 그의 논문 "Computing Machinery and Intelligence(계산 기계와 지능)"에서는 인간의 지성과 기계에 의한 계산과의 관계에 대해서 언급하고, 이후에는 기계가 지성을 가지고 있는지 아닌지를 판단하는 "튜링 테스트"라는 방법을 제안하였다.

튜링테스트

기계가 지능을 가지는 것을 목표로 하기 전에 "지능"을 가진다는 것이 어떤 것인가 하는 것이 논란의 대상이 된다. 1950년에 영국의 수학자 튜링은 기계가 지능을 가지고 있는지를 알아보기 위한 테스트(튜링 테스트(Turing test))를 제안하였다. 튜링 테스트란 상대가 보이지 않는 상태에서 대화(타이프라이터(지금의 이메일 등) 등에 의한 대화)를 수행할 때 대화 상대가 기계임에도 불구하고 상대를 인간으로 착각하게 될 때 기계는 "지능을 가지고 있다"고 판단할 수 있다는 테스트이다(그림 1.1 참조).

그러나 철학자 존 설(J. Searle)은 "**중국어의 방**(Chinese room argument)"이라는 반론으로 튜링 테스트의 불완전성을 지적하고 있다.

설의 "중국어의 방"이란 예를 들어 지금 방에는 한국어밖에 모르는 사람이 있다고 하자. 그 방에는 중국어를 몰라도 메시지로 보내온 중국어 질문을 한국어로 바꾸고 한국어 응답문을 중국어로 바꾸는 것으로 중국어 응답이 가능해지는 완벽한 번역책이 있다고 하자. 이것은 중국어 응답이 가능해지는 것만으로는 중국어를 할 줄 안다고 할 수 없게 된다. 이것은 마치 사람처럼 응답을 할 수 있는 기계가 있어서 튜링 테스트에 합격했다고 해도 그 기계가 정말로 지능이 있다고는 말할 수 없다는 것을 지적하고 있다.

[그림 1.1] 튜링 테스트

1950년대에 인간의 지성을 계산기 상에 실현해보려는 시도는 어떻게하면 계산기 상에서 동작하는 지적이라고 생각되는 프로그램을 개발할까 하는 것에 힘을 쏟아부어, 인간의 지적인 활동에 대한 모방의 하나로서 게임이 가능한 계산기의 실현에 착안하였다. 이것은 게임에 의해 기계의 지성과 인간의 지성을 경쟁시킴으로써 계산기 상에서 실현되는 지성을 인간의 지성과 같은 것으로 인정받고 싶은 희망이 있었다고 추측된다. 1950년에는 샤논(C.Shannon)에 의해 "Automatic Chess Player(자동 체스 기계)"라는 논문이 집필되는 등, 1950년대는 게임이라는 프로그램을 소재로 하여 여러 가지 문제의 모델화 방법이나 탐색 방법의 개발 등이 이루어지고, 나아가 1958년에는 그것들의 모델을 처리하기 위해 사용되어온 리스트 처리 언어를 더욱 기술력을 높여서 리스트 처리 언어 LISP가 맥커시에 의해 개발되는 등 인공지능 프로그램 개발에 적합한 새로운 프로그래밍 언어의 개발 등이 이루어져 인공지능 기술의 기반이 되는 기술이 개발되었던 시대였다. 1956년에는 다트머스 대학에서 맥커시, 민스키(M.Minsky), 로체스터(N.Rochester), 샤논 등이 중심이 되어 지능 기계에 관한 연구토론회(다트머스 회의)가 개최되어, 지능 기계를 처음으로 "Artificial intelligence(인공지능)"이라는 단어를 사용하여 부른 인공지능 연구의 역사적인 회의가 되었다. 1958년에는 퍼셉트론이라는 최초의 신경망 모델이 제안되어 학습 기능을 가진 기계로 주목을 받아 신경망 연구의 첫 붐을 일으켰다. 이 시대는 인공지능 연구의 기초가 구축된, 명실상부한 인공지능의 여명기라고 할 수 있는 시대였다.

● 1970년 이후

ENIAC 출현 이후, 컴퓨터를 지능적으로 만들려고 하는 인공지능 연구가 주목을 받아서, 인간과 게임을 하는 등의 지능적으로 보이는 프로그램의 장래성에 크게 기대하는 시기가 지속되었다.

1950~1960년대의 인공지능 연구는 정해져 있는 문제를 어떻게 효율적으로 해결하는가 하는 일반적인 방법 등이 연구 대상이 되었지만, 1969년에 맥커시와 헤이즈(P.J.Hayes)의 논문 "Some Philosophical Problems from the Standpoint of Artificial Intelligence(인공지능 관점에서의 몇 가지 철학적 문제)"에 의해 인공지능 최대의 난제인 **"프레임 문제**(The frame problem)"가 지적됨으로써 사람들은 인공지능 프로그램의 한계를 느끼기 시작하게 되었다. 프레임 문제란 유한한 정보처리 능력밖에 없는 인공지능은 대상 세계에 존재하는 모든 문제에 대처할 수 없다는 것이다.

이와 같이 인공지능이 안고 있는 본질적이면서 커다란 문제를 눈치채지 못하면서 희망으로 충만하여 연구가 진행되어온 1960년대까지의 초기 인공지능 연구의 시대를 지금은 약간 비꼬아서 **"GOFAI**(Good Old Fashioned AI : 좋은 옛 인공지능)"라고 말한다. 이것은 인공지능 연구자가 인간의 두뇌와 같은 지적인 시스템은 그렇게 간단하게 만들어지지 않는다는 것을 실감하면서 "그때는 좋았지"라고 회상하는 기분이 채워져 있다고 생각된다.

1970년대로 들어오면서 그때까지의 추론이나 일반적인 문제-해결 알고리즘을 개발하는데 주안점을 주었던 연구 동향이 크게 변하여 지식의 시대가 다가온다. 이것은 프레임 문제에서도 지적되었던 것처럼 실세계에 대응하는 지능 시스템을 개발하기 위해서는 현실 세계에 대한 방대한 지식을 시스템이 가지고 있을 필요가 있다는 것이 강하게 인식됨에 따른 것이다. 1970년대는 지식 표현에 관한 기술이나 지식을 사용한 **전문가 시스템**(expert system) 개발 등이 많이 이루어졌다. 또한, 1972년에는 위노그라드(T.Winograd)에 의해 "Natural Language Understanding(자연 언어 처리)"라는 논문이 발표되어 사용자가 입력하는 자연 언어 문장을 이해하여 로봇팔을 조작하여 컴퓨터 안에 그려져 있는 쌓기나무를 이동시키는 자연 언어 이해 시스템 **SHRDLU**를 개발하였다. SHRDLU는 이후 인공지능

프레임 문제

철학자 데네트(D.Dennette)는 폭탄을 처리하는 인공지능 로봇을 예로 들어 그 문제를 설명했다.

어떤 로봇 1호는 시한폭탄이 설치되어 있는 방에서 자신을 움직이게 하는 배터리를 가지고 나오도록 명령을 받았다. 그러지 않으면 스스로 움직일 수 없게 되기 때문이다. 방으로 들어간 로봇은 배터리를 정확하게 가지고 나왔지만 배터리 위에 폭탄이 올려져 있는 것을 알지 못해 폭탄이 폭발하여 부서지고 말았다. 즉, 명령받은 목적을 달성하는 것은 가능하였지만, 그 외 것은 처리하지 못한 것이다.

이것을 개선하여 만들어진 로봇 2호는 "스스로 의도하여 행동한 결과로 인해 환경에 미치는 부차적인 결과를 인식하는 기능"을 프로그래밍하였다. 로봇 2호는 배터리 앞까지 가서 갑자기 추론을 시작하였다. "배터리를 옮겨도 폭탄의 색은 변하지 않는다", "배터리를 옮길 때 먼지가 날린다", "배터리를 옮길 때 소리가 난다", …등 관련없는 추론을 하고 있는 동안에 시한폭탄이 터지고 말았다.

또다시 개선되어 만들어진 로봇 3호는 "목적한 행위와 관계가 있는 결과와 무관한 결과를 구별할 수 있도록 하여 무관한 것은 무시하는 기능"을 프로그래밍했다. 그러나 로봇 3호는 배터리를 앞에 두고 전혀 움직이지 않게 되었다. 로봇 3호에게 "어떻게 된 건가?"하고 물으니 "지금 배터리를 가지는 행위에 무관한 것을 발견하여 그것을 무시하는 계산을 하고 있습니다. 무관한 일이 매우 많아서…"라고 하는 동안에 시한폭탄은 폭발하고 말았다.

이와 같이 현실 세계에서 지능적으로 행동하기 위해서는 그 세계에 관한 지식을 가지고 있으면서 현실 세계에서 적절하게 유한한 시간 동안에 문제를 해결해야만 하는 것이 중요하다는 것을 지적하고 있다. 이것은 인공지능의 문제만이 아니라 자연적으로 발생한 지식(즉 우리 인간들의 지식)에 있어서도 똑같이 적용되는 것으로, 맥커시 등에 의해 지적된 프레임 문제와 구별하여 "**일반화 프레임 문제**"라고 한다.

분야에 있어서 통칭 "쌓기나무의 세계(blocks world)"라고 말해지면서 자연 언어 이해 시스템의 마일스톤 중 하나가 되고 있다. 그리고, 같은 해 샹크(R.Schank)에 의해 "Conceptual Dependency Theory(개념 의존 논리)"라는 논문이 발표되어, 이후의 지식이나 의미의 표현 형식에 큰 영향을 주었다. 이것은 제각각의 표현으로 나타나는 동일한 의미를 가진 문장을 의미의 기본 단위로 간주되는 소수의 개념

형태와 의존 관계에 의해 그 의미를 통일시켜 표현하려고 하는 추론이다. 샹크는 행위에 관한 11개의 기본 개념을 준비하여 모든 문장이 그 기본 개념을 이용하여 표현되도록 하였다. 또한 이것을 이용하여 추론도 가능하도록 하여 문장의 의미에 기반한 추론을 수행하는 자연 언어 이해 시스템 **MARGIE**를 개발하였다. 샹크는 그 외에도 인간이 가지고 있는 일련의 사상 계열에 의한 지식인 스크립트(script)나 전형적인 단편지식의 단위를 취급하는 인간의 기억 이론인 **MOP**(Memory Organization Packet) 등을 제안하여, 인간의 지적활동과 동등한 지적활동의 실현을 목표로 하는 여러 가지 인공지능 방법을 개발하였다.

1975년에는 민스키에 의해 프레임 이론(frame theory)이라는 지식 표현 방법이 "A Framework for Representing Knowledge(지식 표현을 위한 틀)"이라는 논문으로 발표되어, 이후 인공지능 기술에 있어서 대표적인 지식 표현법의 하나가 된다.

1970년대에는 많은 전문가 시스템이 만들어졌다. 대표적인 것으로서 스탠포드 대학에서 개발된 감염증의 진단을 수행하는 전문가 시스템 **MYCIN**은 여러 가지 증세로부터 감염증의 가능성을 진단하는 것으로, 실제로 환자 치료에 사용되지는 못했지만 진단 결과의 정확성은 뛰어난 것이었다. 그 외에도 녹내장 진단 시스템인 **CASNET**이나, 화이겐바움(E.A.Feigenbaum) 등이 1960년대부터 실시한 **DENDRAL** 프로젝트에서 1975년에 개발된 Meta-DENDRAL이라는 전문가 시스템에 의해 화학 분야에서 전문가를 대신하여 새로운 분자구조를 발견하는 등 많은 성공을 거두었다. 그러나 전문가 시스템을 구축하는 데 있어서 중요한 것은 전문가의 지식을 어떻게 이끌어내어 그것을 계산기가 이용할 수 있는 형태로 표현하는가 하는 것이었다. 전문가의 지식은 말로 표현할 수 있는 것에서부터 몸으로 체득하고 있는 지식처럼 말로 표현하기 어려운 것까지 여러 가지가 있다. 그래서 전문가의 지식을 이끌어내어 이용가능한 상태로 만드는 것의 어려움을 "지식 획득의 **병목 현상**(knowledge acquisition bottleneck)"이라고 부르게 되었다. 1977년에 제 5회 인공지능 국제학술회의에서 화이겐바움은 지식을 이용하는 연구영역을 **지식공학**(knowledge engineering)으로 총칭하자는 취지의 강연을 하고, 나중에 이것이 인지과학도 그 포함시킨 받아들인 "지식공학"이라는 학문 분야를 탄생시키게 된다.

● 1980년대

1980년대로 들어오면서, 1970년대에 개발된 전문가 시스템의 성공 등에 힘입어 인공지능 기술의 산업화에 대한 기대가 부풀어 오르게 된다. 일본에서는 **제5세대 컴퓨터 프로젝트**(The fifth generation computer project)가 발족하여 인공지능 붐이 일어났다. 이 시대에 다른 국가들도 인공지능 연구에 대한 투자를 많이 하게 되어, 프레임 문제 이후 인공지능 연구가 한번 암흑 시대를 맞이하고, 1970년대에 지식을 이용한 시스템의 출현으로 부흥을 시작하여 이 시대에 와서 또다시 각광을 받게 되었다. 1986년에는 일본 인공지능학회가 설립되어 일본 인공지능 연구자들이 교류하면서 연구 활동을 촉진시키는 기반이 만들어졌다. 그리고 1987년에는 민스키가 "The Society of Mind(마음의 사회)"라는 책을 출판하여 인간의 "마음"이라는 현상을 복수 개의 에이전트(agent)라는 자율적으로 행동하는 집단의 작업으로 이루어진 것이라고 주장하였다. 나중에 이 생각은 1990년대에 에이전트라는 기술로 발전하여 2000년대에 들어가서도 인공지능 기술의 기초적인 개념으로 인식되고 있다. 유례없는 인공지능 붐의 마지막이 되는 1980년대의 끝무렵에는 1965년에 자데(L.A.Zadeh)가 제안한 **퍼지 이론**(fuzzy theory)이 붐이 되어 일본 버블 호황기의 파도를 타고 여러 가전 메이커에서 퍼지 이론을 이용한 가전제품을 만드는 현상이 일어났다. 그 다음 붐으로 1943년에 매컬럭(McCulloch)과 피츠(Pitts)가 제안한 **신경망**(neural network) 모델이 산업계에서 받아들여져서 "뉴로 퍼지"라는 명목으로 수많은 가전제품이 만들어지기도 했다.

● 1990년대

1990년대로 들어가면 1980년대에 과열된 인공지능 붐에 대한 반성의 목소리가 적잖이 들리게 되어, 보다 현실 세계에 뿌리내린 지적 정보처리 연구를 의식하게 되었다. 1990년대 전반에는 생물이 가진 메커니즘이나 알고리즘에 주목한 계산 방법인 **진화 연산**(evolutionary computation) 등이 착안되어 **유전자 알고리즘**

(genetic algorithm)이 인공지능 기술을 대표하는 하나의 자리를 차지하였다. 또한, 전문가 시스템 개발에서 작성된 지식을 재사용가능하고 시스템 간의 상호운용성을 높여주는 기술로서 온톨로지(ontology)가 주목받게 되었다. 1990년대 초부터 **World Wide Web**(WWW)의 보급과 개인용 컴퓨터의 고성능화와 보급에 의해 이전까지는 다룰 수 없었던 대용량 데이터를 처리할 수 있게 된 배경으로부터 **데이터 마이닝**(data mining) 기술이 보급되었다. 그리고 같은 시기에 에이전트 시스템의 다양한 아키텍처가 제안되었다. 1997년에는 에이전트 기술과 로봇 공학을 융합한 **로보컵**(RoboCup)이 일본 연구자들에 의해 주창되었다. 1990년대 후반에는 **유비쿼터스 컴퓨팅**(ubiquitous computing) 개념이 널리 보급되어 인공지능 기술은 다양한 환경 하에서 우리들의 일상생활 속으로 녹아 들어갔다.

● 2000년대

2000년대로 들어오면 WWW를 제창한 팀 버너스 리(Tim Berners-Lee)에 의해 웹 상의 정보에 **메타 데이터**(metadata)를 붙임으로써 정보를 구조화하여 이용가치를 높이는 **시맨틱 웹**(Semantic Web)의 개념이 제창되어, 한때 융성했다가 시들해졌던 온톨로지 연구가 다시 주목받게 되었다. 2000년대 전반에는 웹 상의 데이터를 처리 대상으로 하여 자연언어 처리기술, 인공지능 기술과 융합한 **웹 인텔리전스**(Web intelligence) 연구가 진행되는 등, 인공지능 연구는 시대의 변화와 함께 그 연구 대상을 넓고 깊게 진화시키고 있다.

1.3 인공지능의 연구 분야

인공지능 연구 분야는 인공지능 연구가 시작된 이래로 항상 새로운 개념이 제안되고 연구 대상도 시대를 좇아 변화해오고 있다. 지금도 매우 다방면에 걸쳐

대부분의 인공지능 연구자들은 각자 자신의 전문 분야를 가지고 그 분야 연구를 진행하고 있다. 현재 진행되고 있는 대충의 연구 분야와 대상을 다음 페이지의 표 1.1에 나타낸다.

[표 1.1] 인공지능의 연구 분야와 연구 대상

추론기구	탐색, 플래닝(planning), 논리, 지식 표현, 추론, 퍼지 이론, 확률 추론, 베이즈 이론, 불확실성 추론, 알고리즘, 정리증명
기계 학습	탐색, 플래닝(planning), 논리, 지식 표현, 추론, 퍼지 이론, 확률 추론, 베이즈 이론, 불확실성 추론, 알고리즘, 정리증명
지식처리	지식 획득, 지식 공유, 지식 관리(knowledge management), 온톨로지, 전문가 시스템, 커뮤니티 지원, 추천 시스템, 디지털 라이브러리, XML과 메타데이터, 유비쿼터스 컴퓨팅
웹 인텔리전스	웹 검색, 웹 커뮤니티, 시맨틱 웹, , 웹 서비스
에이전트 · 분산 인공지능	협조문제-해결, 에이전트간 통신, 에이전트 사회, 에이전트 시뮬레이션, 옥션
창발(창의) 시스템	인공 생명, 진화 연산, 유전자 알고리즘, 면역 시스템, 강화 학습, 적응 학습 시스템, 결합설(connectionism)
자연언어처리	자연언어 이해, 대화 처리, 의도 · 담화 이해, 코퍼스 분석, 기계 번역, 정보검색 · 추출, 음성 인식 이해, 음성 대화 처리, 음성 언어 처리, 요약, 질의응답 시스템
패턴 이해	화상 인식 · 이해, 장면(scene) 이해, 동영상 처리, 시청각 심리 모델, 패턴 조직화 · 검색인식과 신체성 지능 로봇, 인지 아키텍처, 신체지(embodied knowledge), symbol grounding
휴먼 인터페이스 · 지적 학습 지원 시스템	인지 모델, 대화 모델, HCI, 지적 인터페이스, 교육 전략, 지적 CAI, 대화형 학습지원 환경, 협조 학습 지원, 이러닝(e-learning)
멀티미디어 처리	가상 · 확장현실감, 멀티모달 인터페이스, 미디어 통합, 지적 프레젠테이션, 멀티미디어 데이터베이스
바이오인포메틱스	게놈 데이터베이스, 유전자 해석, 유전자 제어 네트워크, 고차 구조 예측, 분자 진화, 분자 설계, 분자 계산, 대사 경로 해석, 세포 시뮬레이션
AI 응용 시스템	설계 시스템, 진단 시스템, 계획 시스템, 지적 제어 시스템, 사회 · 교통 시스템, 의료지원 시스템, e-커머스, 게임, 예술, 감성 정보 처리, 고령자 · 장애자 지원, 인공사회와 경제

연습문제

문제 1 튜링테스트란 무엇인지 설명하시오.

문제 2 철학자 설은 "중국어의 방"이라는 논의로 튜링테스트의 불완전성을 지적하고 있는데, 그것이 어떤 것인지 설명하시오.

문제 3 프레임 문제가 왜 인공지능을 실현하는 데 있어서 큰 문제가 되는지 설명하시오.

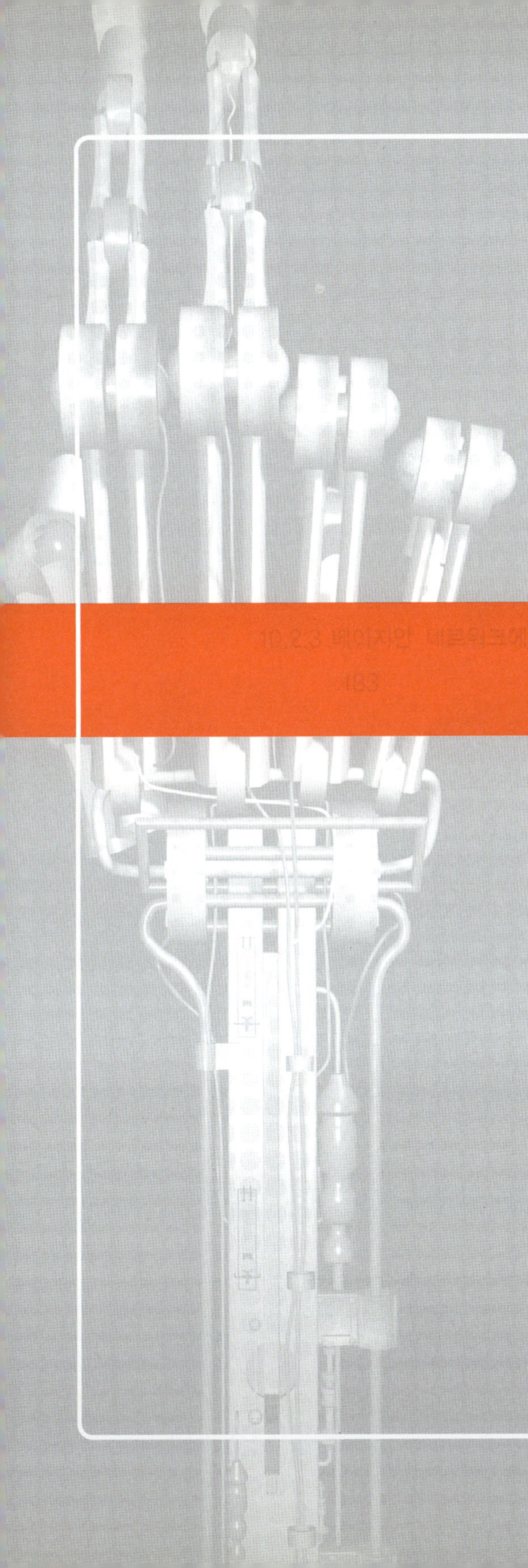

Chapter 2

문제-해결

이 장에서는 초기의 인공지능 기술로서 발전되어 왔던 문제-해결을 채택하여 다양한 탐색법과 문제-해결을 위한 모델의 구축 방법 등을 설명한다.

2.1 문제의 표현

우리는 일상생활 속에서 여러 가지 문제를 해결하면서 생활하고 있다. 예를 들어 집에서 친구와의 약속 장소로 가기 위한 많은 교통수단이 있다고 가정하자. 그 중에서 자신의 상황과 맞는 것을 선택하여 약속 장소로 이동한다. 즉, 목적을 달성하기 위해 존재하는 많은 가능성을 고려하여 적절한 해를 발견하고 있는 것이다.

이와 같은 작업을 컴퓨터에게 시키는 것을 생각해보자. 여기서 인공지능 기술에서의 문제-해결에 관한 개념 정의를 먼저 설명한다.

- **문제**(problem) : 문제란 해를 발견하는 대상을 가리키며, 해를 발견하는 각 과정에서의 대상의 **상태**(state)와 어떤 상태로부터 다른 상태로 이행시키는 수단이 되는 **연산자**(operator)에 의해 구성되는 **상태공간**(state space)에 의해 모델화된다. 상태공간이란 초기상태로부터 모든 연산자를 적용함으로써 도달 가능한 모든 상태와 그 과정의 집합을 말한다. 문제의 표현 방법은 일반적으로 **탐색트리**(search tree)라고 부르는 나무 모양으로 표현되는 경우가 많다. 그 밖에 그래프, 행렬 등의 수학적인 모델도 이용된다.
- **해**(solution) : **초기상태**(initial state)로부터 **목표상태**(goal)에 도달하는 **경로**(path)를 가리킨다.
- **문제-해결**(problem-solving) : 상태공간에서 초기상태로부터 목표상태에 이르는 경로(해에 해당)를 효율적으로 발견하는 것을 가리킨다.

일반적으로 문제를 해결하기 위한 가능성이 많이 존재할 경우에는 상태공간이 광대해지기 때문에 모든 경로를 탐색하는 것은 불가능하다. 그래서 탐색 효율을 높이기 위한 여러 가지 방법이 제안되고 있다[2].

2.2 상태공간 모델

문제의 상태공간을 모델화하는 것을 생각해보면, 상태공간의 모델에는 크게 나눠 아래 세 가지 형태가 있다.

(1) 문제 = 상태공간

예를 들어 "미로"와 같이 문제 그 자체가 상태공간을 표현하고 있는 경우가 여기에 해당한다.

(2) 연산자에 의한 상태공간 형성

예를 들어 "8-퍼즐"과 같이 연산자를 적용함으로써 상태공간이 형성되어 가는 경우가 여기에 해당한다.

(3) 제약을 포함하는 문제

예를 들어 "선교사와 원주민 문제(The missionaries and cannibals problem)"와 같이 문제 자체에 제약이 있어서 연산자를 적용함으로써 상태공간이 형성되어 가는 경우가 여기에 해당한다.

아래에 각각의 형태에 대해서 설명한다.

[2] 요즘에는 컴퓨팅 능력을 사용하여 해를 밀어붙이기식(brute force)으로 발견하는 방법에 인간의 경험이나 직감에 의해 해를 발견하는 방법을 도입하여 문제-해결 방법의 개발이 진행되고 있다.

2.2.1 문제 = 상태공간

그림 2.1과 같은 미로(maze)가 있다고 하자. 이 미로의 상태를 "갈림길" 혹은 "막다른 곳"으로 하고, 그림 2.2와 같이 번호를 배정한다(단, 번호의 배정 방법은 특별한 규칙이 없고 자유롭게 해도 됨). 이로부터 그림 2.3과 같이 트리 구조에 의해 문제의 상태공간을 표현할 수 있다.

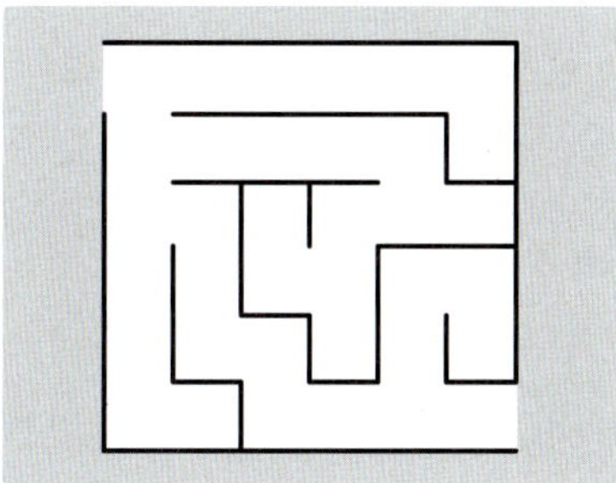

[그림 2.1] 미로

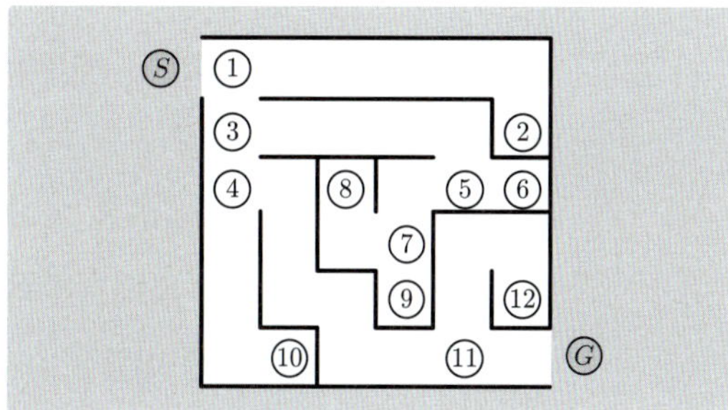

[그림 2.2] "갈림길"과 "막다른 곳"에 의한 상태 표현

연산자는 그림 2.3에 나타나는 트리 구조에서 노드(상태)를 천이시키는 것으로 정의된다. 상태의 집합을 P, 연산자의 집합을 O라고 하면 아래와 같이 나타낼 수 있다.

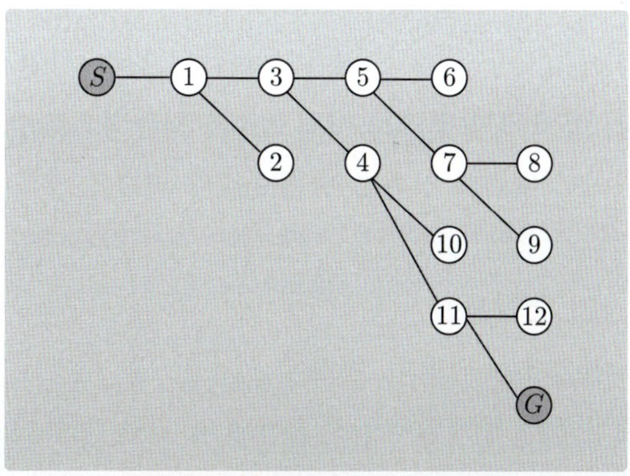

[그림 2.3] 미로의 트리 구조 모델

$P = \{S, 1, 2, 3, 4, 5, 6, 7, 8, 9, 10, 11, 12, G\}$

$O = \{(S, 1), (1, 2), (1, 3), (3, 4), (3, 5), (5, 6), (5, 7), (7, 8), (7, 9), (4, 10), (4, 11), (11, 12), (11, G)\}$

그림 2.3을 보고 알 수 있듯이 초기상태 S에서 출발하여 목표상태 G에 도달하는 해는 $\{S, 1, 3, 4, 11, G\}$가 된다.

2.2.2 연산자에 의한 상태공간 형성

1부터 8까지의 숫자가 적혀 있는 조각이 불규칙적으로 3행 3열의 아홉 개의 격자에 놓여져 있는 상태로부터, 왼쪽 위에서 오른쪽으로 순서대로 1부터 8까지 나열하는 퍼즐을 "**8-퍼즐**(8 puzzle)"이라고 부른다. 이 퍼즐은 말을 하나씩 움직일 때마다 전체 상태가 변하게 되고, 다음에 적용할 수 있는 연산자가 제한된다. 여기서 이 퍼즐에서의 상태공간과 연산자는 어떻게 되는지 아래에 나타낸다.

(1) 상태공간

그림 2.4에 나타낸 것처럼 8-퍼즐 조각의 위치를 나타내는 것으로 한다. 그래서 8-퍼즐의 상태 S는 $S=(p_0, p_1, p_2, p_3, p_4, p_5, p_6, p_7, p_8)$로 나타낼 수 있다. 각 p_i $(i = 0, 1, \cdots, 8)$는 1부터 8의 값을 가진 말과 말이 없는 공백으로 구성된다. 공백에 말을 이동시킴으로써 최종적으로 p_0부터 p_7까지 각각 1부터 8까지 순서대로 정렬된 상태를 만듦으로써 퍼즐을 푼다.

(2) 연산자

연산자는 공백의 위치에 인접한 말 중에서 하나를 이동시키는 조작이 된다. 위치 p_i가 공백일 때, 인접한 p_j의 말을 이동시키는 연산자 O는 그림 2.5에 나타낸 것처럼 24 가지로 생각할 수 있다.

연산자의 일부를 적어보면 아래와 같이 된다.

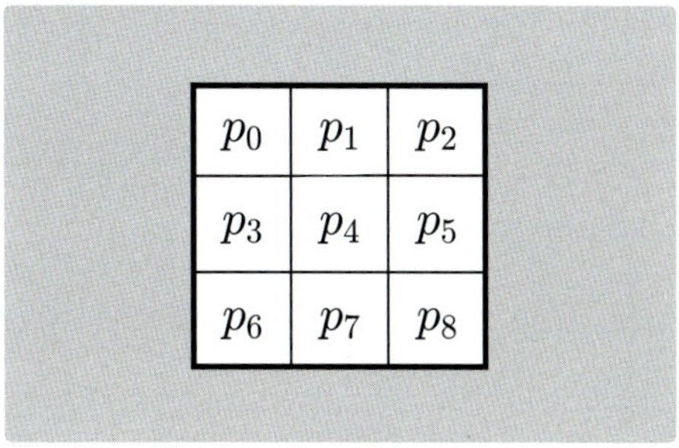

[그림 2.4] 8-퍼즐의 격자

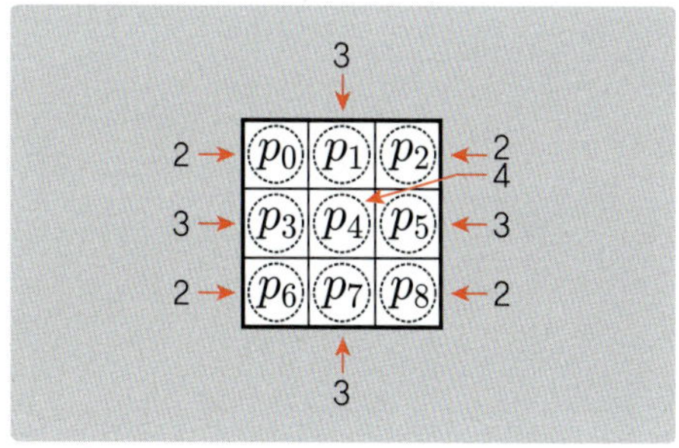

[그림 2.5] 8-퍼즐에서의 연산자의 수

O_1 만약 p_0=공백이면, p_0에 p_1의 말을 이동시킨다. p_1은 공백이 된다.

O_2 만약 p_0=공백 이면, p_0에 p_3의 말을 이동시킨다. p_3은 공백이 된다.

O_3 만약 p_1=공백 이면, p_1에 p_0의 말을 이동시킨다. p_0은 공백이 된다.

… …

O_{24} 만약 p_8=공백 이면, p_8에 p_7의 말을 이동시킨다. p_7은 공백이 된다.

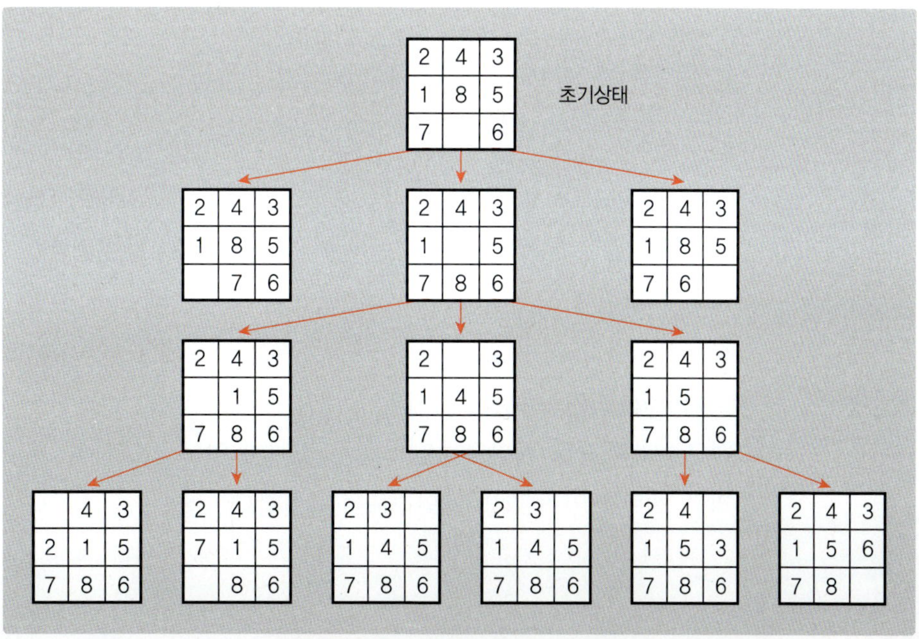

[그림 2.6] 8-퍼즐의 상태공간 모델의 예

8-퍼즐은 주어진 초기상태에 대하여 적용가능한 연산자를 사용해 나감으로써 상태공간이 형성되어 간다.

연산자를 적용시켜 나감으로써 구축되는 8-퍼즐의 상태공간 모델의 예를 그림 2.6에 나타낸다.

8-퍼즐을 풀기 위해 연산자를 적용해가는 적절한 전략이 없으면 퍼즐의 해를 단시간에 발견하는 것이 곤란해진다[3].

2.2.3 제약을 포함하는 문제

제약을 포함하는 대표적인 문제인 **선교사와 원주민 문제**(The missionaries and cannibals problem)를 나타낸다.

> 3명의 선교사와 3명의 원주민이 강에 도착하였다. 그들은 왼쪽 강변에서 오른쪽 강변으로 2인승 보트로 강을 건너려고 하고 있다. 그러나 어떠한 경우에도 강의 양쪽에서 원주민의 수가 선교사의 수보다 많게 되면 선교사는 원주민에게 습격당하게 된다. 이때 선교사가 습격당하는 일이 없이 무사히 모두 강을 건너는 방법을 생각해보자.(주: 선교사 1명과 원주민 1명, 선교사만, 원주민만 있더라도 보트는 탈 수 있다고 한다.)

시각 t에 왼쪽 강변에 있는 선교사의 수를 "선교사(t)"라고 하고, 원주민의 수를 "원주민(t)"라고 한다. 시각 t에 보트가 오른쪽 강변에 접안해 있는 상태를 "강변(t) = R", 왼쪽 강변에 접안하고 있는 상태를 "강변(t) = L"로 나타낸다. 단, 보트가 강변에 도착할 때마다 타고 있던 사람은 반드시 한번 보트를 내린다고 한다.

이상의 조건으로부터 문제의 상태를 생각해보자. 상태는 시각 t에 의해 변화하고, 그 내용은 시각 t에서의 왼쪽 강변에 있는 선교사의 수, 원주민의 수, 그리고 보트가 있는 강변을 인수로써 표현한다.

---

[3] 3.2.5절에서 8-퍼즐의 해를 효율적으로 발견하는 방법을 설명한다.

$$상태(t) = \langle 선교사(t),\ 원주민(t),\ 강변(t) \rangle$$

이로부터 초기상태 S_0는 $S_0 = \langle 3,\ 3,\ L \rangle$이 되고, 목표상태 S_G는 $S_G = \langle 0,\ 0,\ R \rangle$로 나타낼 수 있다. 또한, 각 변수에 대해 다음 제약조건이 존재한다.

(1) 선교사, 원주민 양쪽 모두 강변에는 0명 이상, 3명 이하로 존재한다.

$$0 \le 선교사(t) \le 3$$
$$0 \le 원주민(t) \le 3$$

(2) 선교사, 원주민 모두 보트에 탈 수 있는 것은 2명 이하이다.

수식으로 나타내면 시각 t와 시각 $t+1$에서 선교사와 원주민 수의 상태변화의 합은 1 이상 2 이하가 되기 때문에 다음과 같은 관계식으로 표현된다.

$$1 \le |선교사(t) - 선교사(t+1)| + |원주민(t) - 원주민(t+1)| \le 2$$

다음으로 문제 자체가 가지고 있는 제약조건에 대해 생각한다. 문제의 제약은 선교사가 원주민에게 습격당하지 않도록 어느 쪽 강변에서도 선교사의 수가 원주민의 수보다 많거나 혹은 같지 않으면 안된다. 이로 인해 있어서는 안되는 상태(금지상태 S_F)를 나타내면 다음과 같이 된다.

$$S_F = \{\langle 2,\ 3,\ L \rangle,\ \langle 2,\ 3,\ R \rangle,\ \langle 1,\ 3,\ L \rangle,\ \langle 1,\ 3,\ R \rangle,\ \langle 1,\ 2,\ L \rangle,\ \langle 1,\ 2,\ R \rangle,\ \langle 2,\ 1,\ L \rangle,\ \langle 2,\ 1,\ R \rangle,\ \langle 2,\ 0,\ L \rangle,\ \langle 2,\ 0,\ R \rangle,\ \langle 1,\ 0,\ L \rangle,\ \langle 1,\ 0,\ R \rangle\}$$

이것을 수식을 이용하여 정식화하면 다음과 같이 된다.

$$S_F = \{\langle 선교사(t),\ 원주민(t),\ 강변(t) \rangle \mid 선교사(t) < 원주민(t)\ 혹은\ 3 - 선교사(t) < 3 - 원주민(t)\}$$

초기상태 S_0로부터 목표상태 S_G에 이르는 상태에 대해, 위에 나타낸 두 가지 제약조건((1)인원의 제약, (2)시각 t에서 $t+1$로의 인원 이동 허용수)에 의해 취할 수 있는 모든 상태로부터 위의 금지상태 S_F를 제외한 것이 이 문제에서 취할 수 있는 상태인 허용상태 S_A가 된다. 다음에 구체적인 허용상태를 나타낸다.

$$S_A = \{\langle 0,\ 0,\ L\rangle,\ \langle 0,\ 3,\ L\rangle,\ \langle 0,\ 3,\ R\rangle,\ \langle 0,\ 2,\ L\rangle,\ \langle 0,\ 2,\ R\rangle,\ \langle 0,\ 1,\ L\rangle,\ \langle 0,\ 1,\ R\rangle,\ \langle 1,\ 1,\ L\rangle,\ \langle 1,\ 1,\ R\rangle,\ \langle 2,\ 2,\ L\rangle,\ \langle 2,\ 2,\ R\rangle,\ \langle 3,\ 0,\ L\rangle,\ \langle 3,\ 0,\ R\rangle,\ \langle 3,\ 1,\ L\rangle,\ \langle 3,\ 1,\ R\rangle,\ \langle 3,\ 2,\ L\rangle,\ \langle 3,\ 2,\ R\rangle,\ \langle 3,\ 3,\ L\rangle\}$$

다음으로 연산자를 살펴본다.

■ **연산자 :**

이 문제에 있어서 연산자는 크게 나눠 두 종류가 존재한다. 하나는 금지상태에 이르렀을 때 허용상태로 돌아오기 위한 연산자다. 이 연산자의 조작행위를 **백트랙**(backtrack)이라고 하며, 적용되기 직전의 연산자를 취소하기 위한 연산자다. 또 하나는 선교사와 원주민을 반대편으로 건너가게 하기 위한 연산자(N으로 표시)이다.

연산자 N은 $S(t)$가 금지상태가 아니라면 선교사 혹은 원주민을 보트에 태우고 반대편으로 이동하여, 이동 후의 상태를 $S(t+1)$로 만든다.

선교사와 원주민의 이동 방법은 보트의 접안상태(왼쪽 강변 혹은 오른쪽 강변) 하나에 대해 다섯 개씩 존재하므로 합하면 아래에 나타내는 10가지가 된다.

■ **왼쪽 강변에 보트가 있을 때 :**

- 선교사 한 명이 이동($N1$)
  만약 상태가 허용상태 S_A 중 하나이고, 보트가 왼쪽 강변에 있고, 왼쪽 강변에 있는 선교사가 한 명 이상이라면, 선교사 한 명을 보트에 태워서 오른쪽 강변으로 건너간다.
- 선교사 두 명이 이동(N_2)
  만약 상태가 허용상태 S_A 중 하나이고, 보트가 왼쪽 강변에 있고, 왼쪽 강변에 있는 선교사가 두 명 이상이라면, 선교사 두 명을 보트에 태워서 오른쪽 강변으로 건너간다.

- 원주민 한 명이 이동(N_3)
  만약 상태가 허용상태 S_A 중 하나이고, 보트가 왼쪽 강변에 있고, 왼쪽 강변에 있는 원주민이 한 명 이상이라면, 원주민 한 명을 보트에 태워서 오른쪽 강변으로 건너간다.
- 원주민 두 명이 이동(N_4)
  만약 상태가 허용상태 S_A 중 하나이고, 보트가 왼쪽 강변에 있고, 왼쪽 강변에 있는 원주민이 두 명 이상이라면, 원주민 두 명을 보트에 태워서 오른쪽 강변으로 건너간다.
- 선교사와 원주민이 같이 이동(N_5)
  만약 상태가 허용상태 S_A 중 하나이고, 보트가 왼쪽 강변에 있고, 왼쪽 강변에 있는 선교사가 한 명 이상, 원주민이 한 명 이상이라면, 선교사와 원주민을 한 명씩 보트에 태워서 오른쪽 강변으로 건너간다.

■ **오른쪽 강변에 보트가 있을 때 :**

- 선교사 한 명이 이동(N_6)
  만약 상태가 허용상태 S_A 중 하나이고, 보트가 오른쪽 강변에 있고, 오른쪽 강변에 있는 선교사가 한 명 이상이라면, 선교사 한 명을 보트에 태워서 왼쪽 강변으로 건너간다.
- 선교사 두 명이 이동(N_7)
  만약 상태가 허용상태 S_A 중 하나이고, 보트가 오른쪽 강변에 있고, 오른쪽 강변에 있는 선교사가 두 명 이상이라면, 선교사 두 명을 보트에 태워서 왼쪽 강변으로 건너간다.
- 원주민 한 명이 이동(N_8)
  만약 상태가 허용상태 S_A 중 하나이고, 보트가 오른쪽 강변에 있고, 오른쪽 강변에 있는 원주민이 한 명 이상이라면, 원주민 한 명을 보트에 태워서 왼쪽 강변으로 건너간다.

- 원주민 두 명이 이동(N_9)
  만약 상태가 허용상태 S_A 중 하나이고, 보트가 오른쪽 강변에 있고, 오른쪽 강변에 있는 원주민이 두 명 이상이라면, 원주민 두 명을 보트에 태워서 왼쪽 강변으로 건너간다.
- 선교사와 원주민이 같이 이동(N_{10})
  만약 상태가 허용상태 S_A 중 하나이고, 보트가 오른쪽 강변에 있고, 오른쪽 강변에 있는 선교사가 한 명 이상, 원주민이 한 명 이상이라면, 선교사와 원주민을 한 명씩 보트에 태워서 왼쪽 강변으로 건너간다.

초기상태 $S_0 = \langle 3,3, L \rangle$로부터 앞에 나타낸 연산자를 적용한 해의 탐색과정을 그림 2.7에 나타낸다.

선교사와 원주민 문제의 두 가지 예를 그림 2.8과 그림 2.9에 나타낸다.

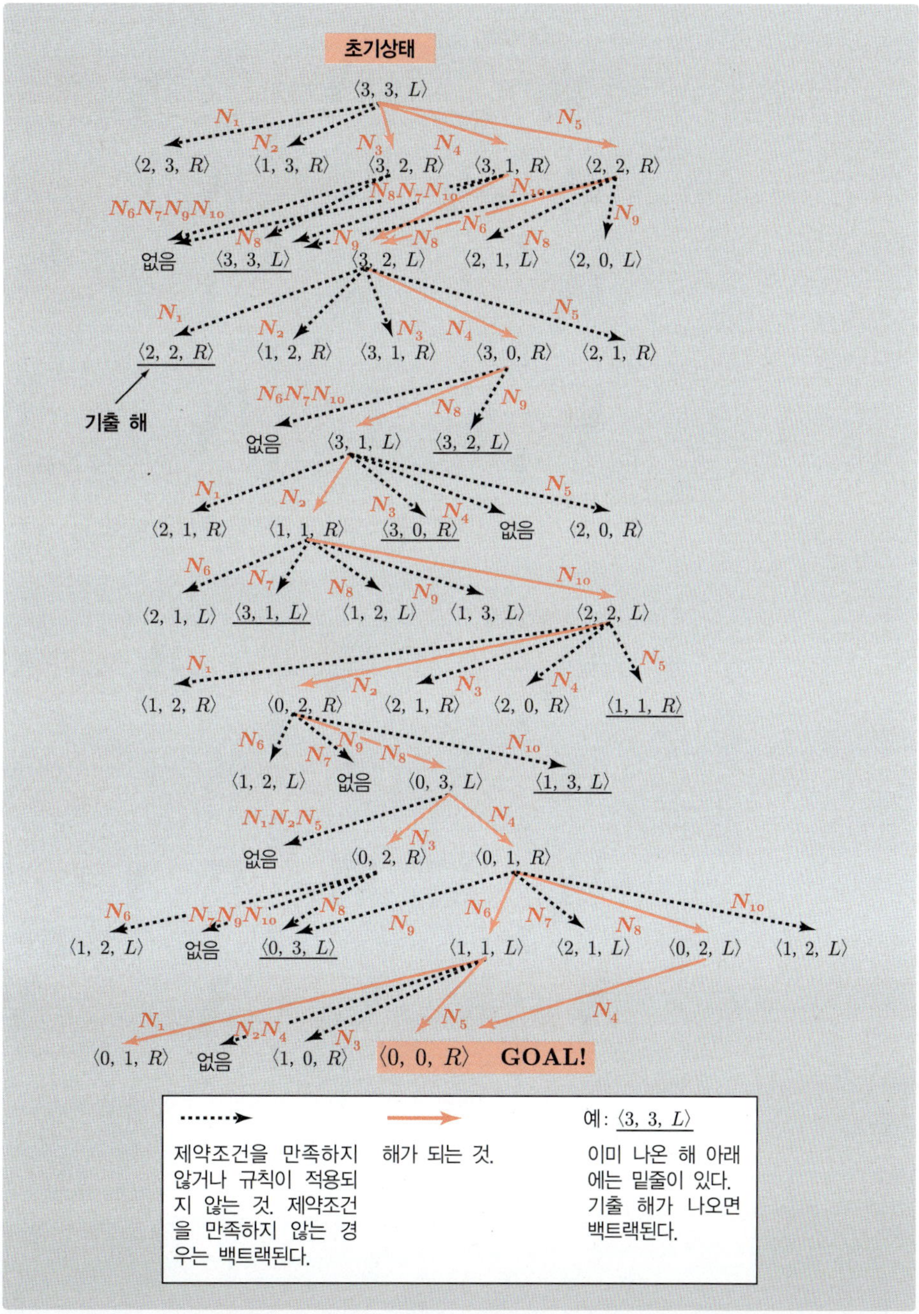

[그림 2.7] "선교사와 원주민 문제"의 해를 위한 탐색 과정

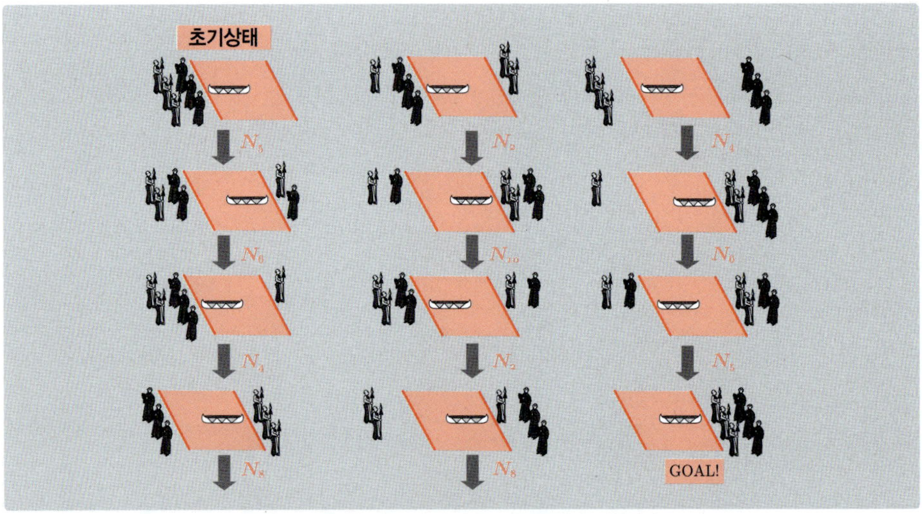

[그림 2.8] 선교사와 원주민 문제의 해(예1)

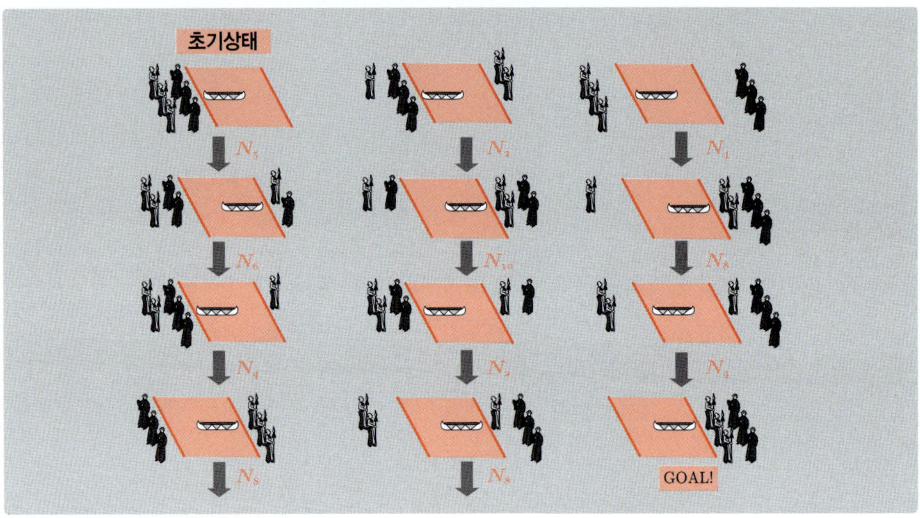

[그림 2.9] 선교사와 원주민 문제의 해(예2)

연습문제

문제 1 문제-해결이란 어떤 것을 실현하는 것인가를 설명하시오.

문제 2 문제-해결에서 "해", "연산자", "상태공간"이란 무엇인지 설명하시오.

문제 3 상태공간의 종류를 나열하고 각각 어떤 특징을 가지고 있는지 설명하시오.

문제 4 그림 2.10에 나타낸 미로의 상태를 갈림길 혹은 막다른 곳이라고 하고, 각각 적절한 번호를 붙여서 문제의 상태공간을 표현하는 탐색트리를 작성하시오.

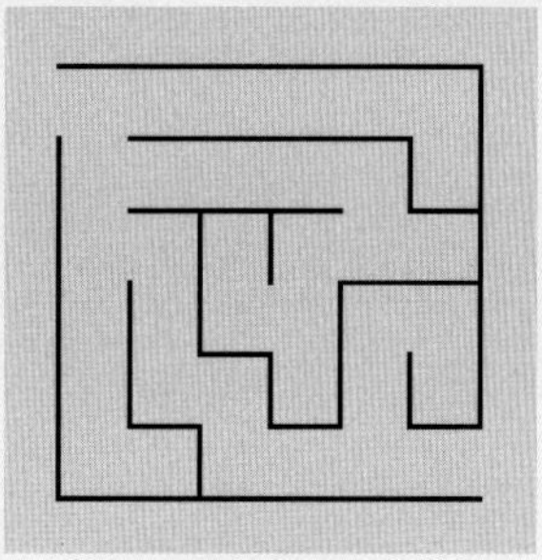

[그림 2.10]

문제 5 8-퍼즐의 연산자를 2.2.2절에서 중간까지 나타낸 8-퍼즐 연산자를 보고 모든 연산자를 작성하시오.

Chapter 3

체계적 탐색법과 휴리스틱 탐색법

앞 장에서 문제-해결을 위한 모델 설정 방법을 배웠다. 이 장에서는 그 모델에 대한 탐색 방법을 배운다. 탐색 방법은 크게 두 가지로 나눌 수 있다. 하나는 상태공간을 절차적, 혹은 탐색에 드는 비용 등을 고려하여 휴리스틱으로 탐색하는 "상태공간 탐색법"이고, 또 하나는 문제의 성질을 고려하여 효율이 좋은 해를 구할 수 있도록 문제를 분해하여 탐색을 수행하는 "문제 분해법"이다.

문제-해결에서 탐색방법의 개요를 그림 3.1에 나타낸다. 이 장에서는 상태공간 탐색법에서의 체계적 탐색법과 휴리스틱 탐색법[4]에 대해서 설명하고 4장에서 문제 분해법에 대해서 설명한다.

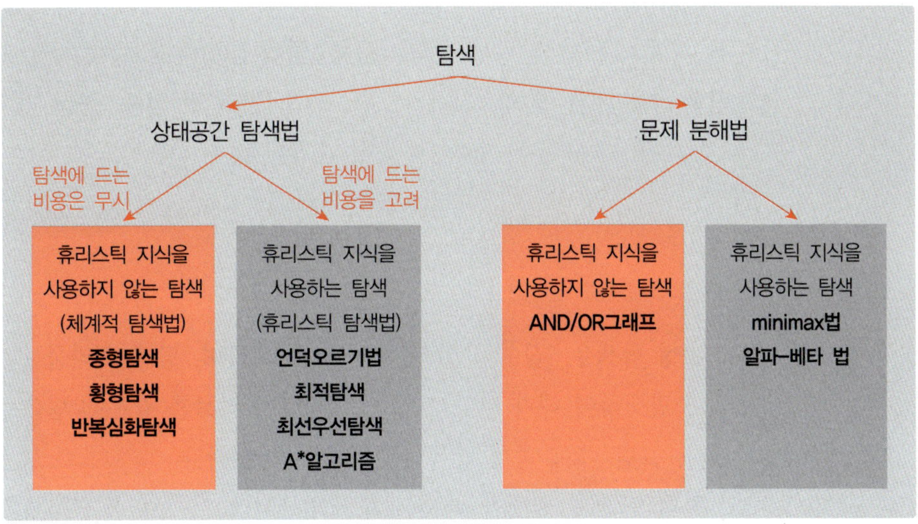

[그림 3.1] 탐색방법의 개요

[4]휴리스틱(발견적, 경험적) 지식을 사용하기 때문에 "경험적 탐색법"이라고 한다.

3.1 체계적 탐색법

초기상태로부터 적용가능한 연산자를 무작위로 적용하여 탐색을 수행하는 것을 **맹목적 탐색**(blind search)이라고 한다. 이것은 가장 단순한 탐색 방법이지만, 탐색에 대한 방침이 동반되지 않기 때문에 해를 발견할 수 있다고 보장할 수 없다. 이에 반해 **체계적 탐색**(systematic search)은 초기상태로부터 모든 상태를 절차적으로 탐색하는 방법으로써 해가 존재한다면 반드시 발견하게 되는 탐색 방법이다. 체계적 탐색은 문제를 모델화한 상태공간의 구조에 따른 탐색을 수행한다. 대표적인 체계적 탐색 방법으로는 **종형 탐색**(**깊이 우선 탐색**: depth-first search), **횡형 탐색**(**너비 우선 탐색**: breadth-first search), **반복적 점증 종형 탐색**(iterative deeping depth-first search) 등이 있다. 아래에 각각에 대해 설명한다.

3.1.1 종형 탐색(깊이 우선 탐색)

종형 탐색은 "깊이 우선 탐색"이라고도 하며, 탐색 트리를 갈 수 있을 때까지 깊이 탐색하여 해가 발견되지 않으면 다른 경로를 같은 방법으로 탐색하는 방법이다. 그림 3.2에 종형 탐색의 형태를 나타낸다.

종형 탐색을 진행할 때에는 탐색대상이 되는 노드를 저장하는 리스트(여기서는 OpenList라고 한다)와, 이미 탐색을 끝낸 노드를 기록하는 리스트(여기서는 ClosedList라고 한다)를 준비하여 탐색을 수행한다.

아래에 종형 탐색의 알고리즘을 나타낸다. 표 3.1에 종형 탐색의 탐색 과정을 나타낸다.

step 1. 시작 노드를 리스트 OpenList에 넣는다. 리스트 ClosedList를 null로 초기화한다.
step 2. OpenList가 null이면, 해가 없다고 판단하고 종료한다.
step 3. OpenList의 선두에 있는 요소 n을 꺼낸다. ClosedList에 n을 추가한다.
step 4. n이 목표 노드이면 해가 발견되었다고 하고 탐색을 종료한다.

step 5. n으로부터 1 단계로 도달할 수 있는 자식 노드 중에서 OpenList과 ClosedList 어느 쪽에도 포함되지 않은 노드 전부를 OpenList의 **선두**에 추가한다.
step 6. step 2로 돌아간다.

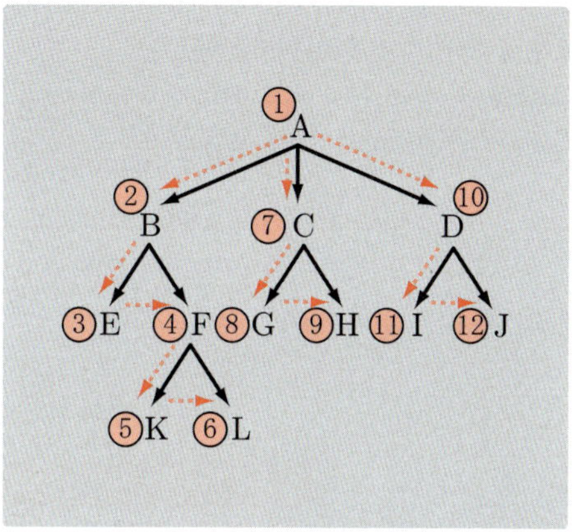

[그림 3.2] 종형 탐색

[표 3.1] 종형 탐색의 탐색 과정

Step	n	OpenList	ClosedList
1		[A]	[ ]
3	A	[ ]	[A]
5	A	[B C D]	[A]
3	B	[C D]	[A B]
5	B	[E F C D]	[A B]
3	E	[F C D]	[A B E]
3	F	[C D]	[A B E F]
5	F	[K L C D]	[A B E F]
3	K	[L C D]	[A B E F K]

종형 탐색의 특징으로 다음과 같은 점을 들 수 있다.

- 장점: 깊이 우선 탐색은 리스트 OpenList에 기록되는 노드의 수가 (너비 우선 탐색과 비교해서) 그다지 많지 않기 때문에 상태공간이 큰 탐색 트리를 탐색하기에 적당한 방법이다.
- 단점: 해가 시작 노드에서 가까운 곳에 있는 경우라도 깊이를 우선하여 탐색을 수행하기 때문에 해를 발견할 때까지 무의미한 탐색을 하게 될 가능성이 있다.

3.1.2 횡형 탐색(너비 우선 탐색)

횡형 탐색은 "너비 우선 탐색"이라고도 하며, 탐색 트리의 가지를 깊게 탐색하지 않고 같은 깊이의 노드를 모두 탐색한 후에 다음 깊이의 노드를 탐색하는 방법(즉, 탐색 트리의 너비를 우선하여 탐색을 수행하는 방법)이다. 그림 3.3에 횡형 탐색의 형태를 나타낸다. 아래에 횡형 탐색의 알고리즘을 나타낸다. 표 3.2에 횡형 탐색의 탐색 과정을 나타낸다.

step 1. 시작 노드를 리스트 OpenList에 넣는다. 리스트 ClosedList를 null로 초기화한다.
step 2. OpenList가 null이면, 해가 없다고 판단하고 종료한다.
step 3. OpenList의 선두에 있는 요소 n을 꺼낸다. ClosedList에 n을 추가한다.
step 4. n이 목표 노드이면 해가 발견되었다고 하고 탐색을 종료한다.
step 5. n으로부터 1 단계로 도달할 수 있는 자식 노드 중에서 OpenList과 ClosedList 어느 쪽에도 포함되지 않은 노드 전부를 OpenList의 끝에 **추가**한다.
step 6. step 2로 돌아간다.

횡형 탐색(너비 우선 탐색)의 특징으로 다음과 같은 점을 들 수 있다.

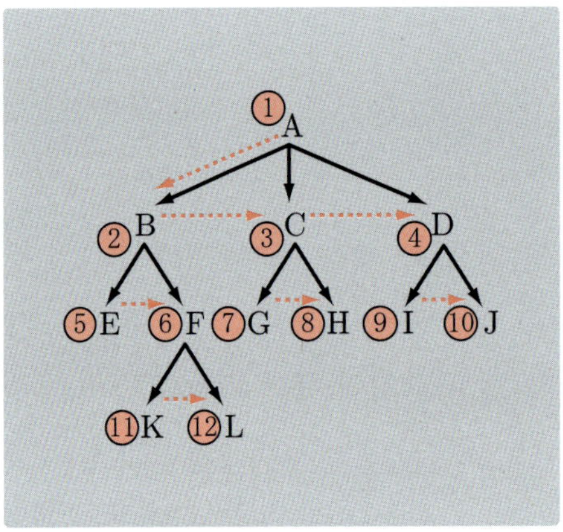

[그림 3.3] 횡형 탐색

[표 3.2] 횡형 탐색의 탐색 과정

Step	n	OpenList	ClosedList
1		[A]	[ ]
3	A	[ ]	[A]
5	A	[B C D]	[A]
3	B	[C D]	[A B]
5	B	[C D E F]	[A B]
3	C	[D E F]	[A B C]
5	C	[D E F G H]	[A B C]
3	D	[E F G H]	[A B C D]
5	D	[E F G H I J]	[A B C D]

- 장점: 횡형 탐색에서는 시작 노드에 가까운 노드부터 탐색하기 때문에 시작 노드에서 가까운 해를 발견하기에 유리하다.
- 단점: 탐색 트리의 구조가 너비가 큰 (즉, 노드에서 갈라지는 가지가 많은) 경우, 탐색하기 위해 가지고 있어야 하는 노드의 수가 많아져서 많은 메모리가 요구된다.

3.1.3 반복적 점증 종형 탐색

종형 탐색, 횡형 탐색 양쪽의 장점을 살리는 탐색법으로서 반복적 점증 종형 탐색이 있다. 이 탐색 방법은, 종형 탐색의 일방적으로 깊이를 우선시하는 탐색 방법을 취하되, 탐색의 깊이를 서서히 깊게 하면서 깊이 우선 탐색을 수행하는 방법이다. 종형 탐색과 횡형 탐색 각각의 장점을 도입한 탐색이다. 이 때 깊이를 점진적으로 깊게 하기 위하여 깊이를 제어하는 변수를 도입하는 탐색이라는 점이 특징이다.

그림 3.4에 반복적 점증 종형 탐색의 상태를 나타낸다. 깊이를 제어하기 위한 변수를 limit라고 하고, 그림에서 점선은 limit 변수의 값이 1일 때, 일점 쇄선은 limit 변수의 값이 2일 때이며, limit 변수의 값에 의해 점점 깊게 탐색을 진행하는 모습을 알 수 있다.

이 알고리즘의 단점으로는 노드의 처리량이 크게 되는 것을 들 수 있다.

아래에 반복적 점증 종형 탐색의 알고리즘을 나타낸다.

step 1. 탐색하는 깊이의 상한인 limit의 초기값을 1로 한다.
step 2. 시작 노드를 리스트 OpenList에 넣는다. 리스트 ClosedList를 null로 초기화한다.
step 3. OpenList가 비어 있으면, limit를 1 증가시키고 step 2로 간다.
step 4. OpenList의 선두에서 요소 n을 꺼낸다. ClosedList에 n을 추가한다.
step 5. n이 목표 노드라면 해가 발견되었다고 하고 탐색을 종료한다.
step 6. n의 깊이가 limit 보다 작은 경우 n으로부터 1단계로 도달하는 자식 노드 중에서 OpenList에도 ClosedList에도 포함되지 않는 모든 노드를 OpenList의 **선두**에 넣는다.
step 7. step 3으로 돌아간다.

표 3.3에 반복적 점증 종형 탐색의 과정을 나타낸다.

반복적 점증 종형 탐색은 종형 혹은 횡형 탐색의 좋은 특징을 포함하고 있지만, 이 표에 나타난 탐색 과정을 보면 알 수 있듯이 limit 변수의 값을 증가시킬 때마다 다시 시작 노드에서부터 탐색을 시작하기 때문에 처리 대상이 되는 노드가 늘어나게 되는 것과 한 번 탐색한 곳을 다시 탐색하는 것이 결점으로 나타난다.

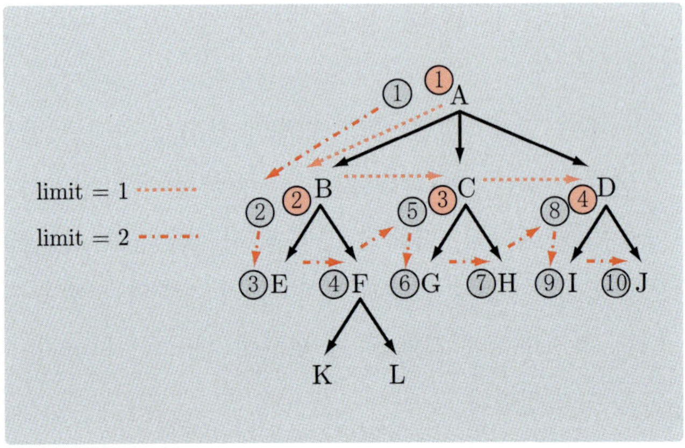

[그림 3.4] 반복적 점증 종형 탐색을 하는 모습

[표 3.3] 반복적 점증 종형 탐색의 탐색 과정

Step	limit	n의 깊이	n	OpenList	ClosedList
1, 2	1	0		[A]	[ ]
4	1	0	A	[ ]	[A]
6	1	0	A	[B C D]	[A]
4	1	1	B	[C D]	[A B]
4	1	1	C	[D]	[A B C]
4	1	1	D	[ ]	[A B C D]
2	2	0		[A]	[ ]
4	2	0	A	[ ]	[A]
6	2	0	A	[B C D]	[A]
4	2	1	B	[C D]	[A B]
6	2	1	B	[E F C D]	[A B]
4	2	2	E	[F C D]	[A B E]
4	2	2	F	[C D]	[A B E F]
4	2	1	C	[D]	[A B E F C]
6	2	1	C	[G H D]	[A B E F C]
4	2	2	G	[H D]	[A B E F C G]

3.2 휴리스틱 탐색법

체계적 탐색법은 탐색 대상인 상태 공간을 있는 그대로 모두 탐색해 나가는 방법이었다. 그 특징은 아래와 같이 나열할 수 있다.

- 해의 발견은 보장된다.
- 상태 공간이 커지면 목표 상태가 존재하는 위치에 따라 해를 발견할 때까지의 시간이 매우 길어진다.

이에 반해, 탐색하는 지점을 어떤 평가 기준으로 우선 순위를 붙여서 그 순서대로 조사해 나감으로써 탐색 효율을 향상시키는 방법으로 **휴리스틱 탐색법**(heuristic search)이 있다. 휴리스틱 탐색법이란, 예를 들어 미로에서 탈출할 때 출구가 있는 방향으로 진행한다는 방침을 가지고 행동한다면 출구에 빨리 도착할 가능성이 높아진다는 등의 경험으로 얻을 수 있는 지식에 기반하여 탐색을 수행하는 탐색 방법이다.

이와 같이 휴리스틱 탐색법은 경험적 지식을 이용하여 상태 공간의 탐색 효율을 향상시킨다. 특히 그 특징으로써 탐색에서의 경험적 지식, 즉 **휴리스틱 함수**(heuristic function)라고 하는 **평가 함수**(evaluation function)를 이용한다. 이것은 탐색을 효율적으로 수행하기 위하여 현재 상태가 목표 상태로부터 어느 정도로 평가되는지 알아보기 위한 것이다. 아래에 대표적인 휴리스틱 탐색 방법들인 **언덕 오르기 탐색**(hill-climbing search), **최적 탐색**(optimal search), **최고우선 탐색**(best-first search), A^* **알고리즘**(A-star algorithm)을 설명한다.

3.2.1 언덕 오르기 탐색

휴리스틱 함수를 이용하는 방법 중에서 가장 간단한 것이 **언덕 오르기 탐색**이라는 탐색법이다. 언덕 오르기 탐색은 현재 상태로부터 휴리스틱 함수의 평가치

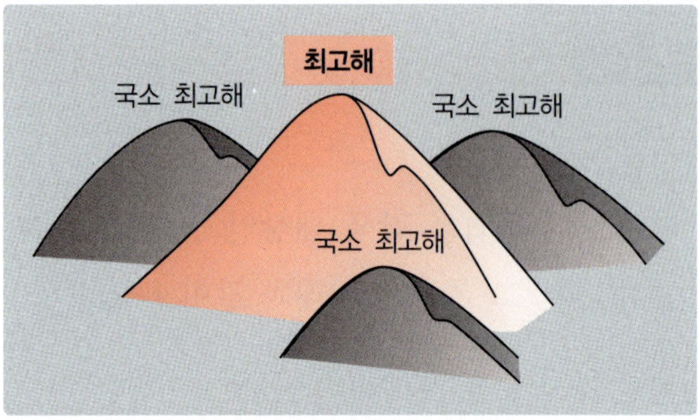

[그림 3.5] 언덕 오르기 탐색

가 높은 쪽으로 진행해 가는 방법이다. 이것은 현지 점보다 높은 장소로 이동해 가는, 산 정상을 향해서 등반하는 행위와 닮아 있다는 점에서 "언덕 오르기"라는 이름이 붙게 되었다[5]. 언덕 오르기 탐색은 알고리즘이 단순하고 현재 상태를 개선하는 것을 목표로 하는 것으로 자주 이용되고 있는 탐색법이다. 현재 상태에서 다음 상태로의 이동 조건에서 현재 상태보다 휴리스틱 함수의 평가값이 높은 경우에 다음 상태로 이동하기 때문에, 산 정상에 도달하기 전에 봉우리에 도달하게 되면 그곳을 해라고 생각해버리게 된다. 그래서 이른바 **국소**(**최고**)**해**(local best solution)로 수렴해버려서 **최고해**(best solution)를 발견할 수 없는 경우가 있다는 단점을 가지고 있다.

아래에 언덕 오르기탐색의 알고리즘을 나타낸다.

step 1. 시작 노드 S를 탐색 대상 노드 n이라고 한다.
setp 2. 만약 노드 n에 적용가능한 연산자가 없다면 노드 n을 해 노드라고 하고 탐색을 종료한다. 만약 노드 n에 적용가능한 연산자가 있으면 step 3으로 진행한다.
step 3. 노드 n에서 1단계로 도달할 수 있는 자식 노드 중에서 휴리스틱 함수 f의 평가값 $f(n)$보다 평가값이 좋은 자식 노드가 존재하지 않는다면 노드 n을 해 노드라고 하고 탐색을 종료한다. 평가값이 좋은 자식 노드가 존재하면 평가값이 가장 좋은 자식 노드를 탐색 대상 노드 n으로 하고 step 2로 돌아간다.

[5]별명으로 **탐욕적 국소 탐색법**(greedy local search)이라고도 한다. 이것은 앞도 보지 않고 근처의 좋은 상태로 무작정 진행하는 것에서 유래하고 있다.

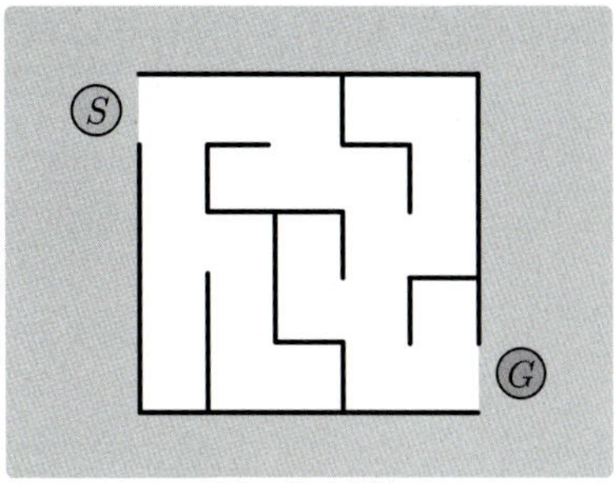

[그림 3.6] 미로

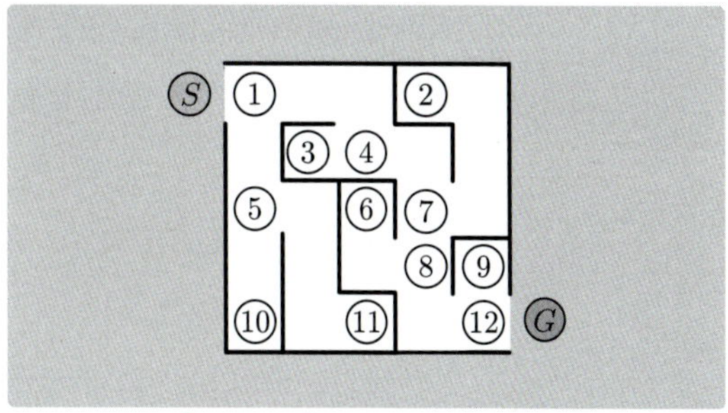

[그림 3.7] 노드에 번호 주기

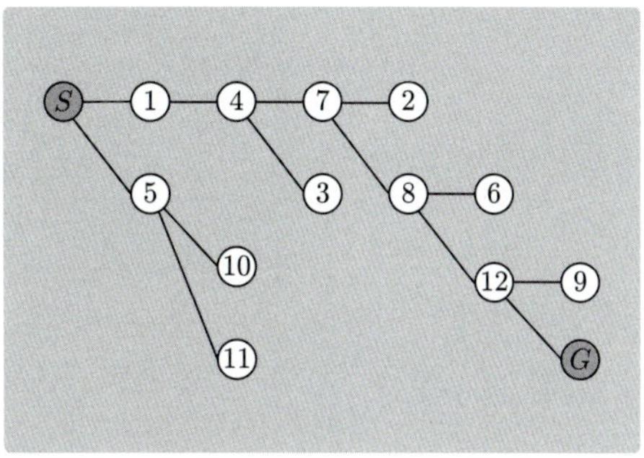

[그림 3.8] 미로의 그래프 표현

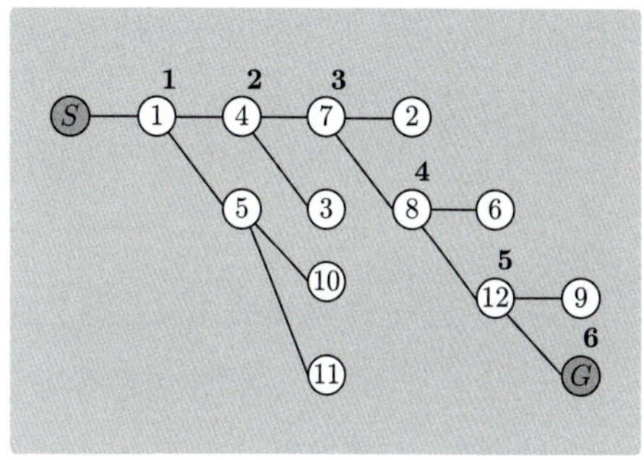

[그림 3.9] 미로 그래프의 탐색순서

언덕 오르기 탐색을 그림 3.6에 나타내는 미로에 적용하는 것을 생각해보자. 이 미로를 그림 3.7과 같이 갈림길 혹은 막다른 지점을 노드로 번호를 부여하고 그림 3.8처럼 그래프로 표현했다고 하자.

이때 미로 안에서 현재 지점의 좌표를 (x, y)라 하고, 종착점의 좌표를 (a, b)라 하면, 평가함수 $f(n)$은 예를 들어 다음과 같이 나타낼 수 있다.

$$f(n) = |a - x| + |b - y|$$

이 예의 경우 평가함수의 값이 작아지는 방향으로 진행하게 된다.

위에 나타낸 언덕 오르기 탐색의 알고리즘을 적용하여 탐색을 진행하면 종착점까지의 경로는 Ⓢ →①→④→⑦→⑧→⑫→ Ⓖ 가 된다. 탐색순서는 그림 3.9의 각 노드의 오른쪽 상단에 나타낸 것처럼 된다. 이 미로의 경우, 언덕 오르기 탐색의 평가함수를 이용하여 Goal까지 도착하는 미로이었지만, 복잡한 미로의 경우에는 Goal까지 도착하지 못하고 막다른 골목(국소(최고)해에 해당)에서 탈출하지 못하고 탐색이 끝나고 마는 경우가 자주 존재한다.

3.3.2 최적 탐색

탐색하고자 하는 문제에서 연산자를 적용했을 때의 비용을 사전에 알고 있다면, 그 비용을 고려하여 최적의 탐색을 수행할 수 있다.

지금 연산자의 비용(이 경우, 비용의 값이 작은 쪽이 좋다고 하자)을 사전에 알고 있는 탐색 트리가 그림 3.10과 같이 주어졌다고 하자. 이때 비용을 가급적 줄일 수 있는 최적의 탐색을 수행하도록 한다.

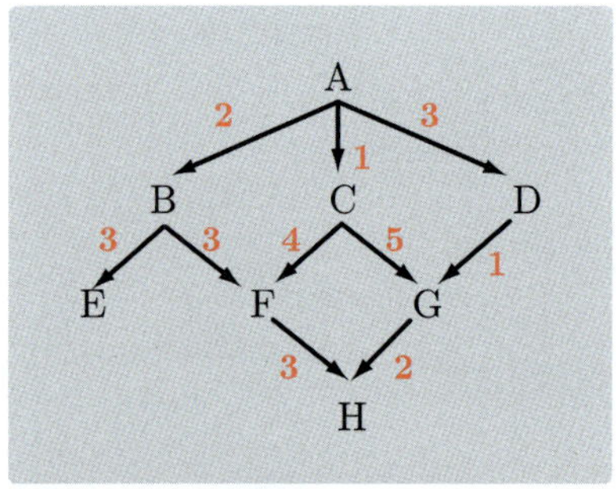

[그림 3.10] 비용을 포함한 탐색 트리

아래에 **최적해**(optimal solution)의 탐색 알고리즘을 나타낸다.

step 1. 시작 노드(예를 들어 A라고 하자)를 리스트 OpenList에 넣는다. 리스트 ClosedList를 null로 초기화한다. 비용값 $c(\mathrm{A})$의 값을 초기값 0으로 한다(여기서 비용값 $c(\alpha)$란 시작 노드로부터 현재 탐색대상이 되어 있는 노드 α까지의 최단경로의 비용의 합을 말한다).
step 2. OpenList가 null이라면, 탐색할 것이 없다고 하고 탐색을 종료한다.
step 3. OpenList에서 선두의 요소 n을 가져온다. ClosedList에 n을 추가한다.
step 4. n이 목표 노드라면, 해가 발견되었다고 하고 탐색을 종료한다.
step 5. n으로부터 1단계로 도달하는 자식 노드 β 중에서 ClosedList에 포함되어 있지 않는 것을 OpenList에 넣고, 각각에 대해서 비용값 $c(\beta)$를 계산한다. 이미 OpenList 안에 존재하는 노드의 비용값을 재계산하여 **OpenList의 노드들을 비용값이 작은 순으로 재배열한다.**
step 6. step 2로 돌아간다.

표 3.4에 나타낸 것처럼 최적 탐색에서는 시작 노드로부터 현재 탐색하고 있는 노드까지의 총비용을 계산하면서 탐색을 계속한다. 표에서 OpenList에 포함된 노드 옆의 ( )에 표시하고 있는 수치는 비용값을 나타낸다. 같은 노드라도 탐색

[표 3.4] 최적 탐색의 과정

Step	n	OpenList	ClosedList
1		[A(0)]	[ ]
3	A	[ ]	[A]
5	A	[C(1) B(2) D(3)]	[A]
3	C	[B(2) D(3)]	[A C]
5	C	[B(2) D(3) F(5) G(6)]	[A C]
3	B	[D(3) F(5) G(6)]	[A C B]
5	B	[D(3) E(5) F(5) G(6)]	[A C B]
3	D	[E(5) F(5) G(6)]	[A C B D]
5	D	[G(4) E(5) F(5)]	[A C B D]
3	G	[E(5) F(5)]	[A C B D G]
5	G	[E(5) F(5) H(6)]	[A C B D G]

경로에 따라 시작 노드로부터의 비용값이 변하기 때문에 탐색경로를 따라 노드마다 비용의 재계산을 수행하여 최적의 경로를 발견한다. 예를 들어, 표 3.4에서 탐색대상 노드가 D가 되었을 때, G로 가는 경로를 A → C → G로 계산한 비용 "6"에서 A → D → G로 재계산한 비용 "4"로 변경되는 것을 알 수 있다.

3.2.3 최고 우선 탐색

앞에서 언급한 탐색 방법은 연산자를 적용할 때의 탐색 비용을 사전에 알고 있다는 것을 전제하고 있었다. 그러나 실제 문제에서는 탐색 비용을 사전에 알고 있을 경우는 많지 않고, 문제에 따라서는 탐색에서 방문한 노드로부터 상황을 판단하여 목표에 도달할 때까지의 비용이 최소가 되도록 목표까지의 비용을 추정하면서 탐색을 수행하는 방법이 사용된다. 이와 같은 탐색 방법을 최고 우선 탐색이라고 한다. 최고 우선 탐색에서는 "최적"의 해는 보증할 수 없지만 문제-해결을 유효한 시간 안에 수행하는 "최고"의 해가 되도록 탐색을 수행하는 것으로부터 이렇게 부르고 있다. 현재 방문하고 있는 노드로부터 목표까지의 추정이 가능하다면 탐색 도중에 다음에 나아갈 노드를 선택할 때 가능하면 목표까지의 추정 비용이 작은 노드를 선택하는 것이 가능하다.

아래에 최고 우선 탐색 알고리즘을 나타낸다.

step 1. 시작 노드(예를 들어 A라고 하자)를 리스트 OpenList에 넣는다. 리스트 ClosedList를 null로 초기화한다. 비용값 c(A)의 값을 초기값 0으로 한다(여기서 비용값 $c(\alpha)$란 시작 노드로부터 현재 탐색대상이 되어 있는 노드 α까지의 최단경로의 비용의 합을 말한다).
step 2. OpenList가 null이라면, 탐색할 것이 없다고 하고 탐색을 종료한다.
step 3. OpenList에서 선두의 요소 n을 가져온다. ClosedList에 n을 추가한다.
step 4. n이 목표 노드라면, 해가 발견되었다고 하고 탐색을 종료한다.
step 5. n으로부터 1단계로 도달하는 자식 노드 β 중에서 ClosedList에 포함되어 있지 않는 것을 OpenList에 넣고, 각각에 대해서 비용값 $c(\beta)$를 계산한다. 이미 OpenList 안에 존재하는 노드의 비용값을 재계산하여 OpenList의 노드들을 비용값이 작은 순으로 재배열한다.
step 6. step 2로 돌아간다.

추정 비용을 계산하기 위하여 여러 가지 평가함수를 이용할 수 있다. 3.2.4 절에서 가장 대표적인 최고 탐색 알고리즘의 하나인 A^* 알고리즘[6]을 소개한다.

3.2.4 A^* 알고리즘

A^* **알고리즘**은 목표상태까지의 비용 추정값(일종의 휴리스틱 지식)을 이용하여 탐색의 효율화를 의도하는 탐색법이다.

A^* 알고리즘에서는 연산자를 적용해가면서 상태공간 안을 탐색할 때 탐색 효율을 평가하기 위한 평가함수 $f(n)$을 도입한다. 여기서 $f(n)$은 아래와 같이 나타난다.

$$f(n) = g(n) + h(n) \tag{3.1}$$

단, $g(n)$: 시작 노드로부터 노드n까지의 최적경로의 비용
$h(n)$: 노드n으로부터 목적지까지의 최적경로의 비용

[6] 에이 스타 알고리즘이라고 읽는다.

탐색 도중에는 $f(n)$의 값을 정확히 알 수 없기 때문에 $f(n)$을 추정한 값 $f'(n)$을 고려한다. 지금 노드 n까지 탐색했다고 하면, 시작 노드로부터 노드 n까지의 비용은 정확하게 알고 있기 때문에 아래와 같은 식이 성립한다.

$$f'(n) = g(n) + h'(n) \tag{3.2}$$

단, $h'(n)$: $h(n)$의 추정값

앞서 언급한 평가함수를 도시하면 그림 3.11과 같이 된다.

A^* 알고리즘에서는 $h'(n) \leq h(n)$의 관계가 성립할 때, 즉 노드 n으로부터 목적지까지의 비용 추정값 $h'(n)$이 목적지로의 최적경로의 실제 비용 $h(n)$보다도 작거나 같다면 반드시 최적해를 얻을 수 있음을 보증하고 있다. A^* 알고리즘의 절차는 3.2.3 항에서 보여준 최고 우선 탐색 알고리즘의 절차에서 추정 비용을 구할 때 식(3.2)에 나타낸 평가함수를 조건 $h'(n) \leq h(n)$ 하에서 이용함으로써 나타낼 수 있다.

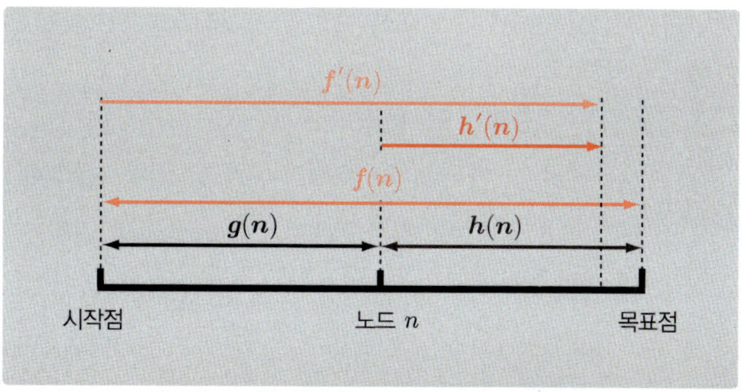

[그림 3.11] A^* 알고리즘에서의 평가함수

3.2.5 8-퍼즐에서 A^* 알고리즘의 적용

8-퍼즐을 풀 때 방법을 수고를 한 적게 하기 위하여 8-퍼즐에 A^* 알고리즘을 적용하는 것을 고려한다. 8-퍼즐의 탐색공간을 트리 구조로 표현했을 때, 식

(3.2)의 평가함수에 나타난 $g(n)$은 시작 노드에서 노드 n까지의 깊이가 된다. 지금 $h'(n)$을 "잘못된 위치에 있는 조각의 수"라고 한다. 이것은 잘못된 위치에 존재하는 조각과 최소한 같은 수의 조작을 거치지 않고서는 8-퍼즐을 완성할 수 없다는 것으로 $h'(n) \le h(n)$의 관계를 유지한다. 이와 같이 평가함수 $f'(n)$을 설정한다.

이 평가함수를 이용하여 8-퍼즐을 탐색하는 예를 그림 3.12에 나타낸다.

그림 3.12에서 원 안의 숫자는 평가함수 $f'(n)$에서 얻어지는 값을 나타내고 있다. 또한 이 예의 경우, 시작 노드에서 현재 노드까지의 비용 $g(n)$은 "탐색의 깊이"에 상당한다고 생각하고 있기 때문에 탐색 노드가 깊어짐에 따라 $g(n)$의 값이 1씩 증가하고 있다. 추정 비용 $h'(n)$은 "잘못된 위치에 있는 조각(그림 3.12에서 붉은색으로 표시되어 있는 조각)의 수"로 되어 있기 때문에 평가함수의 값은 "탐색의 깊이 + 추정 비용"이 된다. 그림 3.12에서는 추정값이 같은 경우에 연산자가 적용된 순으로 탐색을 진행한다고 가정하고 탐색을 수행한 결과를 나타내고 있다.

■ **A^* 알고리즘의 특징:**

- 조건을 만족하는 평가함수가 존재할 경우에는 최적 경로(최소 비용의 경로)가 반드시 얻어진다.
- 탐색한 노드에 인접한 노드의 평가값을 모두 조사하기 위해(평가값을 정하지 않으면 탐색의 방향을 결정할 수 없기 때문에), 대상이 되는 문제에 따라서는 그 나름의 탐색 비용이 들게 되는 경우가 있지만, 최적 경로를 발견할 수 있다는 것이 큰 이점이 된다.
- 미탐색 노드를 보존해 둘 필요가 있기 때문에 사용하는 메모리가 방대해져 버린다(그림 3.13은 네 번째 노드를 탐색하고 있는 동안에 보존되어 있던 미탐색 노드를 나타내고 있다.).

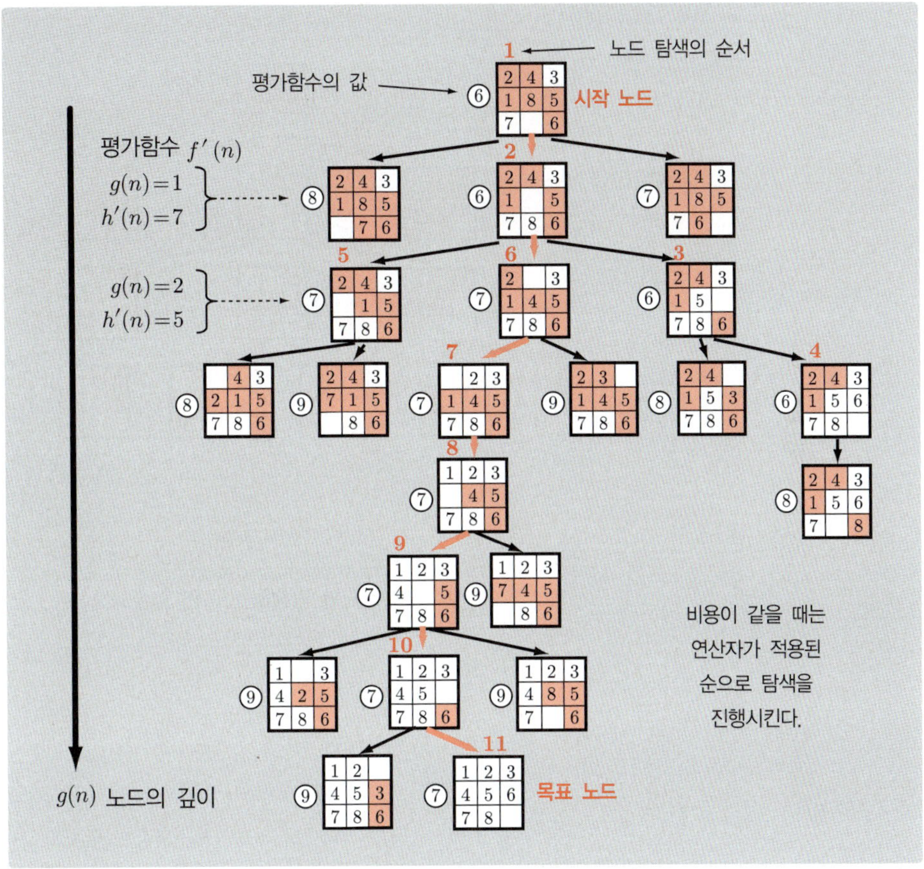

[그림 3.12] A^* 알고리즘에서의 평가함수

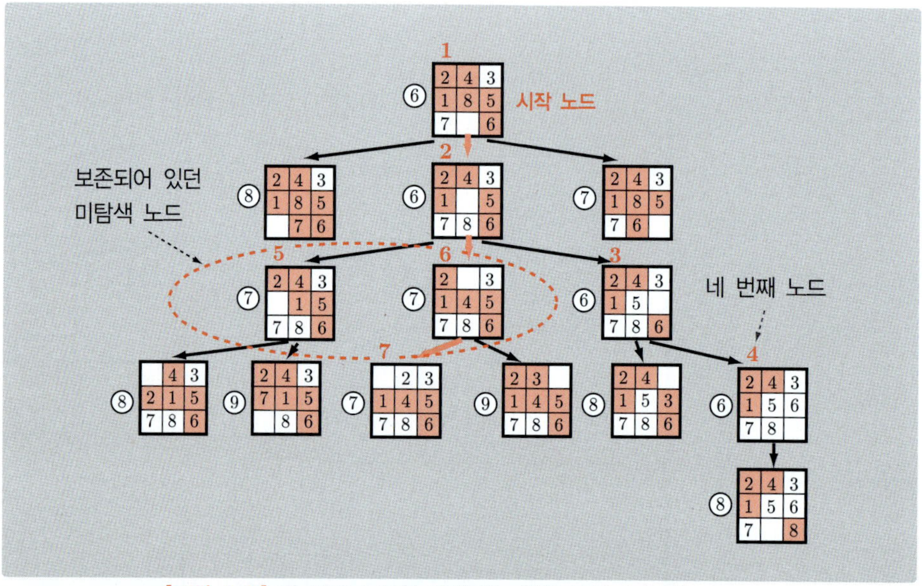

[그림 3.13] 네 번째 노드를 탐색하는 동안 보존되어 있는 노드

연습문제

문제 1 맹목적 탐색법, 체계적 탐색법, 휴리스틱 탐색법에 대하여 설명하시오.

문제 2 종형 탐색법, 횡형 탐색법, 반복적 점증 종형 탐색법에 대하여 설명하고, 각각의 알고리즘의 차이를 설명하시오.

문제 3 그림 3.14의 미로에서 종형 탐색법 혹은 횡형 탐색법을 사용했을 때 Start로부터 Goal까지의 A부터 시작하여 Y에서 끝나는 각각의 탐색 경로를 구하여, 탐색의 순서를 노드(A부터 Y의 알파벳를 가리킴) 위에 기록하시오. 단, 탐색에서 길을 잃었을 때는 알파벳 순을 우선하도록 한다.

문제 4 언덕 오르기 탐색이란 어떤 탐색법인지 설명하시오.

문제 5 최적 탐색과 최고 탐색의 차이점을 설명하시오.

문제 6 A^* 알고리즘이란 어떤 탐색법인지 설명하시오.

문제 7 문제 3에서의 미로를 A^* 알고리즘으로 해를 구한다고 하자. 이때 평가함수를 $f'(p) = g(p) + h'(p)$탐색을 수행한다고 하자. 여기서 평가함수의 각 구성요소는 아래와 같이 되어 있다.

- $f'(p)$는 Goal(Y)에 도달할 때까지의 예측 비용
- $g(p)$는 Start(A)로부터 p점까지의 이동 거리
- $h'(p)$는 미로에 벽이 없다고 가정했을 때의 p점으로부터 Y까지 이동 거리

또, 미로 중에는 A → G와 같이 비스듬하게 이동하는 것은 불가능하다고 한다.

이때, 아래 2개 질문에 답하시오.

(a) 왜 $h'(p)$를 위에 기술한 것처럼 "미로에 벽이 없다고 가정"하고 있는지 설명하시오.

(b) 이때의 탐색경로를 구하여 탐색의 순서와 그 평가값을 노드에 기록하시오.

여기서 p는 미로에서 장소를 나타내는 변수이며, 미로중의 특정한 장소를 나타내는 P와는 다르다. 또한, 경로의 비용을 거리로 생각하여 1문자만큼의 이동을 거리 1로 한다. 검색의 조건으로 평가값이 좋은 방향으로 진행하는 것을 기본으로 하고, 평가값이 같을 경우에는 더 깊은 노드를 선택하여 탐색을 진행한다. 그리고 같은 깊이일 경우에는 알파벳 순으로 탐색하는 것으로 한다.

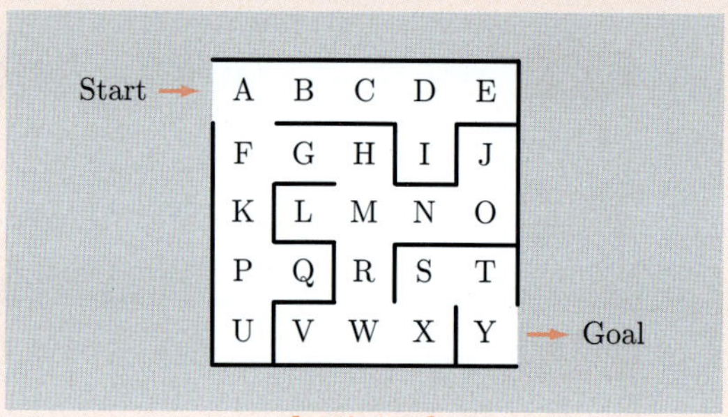

[그림 3.14]

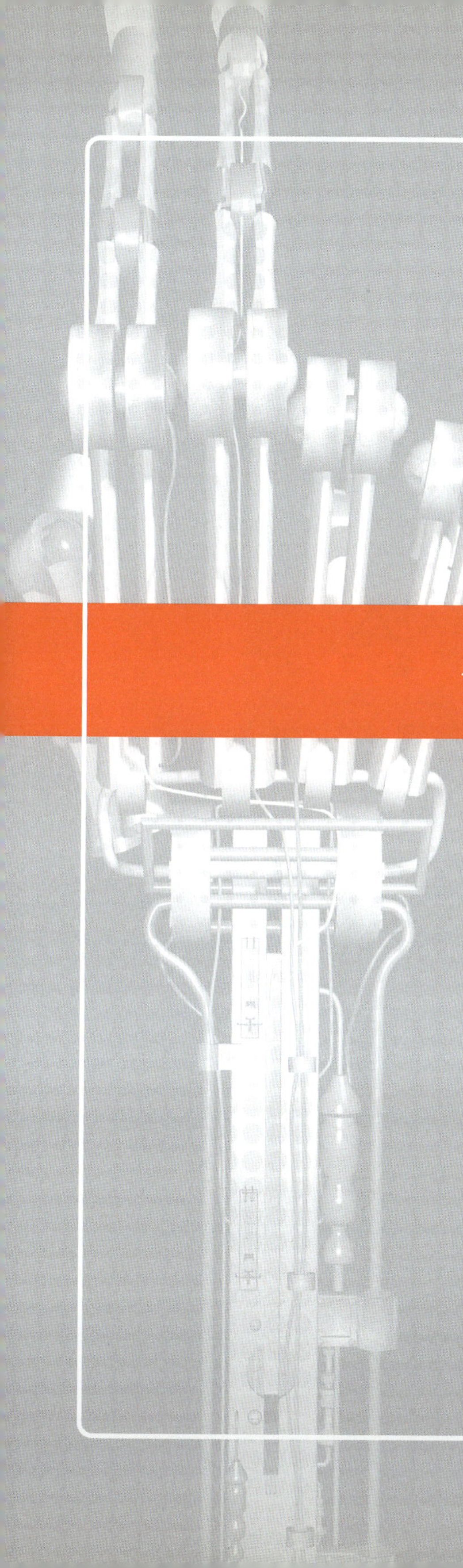

Chapter 4
문제 분해법과 게임 탐색

복잡한 문제에서는 그것을 구성하는 간단한 몇 개의 문제로 분할하는 것으로 문제-해결이 간단해지는 경우가 있다. 이 장에서는 그와 같이 문제를 분할하여 해를 구하는 문제 분해법을 배우고, 또 초기의 인공지능 연구 중에서도 대표적인 연구인 게임 탐색에 대해서도 배운다.

4.1 문제 분해법

하나의 복잡한 문제를 해결하는 데에는 그 문제를 복수의 작은 문제로 분할하고, 그것을 하나씩 해결하여 최종적으로 원래의 복잡한 문제를 해결하는 것이 빈번하게 이루어진다. 여기서 원래의 문제를 **원문제**(original problem)라고 하고, 원문제를 분할한 작은 문제를 **하위 문제**(subproblem)라고 한다. 원문제를 하위 문제로 분할함으로써 문제 전체가 해결 가능한가를 쉽게 판별할 수 있게 되는 동시에 해결하기 위한 방침을 발견하는 것이 쉽게 된다. 원문제는 하위 문제로 구성되는 트리구조에 의해 표현된다. 이 트리는 **AND/OR 그래프**(AND/OR graph)라고 하여 AND와 OR의 그래프에 의해 구성되어 있다(그림 4.1 참조).

- **AND 노드**(AND node) : AND로 연결되어 있는 복수의 하위 문제가 동시에 달성되지 않으면 원문제가 해결되지 않는다는 것을 나타내는 노드. AND

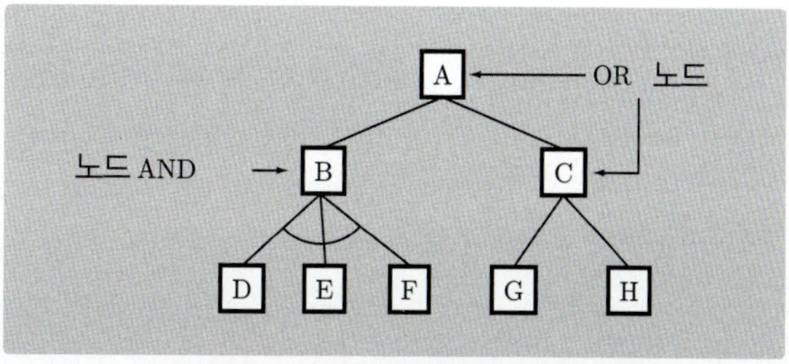

[그림 4.1] AND/OR 그래프의 예

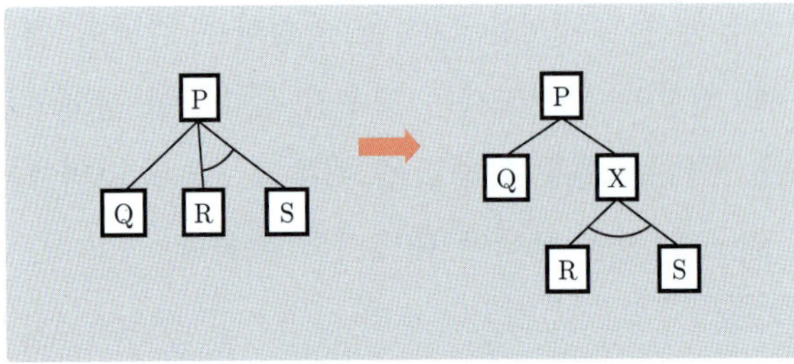

[그림 4.2] AND 노드와 OR 노드가 섞여 있는 그래프의 등가교환

를 가진 노드는 그 노드와 연결된 자식노드를 원호로 묶어서 표시한다.

- **OR 노드**(OR node) : OR로 연결되어 있는 복수의 하위 문제 중에서 어떤 하나가 달성되면 원 문제가 해결되는 것을 나타내는 노드.
- **터미널노드**(terminal node) : AND/OR 그래프에서 그래프의 말단에 있는 노드는 **터미널 노드**라고 하여 해결가능한 노드이다.

AND/OR 그래프에서 그림 4.2의 왼쪽 그래프에 나타낸 것처럼 하나의 부모 노드에 대해 AND 노드와 OR 노드가 섞여있을 때는 오른쪽 그래프와 같이 보조 노드(그림 4.2에서는 노드 X)를 도입하여 그래프로 해석한다.

AND/OR 그래프로부터 실제로 문제-해결로써 선택된 하위 문제에 의해 구성된 그래프를 **해 그래프**(solution graph)라고 한다.

해 그래프는 다음과 같은 대략적인 방침에 의해 구할 수 있다.

step 1. 시작 노드(AND/OR 그래프의 루트)를 부모 노드로 하여 출발한다.
step 2. AND/OR 그래프의 가지를 따라가서 자식 노드를 얻는다.
이때 부모 노드가 AND 노드라면 자식 노드를 전부 탐색한다. 그리고 부모 노드가 OR 노드라면 자식 노드 중 하나를 탐색한다.
step 3. 탐색해야할 노드가 없다면 탐색을 종료한다.

이 알고리즘으로 얻어진 부분 그래프에서 터미널 노드가 모두 가능(해결가능)한 해라면, 얻어진 부분 그래프가 해 그래프가 된다. 예를 들어 "친구와 식사하러 간다"를 원 문제라고 한다면, 이것은 그림 4.3에 나타낸 것과 같은 AND/OR

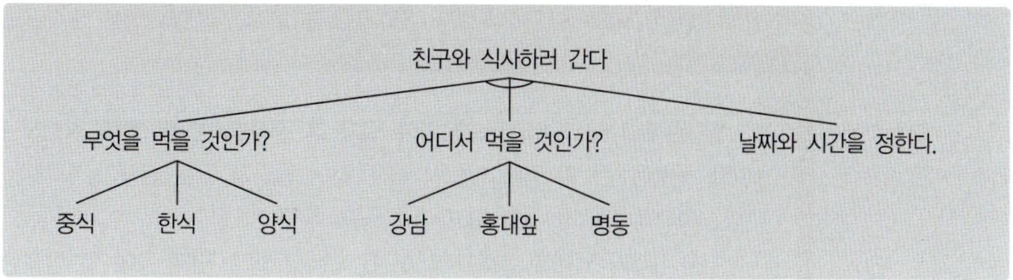

[그림 4.3] "친구와 식사하러 가다"를 원 문제로 하는 AND/OR 그래프

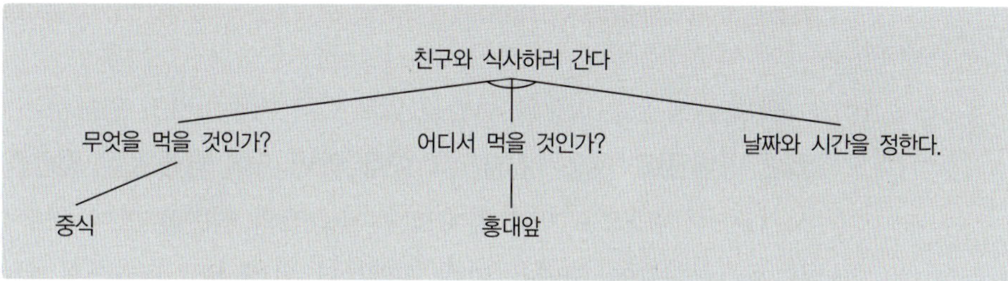

[그림 4.4] "친구와 식사하러 가다"를 원 문제로 하는 해 그래프

그래프로 표현된다. 이 경우에 터미널 노드가 모두 가능한 해이기 때문에, 해 중의 하나로 그림 4.4와 같은 해 그래프를 얻을 수 있다.

해 그래프는 하나의 AND/OR 그래프로부터 복수 개가 얻어질 가능성이 있다. 원 문제의 해를 구하는 작업은 원 문제가 되는 노드로부터 출발하여, AND/OR 그래프를 따라가서, 그래프의 분기점에서 AND 노드 및 OR 노드에 기반한 그래프의 추가에 의해 그래프를 성장시켜 나감으로써 해 그래프를 얻을 수 있게 되는 것이다.

4.1.1 문제의 재귀표현

문제를 분할했을 때 하위 문제가 재귀적인 요소를 포함하고 있는 경우가 존재한다. 이 경우, 소수의 하위 문제에 의해 원 문제가 해결될 가능성이 있다. 한 예로써, 1883년에 프랑스의 수학자 루카스(E.Lucas)가 고안한 게임인 **하노이의 탑**(Tower of Hanoi)이 있다.

하노이의 탑(Tower of hanoi)

단 위에 3개의 막대가 고정되어 있고 그 중 하나에 몇 장의 원반이 층층이 끼워져 있다. 원반은 큰 것 위에 반드시 작은 것이 올라가 있는 상태가 되어야 한다. 또한 원반은 막대에 끼워져 있지 않고 다른 곳에 두면 안 된다.

지금 3개의 막대를 왼쪽부터 A, B, C라고 하고 막대 A에 몇 장의 원반이 끼워져 있다고 하자. 이 때 막대 A에 있는 모든 원반을 막대 B를 이용하여 막대 C로 옮긴다.

막대 A에 있는 n장의 원반을 막대 C로 이동시키기 위해서는 $n-1$장의 원반을 일단 막대 B로 이동시킨다. 그 다음 막대 A에 남아있는 원반을 막대 C로 이동시키고, 마지막으로 막대 B에 있는 $n-1$장의 원반을 막대 C로 이동시키는 작업을 생각한다. 이 중에서 막대 A로부터 막대 B로 $n-1$장의 원반을 이동시키는 작업은 원반이 $n-1$장인 "하노이의 탑" 문제와 같으며, 막대 B로부터 막대 C로 $n-1$장의 원반을 이동시키는 작업도 마찬가지로 원반이 $n-1$장인 "하노이의 탑" 문제와 같다. 즉, 이 문제는 시간 순으로 아래와 같이 세 개의 하위 문제 (p1)~(p3)로 분할되고, 그 중에서 두 개의 하위 문제 (p1)와 (p3)은 재귀문제로 되어 있다.

(p1) 막대 A로부터 막대 B로 $n-1$장의 원반을 막대 C를 이용하여 이동시킨다.
(p2) 막대 A로부터 막대 C로 막대 A에 있던 가장 큰 원반을 이동시킨다.
(p3) 막대 B로부터 막대 C로 $n-1$장의 원반을 막대 A를 이용하여 이동시킨다.

그림 4.5는 이 문제의 초기 상태로부터 하위 문제 (p1), (p2), (p3)를 경유하여 목표 상태로 이행하는 흐름을 나타낸다.

여기서 다음과 같이 두 개의 절차를 준비한다.

- HANOI(이동하는 원반의 수 n, 이동하는 원반이 있는 막대 x, 이동할 곳의 막

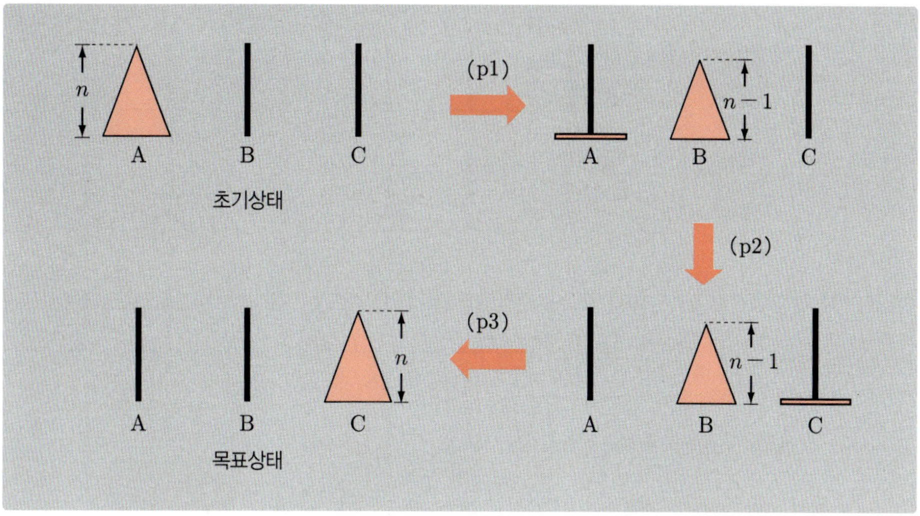

[그림 4.5] n장의 원반을 옮기는 "하노이의 탑" 문제의 해결 흐름도

대 y, 이동할 때 이용하는 막대 z) : n장의 원반을 막대 x로부터 z를 이용하여 막대 y로 이동하는 절차.

- MOVE(이동하는 원반이 있는 막대 x, 이동할 곳의 막대 y) : 한 장의 원반을 막대 x로부터 막대 y로 이동하는 절차.

이 두 개의 절차를 이용하여 n장의 원반에 대한 "하노이의 탑"문제를 하위 문제로 표현하면 다음과 같이 된다.

HANOI(n, A, C, B) = [HANOI(n−1, A, B, C) → MOVE(A, C) →
HANOI(n−1, B, C, A)]

위의 표현에서 =(equal)의 좌변은 원 문제를 나타내고, 우변은 원 문제를 구성하는 하위 문제군을 나타내고 있으며 하위 문제는 →(화살표)에 의해 적용되는 시간 순서와 함께 나타나 있다.

여기서 원반의 개수가 3장인 "하노이의 탑" 문제를 생각해보자. 문제-해결의 흐름도는 그림 4.6에 나타내고 있다.

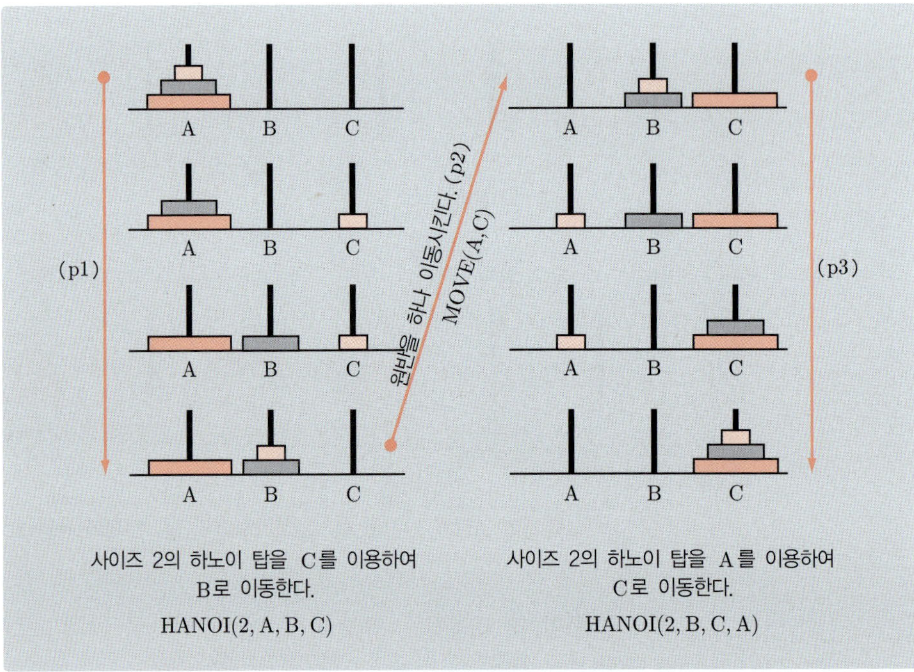

[그림 4.6] 3장의 원반을 옮기는 "하노이의 탑" 문제의 해결 흐름도

하노이의 탑을 비재귀 프로그램으로 풀려고 하면 너무 어렵게 되지만 재귀를 이용함으로써 매우 쉽게 된다.

■ 하노이의 탑 이동 횟수

하노이의 탑에서 원반의 이동 횟수를 생각해보자. n장의 원반이 어느 한 막대에 존재할 때의 이동회수를 Hanoi(n)으로 표시한다. 이 때 아래의 조건이 성립한다.

- 원반이 1장인 경우 : $\text{Hanoi}(1) = 1$
- 원반이 $n > 1$장인 경우 : $\text{Hannoi}(n) = \text{Hanoi}(n-1) + 1 + \text{Hanoi}(n-1)$

이것을 점화식으로 정리하면 아래와 같이 기술할 수 있다.

$n = 1$의 경우, $\text{Hanoi}(1) = 1$

$$n > 1\text{의 경우, } \mathrm{Hanoi}(n) + 1 = 2(\mathrm{Hanoi}(n-1) + 1)$$

이 점화식을 풀면,

$$\mathrm{Hanoi}(n) = 2^n - 1$$

이 된다. 따라서 n장의 하노이의 탑의 이동회수는 2^n-1회가 됨을 알 수 있다.

4.2 게임 문제의 표현과 탐색

지금까지의 문제-해결 방법에서는 다른 것과 상호작용이 없는 상태에서 최적 해를 탐색하는 방법에 관하여 논의하여 왔다. 그러나 컴퓨터와 대결하는 게임 등에서는 상대와의 상호작용에 의해 상태공간이 끊어지지 않고 변화하며, 그 속에서 상대의 행동을 예측하면서 최적의 해를 발견할 필요가 있다 그와 같은 해를 탐색하기 위하여 **게임 트리**(game tree)라고 하는 AND/OR 그래프가 많이 사용된다.

게임 트리는 두 명의 플레이어가 교대로 플레이하여 게임을 진행해가는 천이 상태를 트리 구조로 표현한 것으로써, AND/OR 그래프로 구성된 탐색 트리가 된다. 선수(先手) 입장에 서면, 선수 차례의 국면에서는 가능한 몇 가지의 수 중에 하나만을 실제로 두는 수로 선택하게 된다. 그러므로 선수 국면에서의 실제 두는 수는 OR 노드에 의한 가지가 갈라진다. 한편, 후수(後手)의 국면에서도 몇 가지 수가 가능한데, 그 중에 어느 것이 실현되는지는 후수에 의해 결정되므로 선수는 모든 수에 대한 대응책을 생각해야 한다. 따라서 후수 차례의 국면은 AND 노드에 의해 가지가 갈라진다.

그림 4.7에 **삼목 게임**(Tic-Tac-Toe)의 게임 트리를 나타낸다.

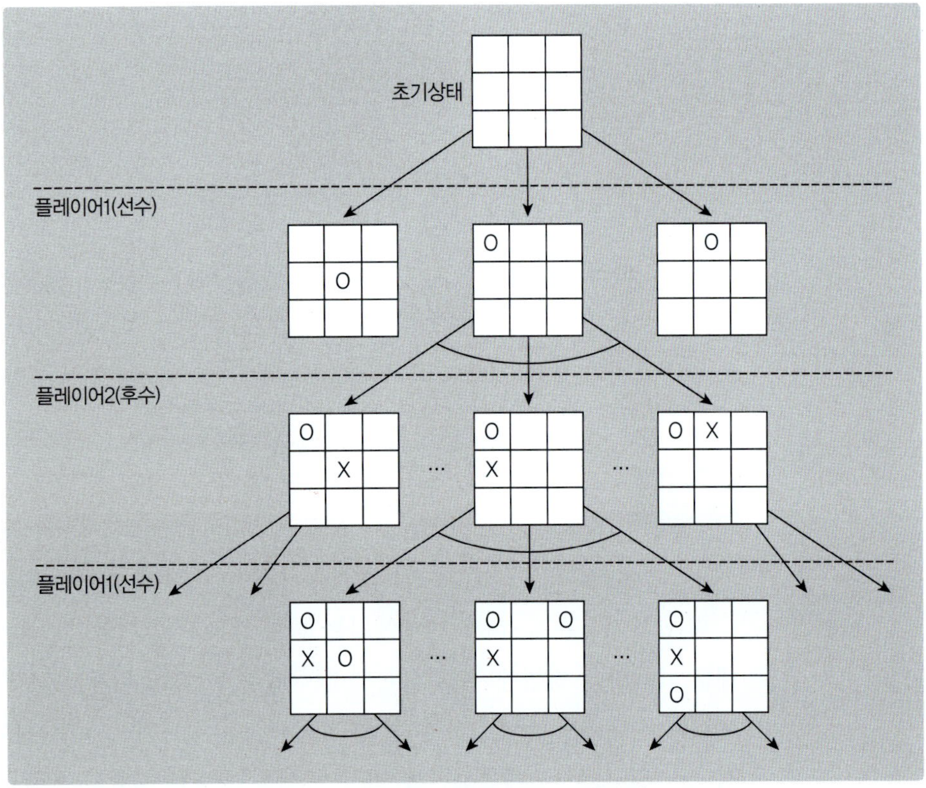

[그림 4.7] 삼목 게임의 게임 트리(일부)

4.2.1 mini-max법

앞서 기술한 것처럼 게임 문제는 상대방과의 상호작용에 의해 상태공간이 변화되고, 상태공간은 일반적으로 AND/OR 그래프로 표현된다.

게임 대결에서 플레이어의 유리/불리를, 상태공간에서 하나의 노드가 되는 게임 형세의 상태에 의해 평가할 수 있다고 하자. 대결에서는 선수가 수를 둘 때는 선수 쪽이 유리한 형세의 상태가 되도록, 또한 후수가 수를 둘 때는 후수 쪽이 유리한 형세의 상태가 되도록 수를 두는 것이 쉽게 예측된다.

가령, 선수에 대한 세 수 앞의 형세에 대한 평가값이 그림 4.8과 같이 알고 있

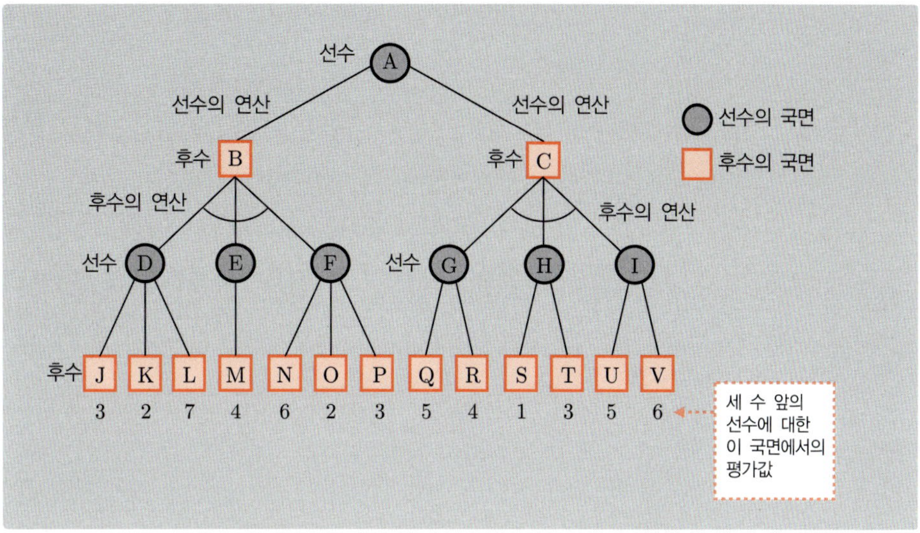

[그림 4.8] 선수에 대한 세 수 앞 형세의 평가값

다고 하자. 그림 4.8에 나타난 세 수 앞의 형세의 평가값에 따르면, 평가값이 가장 큰 L에 도달하는 순서인 A →B →D →L과 같이 진행해 가면 선수에 대해 가장 유리한 전개가 된다(숫자가 작을수록 유리). 그러나 앞에서 말한 것처럼 선수와 후수가 교대로 자신들에게 유리한 형세가 되도록 수를 두게 하면 반드시 선수나 후수 중 한쪽에 유리한 전개로는 되지 않는다. 세 수 앞의 평가값이 어떻게 선택되어 가는지는 평가값을 선수 순서의 상태 A까지 bottom-up으로 전파해 감으로써 예상할 수 있다.

세 수 앞의 평가값은 **선수 쪽에서 본** 형세의 평가값이다. 예를 들어 형세 J, K, L에서 평가값이 3, 2, 7이 될 때 형세 D에서 선수는 자신이 유리하게 되는 형세 L이 되도록 수를 둔다. 그 때문에 형세 D의 평가값은 7이 된다. 마찬가지로 그림 4.9에 나타낸 것처럼 형세 D, E, F, G, H, I에 대해 선수가 얻을 수 있는 평가값은 각각 7, 4, 6, 5, 3, 6이 된다. 그 다음 형세 B를 보면, 후수는 선수가 불리하게 되도록 형세를 변화시킨다고 생각할 수 있기 때문에 후수는 형세 E가 되도록 수를 둔다고 예측할 수 있다. 같은 방식으로 후수가 형세 C의 상태에서 형세 H가 되도록 다음 한 수를 둔다고 예측할 수 있다. 선수는 형세 A에

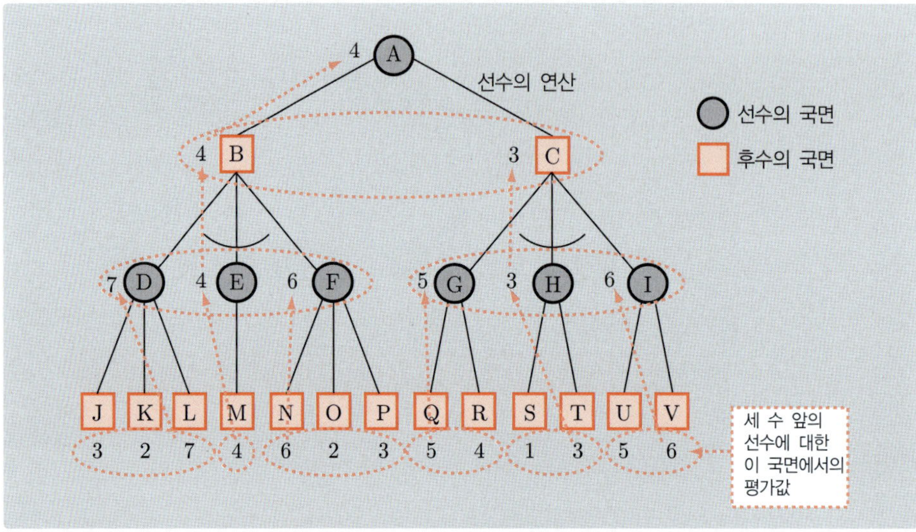

[그림 4.9] mini-max법에서의 평가값 전파

서 자신이 유리하게 되도록 수를 두게 되면 형세 B가 되도록 수를 둔다고 생각되기 때문에, 결국 선수와 후수가 서로 유리하게 되도록 수를 두었다고 할 때의 세 수 앞까지의 순서는 A → B → E → M이 된다.

이와 같이 게임 트리에서 몇 수 앞의 평가값이 명확할 때는 자신의 차례일 경우에는 평가값이 최대가 되도록 bottom-up으로 전파시키고, 상대방의 차례에서는 자신에 대한 평가값이 최소가 되도록 평가값을 bottom-up으로 전파시킴으로써 자신과 상대방의 상호 득실을 고려한 게임 진행 방법을 실현한다. 이 방법은 형세의 평가값의 최대값과 최소값이 교대로 취해지기 때문에 **mini-max법**이라고 한다.

일반적으로 평가값의 결정에 대해서는 각 게임의 특성이 고려된 다음에 이루어진다. 장기는 각 말의 자유도나 가진 말의 수, 왕의 안전도 등을 고려하여 평가값이 정의되며, 바둑에 대해서는 살아있는 돌의 개수나 확정된 집의 크기와 두께 등이 고려되어 평가값이 정의된다.

또한, 주의해 둘 것은 mini-max법에서는 미리 몇 수 앞까지 계산하는가를 결정한 다음 선수에게 유리한 게임 진행 방법을 탐색한다는 것이다. 이로 인해 몇 수 앞까지 계산하는가에 의해 선수의 게임 진행 방법도 당연히 바뀌게 된다. 일반적으로 수읽기가 가능한 수의 양에 의해 게임 능력이 정해지지만, 그러기 위해서는 게임 트리의 깊이에 따라 탐색에 걸리는 시간과 메모리가 필요하게 된다. 그래서 짧은 시간과 적은 메모리로 탐색을 수행하는 여러 가지 효율적인 게임 트리 탐색 방법이 고안되고 있다. 그 중 대표적인 것이 다음에 설명하는 α-β 자르기이다.

4.2.2 α-β 자르기

mini-max법에서는 형세의 국면을 미리 읽을 수 있으면 있을수록 좋은 수를 선택하여 게임을 유리하게 진행시켜 나갈 수 있다. 그러나 그 반면 수읽기를 너무 많이 하면 게임 트리의 탐색공간이 방대해져서 평가값을 구하는 계산의 비용이 커지게 되는 문제점이 있다. 그래서 평가값의 최대값과 최소값을 교대로 취하는 mini-max법의 특징을 살려서 게임 트리의 탐색에서 불필요한 탐색을 피함으로써 탐색의 효율화를 꾀하는 방법이 제안되었다. 그것을 **α-β 자르기**(α-β pruning)이라고 한다.

α-β 자르기에 의해 게임 트리를 탐색할 때는 통상 종형 탐색이 수행된다. 종형탐색 방법 하에서 mini-max법에 의해 최대값, 최소값이 교대로 취해지는 특성을 살려서 게임 트리의 탐색공간을 제한한다. 이것은 일반적으로 **가지치기**(pruning)라고 한다.

- β 자르기(β pruning) : β 자르기는 후수의 수 두기에 의한 **평가값의 최소화 국면에서의 가지치기**를 말한다. 그림 4.10에서 종형탐색으로 좌측 끝부터 탐색된다고 하면, 선수의 두번째 수에 대해서는 형세 J, K, L, M, N의 순서로 각각 평가값이 조사되어 형세 D, E, F에 그 평가값이 전파되어 간다. 형세 B에서 후수의 수에 의한 평가값을 최소화하는 국면에서는 형세 D, E, F의 평가값 중에서 최소값이 그 평가값이 된다. 여기서 그림 4.10을

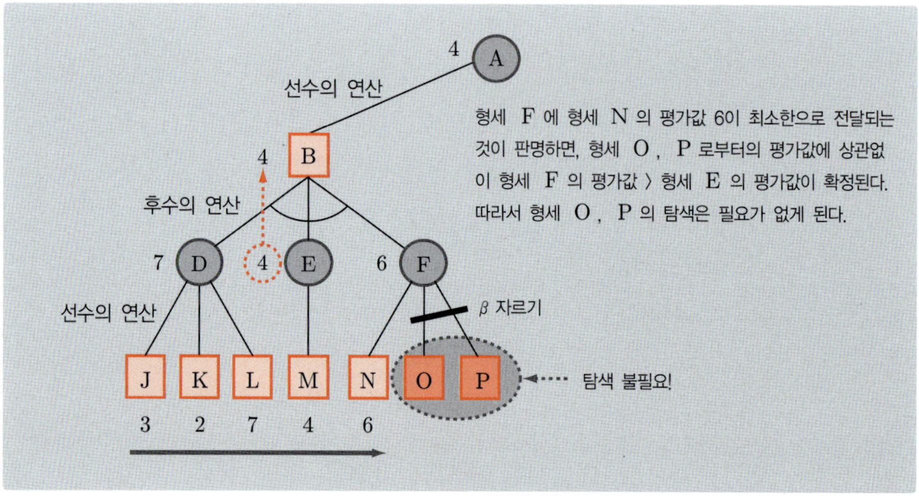

[그림 4.10] β 자르기

보면 형세 M까지 탐색했을 때 형세 D와 형세 E의 평가값을 비교하여 형세 E의 평가값 4가 형세 B에 전파되는 값의 후보가 된다는 것을 알 수 있다. 다음으로 형세 N을 탐색했을 때, 평가값이 6으로 판명되어 형세 F에는 형세 N, O, P의 평가값 중 최대값이 전파된다는 것으로부터 그 시점에서 최종적인 형세 F의 평가값은 6 이상이라는 것이 확정된다. 형세 B에는 형세 D, E, F 중 최소 평가값이 전파되므로 형세 O, P에 대한 탐색을 하지 않아도 형세 B로의 평가값 전파는 형세 E로부터의 평가값인 4가 된다는 것을 알 수 있다. 이 때문에 형세 O, P로의 무의미한 탐색을 수행하는 것을 피하여(즉, 가지치기를 행하여) 탐색의 효율화를 꾀한다.

- α 자르기(α pruning) : α 자르기는 선수가 두는 수에 의한 **평가값의 최대화 국면에서의 가지치기**를 말한다. 그림 4.11에서 선수의 두번째 수에서는 형세 J, K, L, M, N, Q, R, S, T의 차례로 각각 평가값이 조사되어[7] 형세 D, E, F, G, H에 그 평가값이 전파되어 간다. 형세 A에서 선수의 수에 의한 평가값을 최대화하는 국면에서는 형세 B, C의 평가값의 최대값이 그 평

[7]형세 O, P는 앞서 기술한 β 자르기에 의해 가지치기된 것으로 간주한다.

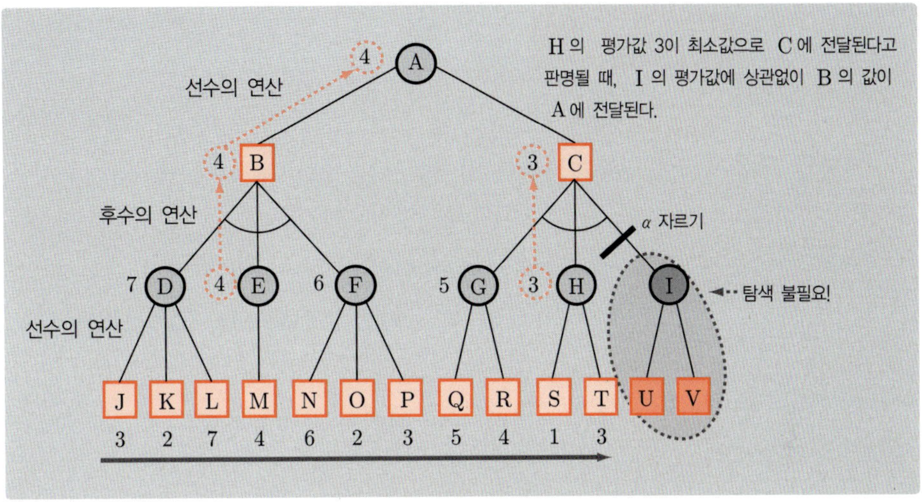

[그림 4.11] α 자르기

가값이 된다. 여기서 그림 4.11을 보면, 형세 T까지 탐색했을 때 형세 G와 형세 H의 평가값을 비교하여 형세 H의 평가값 3이 형세 C에 전파되는 값의 후보가 되는 것을 알 수 있다. 여기에서 형세 U, V를 탐색하여 형세 I의 평가값을 구했다고 하더라도 형세 C에는 값이 작은 쪽이 전파되기 때문에 그 시점에서 최종적인 형세 C의 평가값은 3 이하의 값으로 된다는 것이 확정되어 있음을 알 수 있다. 형세 A에는 형세 B와 형세 C의 평가값 중 큰 쪽이 그 평가값으로 되기 때문에 형세 B의 평가값보다 형세 C의 평가값이 작다는 것이 판명된 시점에서 그 이상의 탐색은 불필요하다. 그래서 형세 U, V로의 탐색은 수행하지 않고, 이어서 형세 I의 평가값도 구할 필요가 없게 되어 형세 U, V, I로의 탐색을 수행하지 않음으로써 탐색의 효율화를 꾀한다.

연습문제

문제 1 해외여행을 가는 것을 원 문제로 하고 그것을 실현하기 위한 하위 문제로부터 이루어지는 AND/OR 그래프를 작성하시오.

문제 2 하노이의 탑에서 원반이 4장일 때 원반의 이동회수는 몇 회가 되는지 답하시오. 또 그때의 원반의 이동 과정을 나타내시오.

문제 3 게임 트리란 어떤 것인지 설명하시오.

문제 4 몇 개의 성냥개비를 세 묶음으로 나누어 선수와 후수의 각 플레이어는 남아있는 묶음 중 하나로부터 하나나 두 개의 성냥개비를 교대로 제거한다고 하자. 수를 진행해 나가서 최후의 한 개를 가진 쪽이 패자가 된다. 각 묶음에 배치되어 있는 성냥개비의 수가 n_1, n_2, n_3인 것을 (n_1, n_2, n_3)라고 표시하고, 묶음을 구별할 필요가 없기 때문에 탐색 트리를 그리기 쉽게 하기 위하여 $n_1 \geq n_2 \geq n_3$로 표시하는 것으로 한다. 이 게임에서의 게임 트리를 작성하시오. 단, 초기 배치를 (2, 2, 2)로 한다. 또 탐색 트리를 그릴 때는 같은 조합이 나온다면 어느 쪽이든 한쪽만을 그려나가면 된다고 한다.

문제 5 mini-max법이란 어떤 탐색방법인지 설명하시오.

문제 6 α-β 자르기란 어떤 탐색방법인지 설명하시오.

문제 7 그림 4.12의 게임 트리는 어떤 선수 차례의 국면으로부터 3 세 수 앞 국면의 평가값을 나타내고 있다. ○표시의 국면은 후수 차례, □표

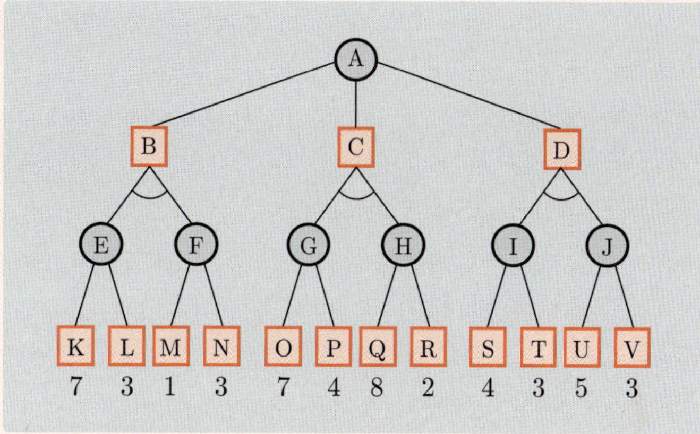

[그림 4.12]

시의 국면은 후수 차례이다. 이때 아래의 질문에 답하시오.

(a) mini-max법에 의한 모든 형세의 평가값을 결정하여 형세 A에서의 선수의 수를 결정하시오. 또 그와 함께 mini-max법으로 결정되는 형세의 경로를 구하시오.

(b) α-β 자르기로 탐색하여 가지치기되는 형세를 답하시오.

Chapter 5

기호 논리

말로 표현되는 의미 내용을 기호(symbol)로 변환하여 그 논리관계에 의해 포착하는 **기호 논리**(symbolic logic)의 기초는 19세기 끝무렵에 구축되었다. **명제 논리**(propositional logic)는 부울(G. Boole)에 의해 기초가 구축되었고, **술어 논리**(predicate logic)는 프레게(G. Frege)에 의해 기초가 구축되었다. 이 장에서는 인공지능에서 추론과 지식표현방법의 하나로써 큰 역할을 담당하는 명제 논리와 술어 논리에 대해서 설명한다.

5.1 명제 논리

대상세계에 관한 어떤 사건의 **진술**(statement)을 **명제**(proposition)라고 한다. 예를 들어, 아래와 같은 진술은 명제가 된다.

(1) 영이는 여성이다.
(2) 길동이는 영이를 좋아한다.
(3) 길동이와 영이는 학생이다.
(4) 기린은 신성한 동물이다.
(5) 눈은 희다.

명제는 진술의 내용을 파고들지 않고 진술 그 자체가 맞는지 아닌지(참과 거짓)가 대상이 된다. 예를 들어, 위에 기술한 예(4)에서 "기린"의 존재에 대해서는 문제삼지 않고 진술 그 자체의 진위를 논의의 대상으로 한다. 또한 하나의 진술로 이루어지는 명제의 최소단위를 **기본명제**(primitive proposition)라고 하고, 복수의 기본명제로 구성되는 명제를 **복합명제**(compound proposition)라고 한다. 앞의 예(3)에서는 "길동이는 학생이다", "영이는 학생이다" 라는 두 개의 기본명제가 하나의 복합명제로 표현되어 있는 예가 된다.

[표 5.1] 논리기호

논리 기호	명칭	논리식	의미
$\neg$	부정(negation)	$\neg p$	p가 아님
$\wedge$	논리곱(conjunction)	$p \wedge q$	p 그리고 q
$\vee$	논리합(disjunction)	$p \vee q$	p 또는 q
$\rightarrow$	함의(implication)	$p \rightarrow q$	p 이면 q
$\equiv$	동치(equivalence)	$p \equiv q$	(p 이면 q) 그리고 (q 이면 p)

명제 간의 논리적 관계를 논의하는 것이 명제 논리이며, 명제의 진위를 기호를 사용하여 형식적으로 논한다. 명제의 기호표현형식을 **논리식**(logical formula)이라고 하고, 명제변수(통상, p, q, r 등으로 표현)라고 하는 명제를 표현하는 변수 및 표 5.1에 나타낸 논리기호에 의해 표현된다.

5.1.1 명제 논리식의 귀납적 정의

다른 명제로 분할되지 않는 기본 명제를 **원자식**(atomic formula)이라고 한다. 명제 논리식과 명제 논리식을 결합하는 기호 $\neg$, $\wedge$, $\vee$, $\rightarrow$, $\equiv$를 논리기호라고 한다.

- 명제 논리식의 정의
  (1) 원자식은 명제 논리식이다.
  (2) p, q가 명제 논리식이라면, 논리기호를 사용하여 구성되는 명제 논리식, $\neg p$, $p \wedge q$, $p \vee q$, $p \rightarrow q$, $p \equiv q$도 명제 논리식이다.
  (3) (1)과 (2)에서 정의되는 논리식만 명제 논리식이다.
- 논리기호의 우선순위

우선도 대 $\neg$, $\wedge$, $\vee$, $\rightarrow$, $\equiv$ 우선도 소

논리식의 진위는 그 논리식을 구성하고 있는 원자식의 진위를 각각 구하고, 그것들의 논리기호에 의한 연결을 고려하여 원래의 논리식 전체의 진위를 결정

[표 5.2] 진리표

p	q	$p \wedge q$	$p \vee q$	$p \rightarrow q$	$p \equiv q$
T	T	T	T	T	T
T	F	F	T	F	F
F	T	F	T	T	F
F	F	F	F	T	T

한다. 이렇게 하는 것을 **논리식을 해석한다**(interpretation)고 말한다.

이 때, 논리식의 진위를 결정하기 위하여 **진리표**(truth table)를 사용한다. 진리표란 원자식의 여러 가지 조합에 대한 논리식의 진위를 표 형식으로 정리한 것이다. 참을 T, 거짓을 F로 나타내며, 표 5.2에 진리표의 예를 나타낸다.

5.1.2 항진식, 항위식

논리식에서는 그 논리식을 구성하는 원자 논리식이 취하는 진리값에 관계없이 항상 참이 되는 것이나 항상 거짓이 되는 것이 존재한다.

- 항진식(tautology) :원자식에 어떠한 값이 주어지더라도 항상 참이 되는 논리식.
- 항위식(contradiction) :원자식에 어떠한 값이 주어지더라도 항상 거짓이 되는 논리식.
- 타당(valid) : 항진식인 논리식은 어떠한 해석에 대해서도 참이 되므로 이 논리식을 "타당하다"고 말함.
- 충족가능한(satisfiable) : 논리식이 항위식이 아닐 경우, 그 논리식을 참이 되게 하는 해석이 적어도 하나는 존재하므로 이 논리식은 "충족가능하다"고 말함.
- 충족불능(unsatisfiable) : 항위식인 논리식에 대해 항진식이라는 해석은 결코 성립되지 않으므로 이 논리식은 "충족불능이다"고 말함.

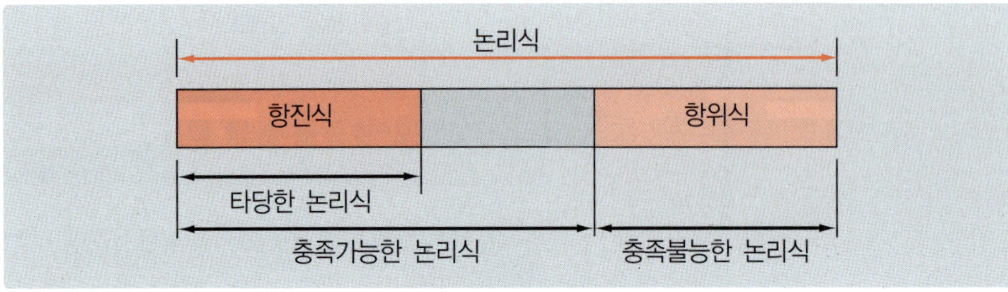

[그림 5.1] 논리식의 분류

이상의 관계를 표현한 것을 그림 5.1에 나타낸다.

5.1.3 논리식의 동치관계

진리값이 같은 논리식은 **동치관계**(equivalence relation)에 있다고 한다. 두 개의 논리식이 동치라는 것을 증명하기 위해 아래에 나타내는 것과 같은 대표적인 동치관계를 빈번하게 증명에 이용한다.

(1) 이중부정 $\neg(\neg p) \equiv p$

(2) 멱등법칙 $p \vee q \equiv p,\ p \wedge q \equiv p$

(3) 보원법칙 $p \vee \neg p \equiv T,\ p \wedge \neg p \equiv F$

(4) 교환법칙 $p \vee q \equiv q \vee p,\ p \wedge q \equiv q \wedge p$

(5) 결합법칙 $(p \wedge q) \wedge r \equiv p \wedge (q \wedge r),\ (p \vee q) \vee r \equiv p \vee (q \vee r)$

(6) 분배법칙 $p \vee (q \wedge r) \equiv (p \vee q) \wedge (p \vee r),\ p \wedge (q \vee r) \equiv (p \wedge q) \vee (p \wedge r)$

(7) 드모르강 법칙 $\neg(p \wedge q) \equiv \neg p \vee \neg q,\ \neg(p \vee q) \equiv \neg p \wedge \neg q$

(8) 항진 · 항위 $p \vee T \equiv T,\ p \wedge T \equiv p,\ p \vee F \equiv p,\ p \wedge F \equiv F$

(9) 기타 $p \rightarrow q \equiv \neg p \vee q,\ (p \equiv q) \equiv ((p \rightarrow q) \wedge (q \rightarrow p))$

5.1.4 논리식의 표준형

여러 가지 논리식 및 논리 기호를 이용하여 동치가 되는 논리식이 다수 존재하기 때문에 논리식의 표준형식을 정해두는 것이 논리식을 다룰 때 편리하다.

표준형을 구성하는 **리터럴**(literal), **절**(clause), **절 형식**(clause form)에 대하여 아래에 설명한다.

- 리터럴 : 원자식(p), 혹은 원자식의 부정($\neg p$)를 말함.
- 절 : 리터럴의 논리합(∨)만으로(혹은 논리곱(∧)만으로) 구성되는 논리식을 말함.
- 절 형식 : 절이 리터럴의 논리합(∨)만으로(혹은 논리곱(∧)만으로) 구성되어 있을 때, 절의 논리곱(∧)만으로(혹은 논리합(∨)만으로) 구성되는 논리식을 말함.

p_{ij}를 리터럴이라고 하면 리터럴의 논리합만으로 구성된 논리식 $c_j \equiv p_{i1} \vee p_{i2} \vee \cdots \vee p_{in}$은 절이다. 이 때, 절의 논리곱만으로 구성된 논리식 $q \equiv C_1 \vee C_2 \vee \cdots \vee C_m$은 절 형식이다.

이 절 형식을 논리식의 표준형으로 간주한다. 절이 리터럴의 논리합만으로 구성되고 절 형식이 절의 논리곱만으로 구성된 논리식을 **연언표준형**(**합곱표준형** : conjunctive normal form)이라 하고, 절이 리터럴의 논리곱만으로 구성되고 절 형식이 절의 논리합만으로 구성된 논리식을 **선언표준형**(**곱합표준형** : disjunctive normal form)이라고 한다.

5.1.5 논리식의 절 형식으로의 변환

임의의 논리식은 절 형식으로 변환할 수 있다. 그 기본 순서를 아래에 나타낸다.

step 1. 동치기호 (≡)와 함의기호(→)를 아래의 동치관계를 이용하여 제거한다.

$p \equiv q$는 $(p \rightarrow q) \wedge (q \rightarrow p)$와 동치.

$$p \rightarrow q \equiv \neg p \vee q$$

step 2. 이중부정, 드 모드강법칙을 적용한다.

$$\neg(\neg p) \equiv p, \quad \neg(p \wedge q) \equiv \neg p \vee \neg q, \quad \neg(p \vee q) \equiv \neg p \wedge \neg q$$

step 3. 분배법칙을 적용한다.

$$p \vee (q \wedge r) \equiv (p \vee q) \wedge (p \vee r),\quad p \wedge (q \vee r) \equiv (p \wedge q) \vee (p \wedge r)$$

예제로 아래 논리식을 연언표준형의 절 형식으로 변환해보자.

$$p \wedge (q \rightarrow r) \rightarrow p \wedge q$$

step 1. 함의(→)를 제거한다.

$$\equiv \neg (p \wedge (\neg q \vee r)) \vee (p \wedge q)$$

step 2. 이중부정, 드 모르강법칙을 적용한다.

$$\equiv (\neg p \vee \neg (\neg q \vee r)\ ) \vee (p \wedge q)$$

$$\equiv (\neg p \vee (q \wedge \neg r)) \vee (p \wedge q)$$

step 3. 분배법칙을 적용한다.

$$\equiv ((\neg p \vee q) \wedge (\neg p \vee \neg r)) \vee (p \wedge q)$$

$$\equiv ((\neg p \vee q) \vee (p \wedge q)) \wedge ((\neg p \vee \neg r) \vee (p \wedge q)$$

$$\equiv (((\neg p \vee q) \vee p) \wedge ((\neg p \vee q) \vee q)) \wedge (((\neg p \vee \neg r) \vee p) \wedge ((\neg p \vee \neg r) \vee q))$$

$$\equiv (\neg p \vee q) \wedge (\neg p \vee q \vee \neg r)$$

여러 가지 동치관계를 이용함으로써 논리식을 쉽게 변환할 수 있다.

5.1.6 추론과 논리적 귀결

추론(reasoning)이란 "함의"의 논리적 관계를 이용하여 **전제**(premise)가 되는 명제로부터 **결론**(conclusion)을 이끌어내는 행위이다. 추론은 크게 나눠서 **연역적 추론**(deductive reasoning)과 **귀납적 추론**(inductive reasoning)의 두 종류로 분류된다.

- 연역적 추론 : 함의로 구성되는 일반적 혹은 보편적 논리 명제인 전제에 대해 구체적인 사실을 적용함으로써 구체적인 결론을 도출하는 추론 방법.
- 귀납적 추론 : 관측된 복수의 사실로부터 일반적 명제를 도출하는 추론 방법.

명제 논리에서는 주로 연역적 추론을 다룬다. 연역적 추론의 기초가 되는 규칙을 아래에 나타낸다[8].

■ 긍정식(modus ponendo ponens)

$$\frac{p \rightarrow q \qquad p}{q}$$

예 : 새이다. → 날 수 있다.
새이다.

날 수 있다.

■ 부정식(modus tollendo tollens)

$$\frac{p \rightarrow q \qquad \neg q}{\neg p}$$

예 : 새이다. → 날 수 있다.
날 수 없다.

새가 아니다.

■ 삼단논법(syllogism)

$$\frac{p \rightarrow q \qquad q \rightarrow r}{p \rightarrow r}$$

예 : 새이다. → 날개가 있다.
날개가 있다. → 날 수 있다.

새이다. → 날 수 있다.

이 추론규칙들은 모두 "타당한" 추론으로 인정받는 것으로써, 일반적으로 추론은 이들을 기초로 하여 추론형식을 조합하여 구성된다.

- 논리적 귀결 :$(p_1 \wedge p_2 \wedge \cdots \wedge p_n) \rightarrow q$와 같이 나타나는 논리식에서 전제가 참이 될 때 결론도 반드시 참이 되는 경우, q는 p_1, p_2, $\cdots$, p_n으로부터의 **논리적 귀결**(logical consequence)이라고 한다.
- 건전성 : 논리적 귀결이 구해졌을 때 논리식의 집합 $\{p_1, p_2, \cdots, p_n\}$으로부

[8]이들 규칙은 긍정식을 예로 들면, "$p \rightarrow q$와 p가 주어짐으로써 q를 도출한다"와 같이 전체를 상하로 나누는 선의 윗쪽의 논리식("전제"에 해당한다)이 주어지면 아랫쪽의 논리식("결론"에 해당한다)이 도출됨을 의미하는 표기로서 나타내고 있다.

터 논리식 q를 도출하는 추론은 **건전**(sound)하다고 한다. 이것은 전제가 참이라면 결론도 반드시 참이라는 **진리보존성**(truth conservativeness)이 성립되는 것으로부터 이렇게 불린다. 이처럼 진리보존성이 성립하고 있는 추론을 **타당한 추론**(valid reasoning)이라고 한다.

■ 공리와 정리

논리식이 참이라는 것이 추론에 의해 도출될 때 추론의 최초가 되는 항진의 논리식을 **공리**(axiom)라고 한다. 공리에 건전한 추론규칙을 적용하여 얻어지는 논리식을 **정리**(theorem)이라고 한다. 공리의 집합을 **공리계**(axiom system)라고 한다. 공리계는 주어진 논리식이 항진식인지 증명하기 위하여 이용되어, 주어진 논리식이 참인지를 판정하는 추론의 근거를 제공한다.

5.1.7 형식적 증명

공리계로부터 출발하여 추론규칙을 적용함으로써 정리를 도출하는 것을 **형식적 증명**(formal proof)이라고 한다.

형식적 증명

논리식의 유한계열 $p_1, p_2, \cdots, p_n$이 있고, $k = 1, 2, \cdots, n$의 각각에 대해서

(1) p_1은 공리이다.

(2) p_k $(1 < k \leq n)$는

(a) 공리이다. 혹은,

(b) $i, j < k$인 p_i와 p_j로부터 추론규칙 r_1에 의해 직접 도출된 것이다.

추론규칙 r_1에는 전형적인 것으로 『p와 $p \rightarrow q$가 정리식이라면, q는 정리식이다(이 추론규칙은 긍정식이다).』가 있다.

이 때, 열 $p_1, p_2, \cdots, p_n$을 논리식 p_n의 형식적 증명이라고 한다.

논리식 p에 대해 형식적 증명이 있을 때 이것을 $\vdash p$라고 표기한다.

명제의 공리계로 다음 내용을 예로 들어 형식적 증명을 생각해보자.

$$A_1 : p \to (q \to p)$$
$$A_2 : (p \to (q \to r)) \to ((p \to q) \to (p \to r))$$
$$A_3 : (\neg p \to \neg q) \to ((\neg p \to q) \to p)$$

추론규칙은 아래와 같이 주어진다고 하자.

B_1 : p와 q가 정리식이라면, q도 정리식이다.

위에 기술한 공리 A_1, A_2, A_3, 그리고 추론규칙 B_1을 이용하여 $\vdash p \to p$를 증명한다.

step. 1 공리A_1에서, $p \equiv P$, $q \equiv P \to P$로 둠으로써 아래의 논리식이 도출된다.

$$P \to ((P \to P) \to P)$$

step. 2 공리A_2에서, $p \equiv P$, $q \equiv P \to P$, $r \equiv P$로 하면 아래와 같이 된다.

$$(P \to ((P \to P) \to P)) \to ((P \to (P \to P)) \to (P \to P))$$

step. 3 step.1, step.2의 결과에 추론규칙 B_1을 적용한다.

$$(P \to (P \to P)) \to (P \to P)$$

step. 4 공리A_1에서 $p \equiv P$, $q \equiv P$로 두면 아래와 같이 된다.

$$P \to (P \to P)$$

step. 5 step.3, step.4의 결과에 추론규칙을 적용함으로써 아래의 논리식이 도출된다.

$$P \to P$$

이로써 $\vdash p \to p$가 증명되었다.

5.1.8 가설로부터의 연역

논리식이 참인 것을 증명하기 위해 항진인 공리에 건전한 추론을 적용하는 것을 반복함으로써 그 논리식을 도출하는 작업을 수행한다. 그러나 어떤 공리를 사용하고 어떤 추론을 적용해야 하는지 등이 문제가 되어 증명하고 싶은 논리식이 참인 것을 도출하는 것은 쉽지 않다. 그래서 어떤 가설을 정의하고 그 아래에서 주어진 논리식이 참이라는 것을 증명한다. 이 방법을 **가설로부터의 연역**(deduction from hypothesis)라고 한다.

가설로부터의 연역

$a_1, a_2, \cdots, a_m$을 논리식의 유한계열이라고 할 때, 다음과 같은 조건을 만족하는 논리식의 유한계열 $p_1, p_2, \cdots, p_n$을 가설 $a_1, a_2, \cdots, a_m$으로부터의 논리식 p_n의 연역이라고 한다.

(1) p_i $(1 \le i \le n)$는 공리이거나 가설 $a_1, a_2, \cdots, a_m$의 논리식이다.

또는,

(2) p_i $(1 < i \le n)$는 p_j와 p_k $(1 \le j,\ k < i)$로부터 추론규칙에 의해 직접 도출된 논리식이다(여기서 p_j와 p_k $(1 \le j,\ k < i)$는 공리이거나 가설에 추론규칙을 적용하여 도출한 정리식이다).

논리식 p에 대하여 가설 $a_1, a_2, \cdots, a_m$으로부터의 연역이 존재할 때 p는 가설 $a_1, a_2, \cdots, a_m$으로부터 연역 가능하다고 하여,

$$a_1, a_2, \cdots, a_m \vdash p$$

로 표기한다.

가설로부터 가설이 없는 연역을 도출하기 위해서는 **연역정리**(deductive theorem)을 이용한다. 이것은 가설 상에서 성립하는 논리식을, 가설을 논리식의 전제조건으로 함으로써 가설을 줄여나간다.

연역정리

만약

$$a_1, a_2, \cdots, a_m \vdash p$$

라면,

$$a_1, a_2, \cdots, a_{m-1} \vdash a_m \rightarrow p$$

이다. 그 역도 성립한다.

이 연역정리를 반복하여 이용함으로써

$$a_1,\ a_2,\ \cdots,\ a_m \vdash p$$

로부터

$$\vdash a_1 \rightarrow (a_2 \rightarrow \cdots\ (a_m \rightarrow p)\ \cdots)$$

가 구해진다. 즉, 가설에 대하여 하나씩 가설로부터의 연역을 수행해 나가서 최종적으로 가설이 없는 연역을 구하는 것이 가능하다.

5.2 술어 논리

술어 논리(predicate logic)란 명제 논리와 달리 각 명제의 내용에 관하여 논하기 위하여 명제 안에 변수를 도입하고, 그 변수값에 의해 참 · 거짓을 취하는 기호 논리를 가리킨다.

명제 논리는 진술로써 참인지 거짓인지를 묻는 것이고, 진술 안에 나타나는 내용에 관한 추론은 불가능하다. 예를 들어,

(p1) 모든 사람은 평화를 사랑한다.

(p2) 길동은 사람이다.

따라서,

(p3) 길동은 평화를 사랑한다.

위에 기술한 (p1)에서 (p3)까지 명제 논리의 틀에서는 (p1), (p2)가 참이라고 해도 (p3)가 항상 참이라고 주장할 수 없다. 왜냐하면 명제 논리 하에서는 명제 안에 포함된 **개체**(individual)[9]에 관한 내용에는 주목하지 않고 명제 그 자체의 진위성에만 주목하기 때문이다.

이와 달리 술어 논리는 명제에 포함된 개체변수에 주목하여 그 명제에서의 개체변수의 성질이나 상태를 **술어**(predicate)[10]를 이용하여 추론을 수행한다.

5.2.1 술어 논리식의 정의

술어 논리에서는 명제의 내용을, 개체변수를 인수로 가지는 술어의 형태로 표현하고, 이 술어를 이용하여 추론을 수행한다. 술어 논리는 명제 논리와 달리 개체변수를 표현하는 변수를 도입함으로써 명제 논리를 확장한다. 술어 논리로 표현되는 명제는 컴퓨터 상에서 인간의 지식을 표현하는 수단으로도 널리 이용되고 있으며, 특히 추론으로 도출되는 지식을 표현하는 데에 적합하다.

술어 논리를 구성하는 요소를 아래에 나타낸다.

- 개체정수(individual constant) : 특정한 개체를 나타내는 기호(a, b, ⋯ 등의 정수로 표현된다).
- 개체변수(individual variable) : 임의의 개체를 나타내는 기호(x, y, ⋯ 등의 변수로 표현된다).
- 술어기호(predicate symbol) : 개체에 관한 성질이나 상태를 나타내는 기호(p, q, ⋯ 등의 기호로 표현된다).
- 함수 기호(function symbol) : 개체간의 관계를 나타내는 기호($f(x)$의 f 등으로 표현된다).
- 논리기호(logical symbol) : 명제 논리의 논리 기호($\neg$, $\wedge$, $\vee$, $\rightarrow$)와 같다.
- 정량기호(quantifier) : 대상영역에서 대상이 되는 개체의 범위를 나타내는 기호. 아래의 두 가지가 사용된다.
  - $\forall$: **전칭기호**(universal quantifier)라고 하며, 술어가 「임의의」 항(후술)에

[9](p1)~(p3)에서의 "사람", "길동", "평화" 등.

[10](p1)~(p3)에서의 "~를 사랑한다", "~이다" 등.

대하여 성립하는 것을 나타낼 때 사용된다.

- ∃ : **존재기호**(existential quantifier)라고 하며, 술어가 「적어도 하나의」 항에 대하여 성립하는 것을 나타낼 때 사용된다.

정량기호에 의해 한정되는 변수를 **속박변수**(bound variable)라고 하고, 속박변수가 아닌 변수를 **자유변수**(free variable)라고 한다.

■ 술어 논리식의 정의

아래에 술어 논리식의 정의를 나타낸다. 술어의 인수가 되는 **항**(term)은 술어

항

(1) 개체정수, 개체변수는 항이다.

(2) $t_1, t_2, \cdots, t_n$이 항이 되고, f가 n변수의 함수기호일 때, $f(t_1, t_2, \cdots, t_n)$도 항이다.

(3) 이상의 (1), (2)로부터 항으로 판별될 수 있는 것만 항이 되고 항은 대상영역의 **원소**이다.

술어 논리식

(1) $t_1, t_2, \cdots, t_n$이 항이고, p가 n변수의 술어기호일 때, $p(t_1, t_2, \cdots, t_n)$을 **원자식**이라고 한다. **원자식**은 논리식이다.

(2) p, q가 논리식일 때

$$\neg p,\ p \wedge q,\ p \vee q,\ p \rightarrow q,\ p \equiv q$$

는 논리식이다.

(3) p가 논리식이고, x가 개체변수일 때

$$\forall xp,\ \exists xp$$

는 논리식이다.

(4) 이상의 (1), (2), (3)으로부터 논리식으로 판별될 수 있는 것만 논리식이다.

논리가 대상으로 삼는 세계인 **대상영역**(domain)에서의 요소를 표현하는 것이고, 술어의 인수에 해당한다. 항에는 개체정수, 개체변수 외에 함수 자체도 항이 될 수 있기 때문에 아래와 같이 귀납적으로 정의할 수 있다.

위에서 열거한 술어의 명제 ($p1$) ~ ($p3$)에서 개체정수 "길동", "평화" 등은 항이 된다. 또한 "사람이다"를 술어라고 하면, ($p2$)는 "사람이다(길동)"과 같이 술어 논리식으로 나타낼 수 있다.

5.2.2 일차 술어 논리

일차 술어 논리(first-order predicate logic)는 명제에서의 술어가 자신의 항으로 술어를 포함하지 않는 것을 말한다. 술어를 항으로 포함하는 것을 이차 술어 논리라고 하고, 나아가 반복해서 포개진 상태로 술어를 포함하는 술어 논리를 일반화하여 **고차 술어 논리**(higher-order predicate logic)라고 한다. 이것은 자연언어에서 문장을 생각하면 이해하기 쉽다. 예를 들어, "눈이 하얗다"에 대하여 항으로 개체정수 "눈"을 취하고 있다. 이것과 비교하여 "나는 눈이 희다고 생각한다"라는 명제는 술어 "생각하다"에 대해 "눈이 희다"라는 술어를 포함하는 명제를 항으로 가지고 있으므로 이차술어 논리로 취급된다[11]. 이 장에서는 일차 술어 논리에 대해서만 설명한다.

■ 일차 술어 논리에 의한 지식표현

자연언어 문장의 의미를 일차 술어 논리로 나타낸 예를 표 5.3에 나타낸다[12].

표 5.3에서 예(1) "새는 날개를 가지고 있다"는 일차술어 논리 표현에서 $\forall x$[새(x) → 날개를 가지고 있다(x)]로 표현된다. 여기서 x는 개체변수이고, 새(x)는 "x는 새이다"라는 술어 논리식을 나타낸다. 정량기호에 전칭기호 $\forall$를 이용함으

[11] 이차 술어 논리는 "~라고 믿는다", "~라고 생각한다" 등 인간의 신념 등을 술어 논리로 표현할 때 자주 이용된다.

[12] 표 5.3에서 사용하고 있는 술어는 저자가 정의한 것이다.

[표 5.3] 일차술어 논리에 의한 지식표현

예	자연언어 문장	일차술어 논리식
(1)	새는 날개를 가지고 있다.	$\forall x$ [새(x) → 날개를가지고있다(x)]
(2)	새는 날 수 있다.	$\forall x$ [새(x) → 날수있다(x)]
(3)	다친 새는 날 수 없다.	$\forall x$ [새(x)∧다치다(x) → ¬날다(x)]
(4)	누구나 누군가를 사랑하고 있다.	$\forall x \exists y$ 사랑하고있다(x, y)
(5)	누구나 사랑하는 사람이 있다.	$\exists y \forall x$ 사랑하고있다(x, y)

로써 임의의 개체변수 x를 대상으로 하여 [새(x) → 날개를 가지고 있다(x)]가 성립하는 것을 나타내고 있다.

또한, 예(4), 예(5)에서는 정량기호의 순서에 주의한다. 예(4)에서의 술어 논리식 $\forall x \exists y$ 사랑하고 있다(x, y)는 $\forall x$(임의의 개체변수 x)에 대하여 $\exists y$ 사랑하고 있다(x, y)가 성립함을 기술하고 있다. 즉, 「모든 x에 대하여 "사랑하고 있다(x, y)를 만족하는 y가 존재한다"」라는 것을 의미한다.

또한, 예(5)에서의 술어 논리식 $\exists y \forall x$ 사랑하고 있다(x, y)에서는 $\exists y$(어떤 개체변수 y)에 대하여 $\forall x$ 사랑하고 있다(x, y)가 성립함을 기술하고 있다. 즉, 「"모든 x에 대하여 사랑하고 있다(x, y)"가 되도록 하는 y가 존재한다」라는 것을 의미한다.

일차 술어 논리를 이용하여 자연언어 문장의 의미를 표현하기도 하며 지식표현이나 형식적인 의미표현의 한 방법으로써 큰 역할을 담당하고 있다.

5.2.3 술어 논리식의 동치관계

아래에 술어 논리식을 변환할 때 잘 사용되는 정량기호를 가진 술어 논리식의 동치관계를 나타낸다.

(1) 개체변수의 교체

$$\forall x p(x) \equiv \forall y p(y)$$

$$\exists x p(x) \equiv \exists y p(y)$$

(2) 부정의 이동

$$\neg \forall x p(x) \equiv \exists x[\neg p(x)]$$

$$\neg \exists x p(x) \equiv \forall x[\neg p(x)]$$

(3) 논리식 q가 개체변수를 포함하지 않는다면

$$\forall x[p(x) \wedge q] \equiv \forall x p(x) \wedge q$$

$$\exists x[p(x) \vee q] \equiv \exists x p(x) \vee q$$

$$\exists x[\mathrm{p}(x) \wedge q] \equiv \exists x p(x) \wedge q$$

$$\forall x[p(x) \vee q] \equiv \forall x p(x) \vee q$$

(4) 정량기호의 자리바꿈

$$\forall x[p(x) \wedge q(x)] \equiv \forall x p(x) \wedge \forall x q(x)$$

$$\exists x[p(x) \vee q(x)] \equiv \exists x p(x) \vee \exists x q(x)$$

5.2.4 술어 논리식의 절 형식으로의 변환

술어 논리식은 아래에 나타내는 순서에 의해 절 형식으로 변환할 수 있다.

step 1. 동치기호(≡)와 함의기호(→)를 제거한다.

step 2. 이중부정, 드 모드강 법칙을 적용하여 부정기호를 원자식의 앞으로 옮긴다.

$$\neg \forall x p(x) \equiv \exists x[\neg p(x)]$$

$$\neg \exists x p(x) \equiv \forall x[\neg p(x)]$$

step 3. 정량기호로 묶여 있는 변수의 이름을 표준화한다.

$$\forall x p(x) \equiv \forall y p(y)$$

$$\exists x p(x) \equiv \exists y p(y)$$

각 정량기호마다 묶음변수의 이름을 바꿔 붙인다(예를 들어 논리식의 왼쪽부터 묶음변수를 새로운 변수명으로 바꿔 쓴다).

step 4. 모든 정량기호를 논리식의 앞으로 옮긴다(이 형식을 **전치형**(prenex form)이라고한다).

$$\forall x[p(x) \wedge q] \equiv \forall x p(x) \wedge q$$

$$\exists x[p(x) \wedge q] \equiv \exists x p(x) \wedge q$$

step 5. 논리식을 절 형식으로 변환한다.

논리식의 동치관계를 이용하여 변환한다.

아래의 술어 논리식을 절 형식으로 변환해보자.

$$\forall x \exists y [p(x, y) \vee q(y)] \rightarrow \forall x \forall z [r(x, z)]$$

step 1. 함의(→)의 제거

$$\equiv \neg(\forall x \exists y [p(x, y) \vee q(y)]) \vee \forall x \forall z [r(x, z)]$$

step 2. 원자식의 앞으로 부정기호를 이동

$$\equiv \exists x \forall y [\neg(p(x, y) \vee q(y))] \vee \forall x \forall z [r(x, z)]$$

step 3. 묶음변수의 표준화

$$\equiv \exists x_1 \forall x_2 [\neg(p(x_1, x_2) \vee q(x_2))] \vee \forall x_3 \forall x_4 [r(x_3, x_4)]$$

step 4. 전치형으로 변환

$$\equiv \exists x_1 \forall x_2 \forall x_3 \forall x_4 [\neg(p(x_1, x_2) \vee q(x_2))] \vee [r(x_3, x_4)]$$

step 5. 절 형식으로 변환

$$\equiv \exists x_1 \forall x_2 \forall x_3 \forall x_4 [\neg p(x_1, x_2) \wedge \neg q(x_2)] \vee [r(x_3, x_4)]$$

$$\equiv \exists x_1 \forall x_2 \forall x_3 \forall x_4 [(\neg p(x_1, x_2) \vee r(x_3, x_4)) \wedge (\neg q(x_2) \vee r(x_3, x_4))]$$

연습문제

문제 1 아래의 명제 논리식을 연언표준형으로 변환하시오.

(a) $(p \rightarrow q) \wedge (\neg p \rightarrow \neg (q \vee r))$

(b) $(q \rightarrow r) \wedge (p \vee \neg q) \wedge (\neg r \rightarrow \neg q)$

문제 2 아래의 명제 논리식을 선언표준형으로 변환하시오

(a) $p \vee (q \wedge r) \rightarrow r \wedge q$

(b) $(p \wedge \neg q) \rightarrow (q \wedge (\neg p \vee q))$

문제 3 아래의 논리식이 항진식으로 되어 있는 것을 진리표 및 논리식의 동치변환을 이용하여 증명하시오.

(a) $(A \rightarrow B) \rightarrow ((B \rightarrow C) \rightarrow (A \rightarrow C))$

(b) $\neg A \rightarrow (A \rightarrow B)$

(c) $(A \rightarrow B) \wedge (B \rightarrow C) \rightarrow (A \rightarrow C)$

문제 4 논리적 귀결, 형식적 증명이란 무엇인지 설명하시오.

문제 5 적당한 술어를 정의하여 아래의 자연언어 문장을 일차술어 논리식으로 표현하시오.

(a) 영이는 대학생이다.

(b) 사람은 두 개의 눈을 가지고 있다.

(c) 다친 사람은 달릴 수 없다.

(d) 세상 모든 사람이 인정하는 상이 있다.

문제 6 아래 술어 논리식을 절 형식으로 변환하시오.

(a) $\forall x \exists y[P(x, y) \vee Q(y)] \rightarrow \forall x \forall z[P(x, z) \vee R(x, z)]$

(b) $\neg((\forall x \exists y P(x, y) \wedge \forall x \forall y \forall z[P(x, z) \rightarrow Q(y, z)]) \rightarrow \forall x \exists y Q(x, y))$

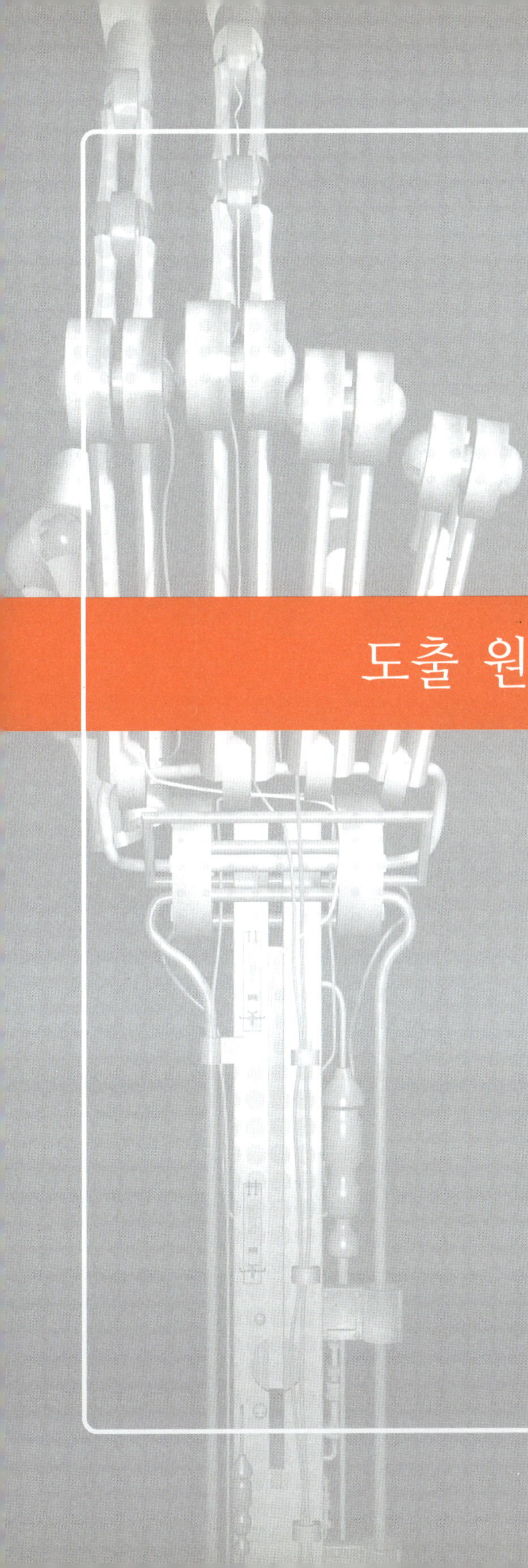

Chapter 6

도출 원리와 논리 프로그래밍

주어진 일차 술어 논리식이 항진식인지 판단할 때 일반적으로 일차 술어 논리식 $P(x)$에 대하여 대상영역 D가 무한집합일 때 $\forall xP(x)$가 참인지 아닌지를 결정할 수 없다. 그러나 $\forall xP(x)$가 거짓이라는 것을 증명하기 위해서는 어떤 $a \in D$에 대해 $P(a)$가 거짓임을 나타내면 되므로, 항진식인지 판단하기 위하여 모든 x에 대하여 $P(x)$가 참이 되는 증명을 하는 것보다 매우 간단하다.

어떤 술어 논리식 $Q(x)$가 있다고 하자. $Q(x)$가 항진식임을 증명하기 위해서는 위에 기술한 것을 고려하여 $Q(x)$의 부정 $\neg Q(x)$가 항위식임을 증명하면 된다. 여기서 $\neg Q(x) \equiv P(x)$이고, 그리고 $P(x)$를 거짓으로 하는 어떤 $a \in D$가 존재하는 술어 논리식 $P(x)$를 발견하여 $\forall xP(x)$가 항위식임을 나타낸다. 이로 인해 $Q(x)$가 항진식임을 증명한다. 즉, 일차 술어 논리식의 항진성을 증명하는 데에는 대상인 논리식의 부정형을 만들어, 그것이 항위식임을 증명함으로써 대상인 논리식이 항진식임을 증명하면 된다. 이 항위식을 전칭기호 $\forall$만을 정량기호로 가지는 술어 논리식으로 표현하여 대상영역의 어떤 값에 의해 술어 논리식이 거짓이 됨을 나타낸다.

이와 같이 주어진 술어 논리식이 항진식인지 어떤지를 판정하기 위하여 논리식의 부정을 취한 술어 논리식이 항위식임을 나타내는 방법, 즉 주어진 술어 논리식이 항진식인지 아닌지를 판정하는 방법을 **도출 원리**(resolution principle)라고 한다. 이 장에서는 도출 원리에 기반한 항진식의 증명에 대하여 설명한다.

6.1 스콜렘 표준형

항진성을 증명하는 대상이 되는 술어 논리식은 일반적으로 그것의 부정형인 항위식에 전칭기호만으로 이루어지는 경우는 없고, 전칭기호와 존재기호가 포함된다. 여기서 극단적인 예지만 다음과 같이 단 하나의 존재기호 $\exists$를 포함하는 술어 논리식을 생각해보자.

$$\forall x_1, \cdots, x_n \exists y R(x_1, \cdots, x_n, y)$$

이 논리식은 $x_1, \cdots, x_n$의 어떠한 값에 대해서도 어떤 값 $y=a$가 존재하여, $R(x_1, \cdots, x_n, y)$이 참이 되도록 $x_1, \cdots, x_n$가 취하는 값에 의존하여 y값이 결정되는 것을 의미한다. 이것으로부터 y와 $x_1, \cdots, x_n$의 의존관계를 $y=f(x_1, \cdots, x_n)$로 나타내기로 한다. 이 때, 위에 기술한 논리식은 진위성은 보존되면서 아래와 같이 고쳐 쓸 수 있다.

$$\forall x_1, \cdots, x_n R(x_1, \cdots, xn, f(x_1, \cdots, x_n))$$

이와 같은 함수 f를 **스콜렘 함수**(Skolem function)라고 한다. 위에 기술한 것처럼 변형한 술어 논리식은 원래 식과 동치는 아니지만 진위성은 보존되고 있다. 술어 논리식에 대하여 위에 기술한 스콜렘 함수를 이용함으로써 존재기호 ∃를 제외한 절형식을 **스콜렘 표준형**(Skolem standard form)이라고 한다.

6.1.1 스콜렘 표준형으로 변환

술어 논리식의 스콜렘 표준형으로의 변환 방법을 나타낸다. 예로써 다음 술어 논리식을 스콜렘 표준형으로 변환한다.

$$\forall x \exists y [P(x) \rightarrow Q(x, y)] \land \neg (\forall x \exists y [(P(x) \rightarrow \neg Q(x, y)) \land \forall z R(z)])$$

step 1. 함의기호 (→)의 제거.

$\equiv \forall x \exists y[\neg P(x) \lor Q(x, y)] \land \neg(\forall x \exists y[(\neg P(x) \lor \neg Q(x, y)) \land \forall z R(z)])$

step 2. 원자 논리식의 앞에 부정기호를 이동

$\equiv \forall x \exists y[\neg P(x) \lor Q(x, y)] \land \forall x \exists y[\neg(\neg P(x) \lor \neg Q(x, y)) \lor \exists z[\neg R(z)]]$

$\equiv \forall x \exists y[\neg P(x) \lor Q(x, y)] \land \forall x \exists y[(P(x) \land Q(x, y)) \lor \exists z[\neg R(z)]]$

step 3. 속박변수의 표준화

$\equiv \forall x_1 \exists y_1[\neg P(x_1) \lor Q(x_1, y_1)] \land \forall x_2 \exists y_2[(P(x_2) \land Q(x_2, y_2)) \lor \exists z_1 z[\neg R(z_1)]]$

정량자마다 변수를 구별한다.

step 4. 스콜렘 함수의 도입으로 존재기호를 제거

$\Rightarrow \forall x_1[\neg P(x_1) \vee Q(x_1, f(x_1))] \wedge \forall y_2[(P(a) \wedge Q(a, y_2)) \vee [\neg R(g(y_2))]]$

y_1은 x_1에 속박되어있기 때문에 x_1의 스콜렘 함수로 치환할 수 있다. x_2는 y_2에 속박되어 있지 않기 때문에 정수 a로 두게 된다.(∀과 ∃의 순서에 주의한다. 그리고 ⇒로 되어 있는 것은 동치변형은 아니지만 진위성은 보존되고 있다는 것을 나타낸다).

step 5. 전치형으로 변환

$\equiv \forall x_1 \forall y_2[(\neg P(x_1) \vee Q(x_1, f(x_1))) \wedge ((P(a) \wedge Q(a, y_2)) \vee \neg R(g(y_2)))]$

step 6. 모식을 연언표준형으로 변환

$\equiv \forall x_1 \forall y_2[(\neg P(x_1) \vee Q(x_1, f(x_1))) \wedge (P(a) \wedge \neg R(g(y_2))) \wedge (Q(a, y_2) \vee \neg R(g(y_2)))]$

step 7. 변수의 독립적 표준화

$\equiv \forall x_1 \forall y_2 \forall y_3[(\neg P(x_1) \vee Q(x_1, f(x_1))) \wedge (P(a) \wedge \neg R(g(y_2))) \wedge (Q(a, y_3) \vee \neg R(g(y_3)))]$

같은 이름의 개체변수가 복수의 절에서 사용되고 있을 때는 개체변수의 이름을 독립화 시킨다[13].

6.2 도출 원리에 의한 증명

도출 원리에 의해 일차 술어 논리식의 항진성을 증명한다. 술어 논리식 P_0의 부정형 $\neg P_0$가 아래와 같이 스콜렘 표준형으로 표현되어 있다고 하자.

$$\neg P_0 = \forall x_1, \cdots, \forall x_n[C_1 \wedge \cdots \wedge C_n]$$

스콜렘 표준형 $\forall x_1, \cdots, \forall x_n [C_1 \wedge \cdots \wedge C_n]$에서 모든 개체변수는 전칭기호로 묶여 있기 때문에 모식을 구성하고 있는 절로부터 이루어진 집합 $\{C_1, \cdots, C_n\}$에 주목한다. 이 집합을 절집합(clause set)이라고 한다. 절집합 $C=\{C_1, \cdots, C_n\}$이 참

[13]변수의 독립적 표준화를 수행할 때 다음 항진식이 도움이 된다.

$\forall x(P(x) \wedge Q(x)) \equiv \forall xP(x) \wedge \forall xQ(x) \equiv \forall x_1P(x_1) \wedge \forall x_2Q(x_2) \equiv \forall x_1 \forall x_2(P(x_1) \wedge Q(x_2)))$

이라는 것은 모든 C_1, …, C_n이 동시에 참이 됨을 말한다. 그리고 절집합 C가 거짓이라는 것은 C_1, …, C_n 중에 적어도 하나가 거짓임을 말한다.

모든 해석에 대해서 절집합이 거짓이 될 때(다시말해 모든 C_1, …, C_n이 동시에 참이 되지 않을 때), 절집합 C는 충족불능이 된다. 절집합 C가 충족불능이라면 스콜렘 표준형은 항위식이고, 대상이 되는 술어 논리식 P_0가 항진식임이 증명된다.

절집합 $C = \{C_1, \cdots, C_n\}$에서 절 C_i, C_j가 어떤 리터럴 P와 부정 $\neg P$를 포함하여 $C_j \equiv P \vee Q$, $C_i \equiv \neg P \vee R$이라고 하자. 이 두 개의 절로부터 그림 6.1과 같이 새로운 절 $Q \vee R$을 이끌어내는 추론 형식을 **도출**(resolution)이라고 한다. 이때, C_i와 C_j를 **부모절**(parent clause), $Q \vee R$을 **도출절**(resolvent clause)이라고 한다.

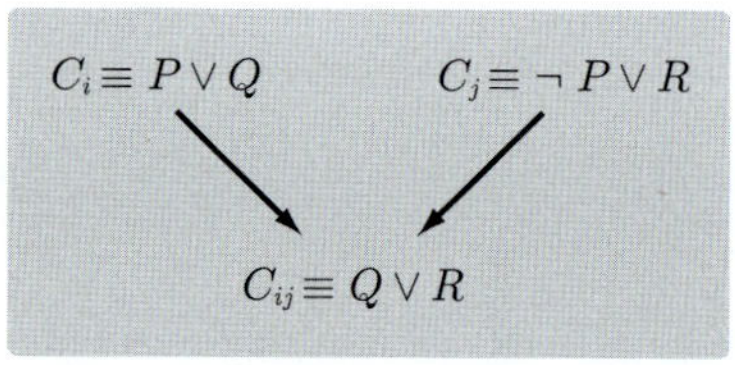

[그림 6.1] 도출

도출은 타당한 추론 형식이며 아래와 같이 쓸 수 있다.

$$\begin{array}{c} P \vee Q \\ \neg P \vee R \\ \hline Q \vee R \end{array} \tag{6.1}$$

여기서 $P \vee Q \equiv \neg P \rightarrow Q \equiv \neg Q \rightarrow P$, $\neg P \vee R \equiv P \rightarrow R$로부터 아래와 같이 변형할 수 있다.

$$\begin{array}{c} \neg Q \rightarrow P \\ P \rightarrow R \\ \hline \neg Q \rightarrow R \end{array} \tag{6.2}$$

$\neg Q \to R \equiv Q \vee R$로부터 $Q \vee R$은 $P \vee Q$, $\neg P \vee R$의 삼단논법에 의해 구할 수 있는 논리적 귀결이고, 도출은 건전한 추론임을 알 수 있다.

또한 타당한 추론형식인 (6.1)은 아래와 같이 나타낼 수 있다[14].

$$(P \vee Q) \wedge (\neg P \vee R) \to Q \vee R \ \equiv T \qquad (6.3)$$

식 (6.3)은 항진식이므로 그것의 부정은 항위식이 되어 아래와 같이 변형될 수 있다.

$$\neg((P \vee Q) \wedge (\neg P \vee R) \to Q \vee R) \equiv (P \vee Q) \wedge (\neg P \vee R) \wedge \neg(Q \vee R) \equiv F \qquad (6.4)$$

식 (6.4)는 삼단논법에서 전제와 결론의 부정과의 논리곱에 의해 구성된 논리식은 항위식이 되는 것도 동시에 나타내고 있다.

절집합에서 도출을 수행한 후 도출절을 절집합에 추가하는 것을 반복함으로써 최종적으로 **공백 절**(empty clause)을 이끌어낼 수 있다면, 그것은 절집합이 충족불능임을 의미하여 주어진 술어 논리식의 항진성을 증명할 수 있다. 여기서 공백 절이란 0개의 리터럴로 이루어지는 절을 카리키며 □의 기호를 이용하여 표시한다.

도출 원리(resolution principle)

어떤 리터럴 P와 그 리터럴의 부정 $\neg P$를 각각 포함하는 두 개의 절(C_i와 C_j라고 하자)을 선택하여, 그 절을 부모절로 하여 도출된 새로운 절 C_{ij}를 절집합 C 안에서 C_i와 C_j 대신에 추가한다. 이 조작을 반복하여 수행함으로써 마지막에 공백 절이 도출되면 절집합 C는 충족불능임이 판별된다. 또, 공절이 도출되지 않을 때는 충족불능이 아님이 판별된다.

도출 원리를 이용하여 어떤 논리식이, 전제가 되는 복수의 논리식으로부터의

[14] 삼단논법은 $(A \to B) \wedge (B \to C) \to (A \to C) \equiv T$로 나타낼 수 있다.

논리적 귀결이 됨을 증명할 수 있다. 예를 들어, 논리식 $P \to R$이 두 개의 논리식

(i) $P \to Q$

(ii) $Q \to R$

로부터의 논리적 귀결임을 도출 원리를 이용하여 증명한다.

식 (6.4)에 의해 논리식 $P \to R$이 두 개의 논리식으로부터의 논리적 귀결임을 나타내려면 아래의 식이 충족불능임을 나타내면 된다.

$$(P \to Q) \land (Q \to R) \land \neg(P \to R)$$

이 논리식의 절집합을 구하여 충족불능임을 도출 원리를 이용하여 나타낸다. 이 논리식을 절 형식으로 변환하면 아래와 같이 된다.

$$(\neg P \lor Q) \land (\neg Q \lor R) \land P \land \neg R$$

이로부터 절집합은 아래와 같이 된다.

$$\{\neg P \lor Q,\ \neg Q \lor R,\ P,\ \neg R\}$$

이 절집합에 도출 원리를 적용하면, 그림 6.2에 나타낸 것과 같은 도출 과정을 따라서 공백 절이 도출된다. 이것에 의해 이 절집합은 충족불능임이 증명된다.

그림 6.2에 보여지는 그래프를 **도출 그래프**(resolution graph)라고 하며, 특히 공백절을 가진 도출 그래프를 **도출 트리**(resolution tree)라고 한다.

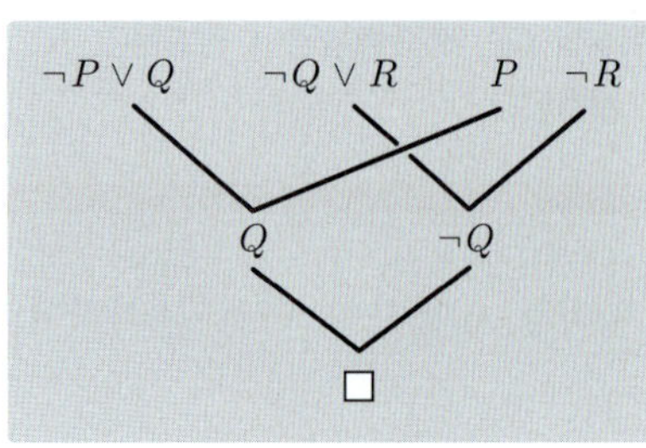

[그림 6.2] 도출과정

6.2.1 단일화 치환

그림 6.2에 나타낸 것과 같이 명제 논리식에 대한 도출을 수행하는 것은 쉽지만, 술어 논리식에 대한 도출은 술어 논리식이 포함하는 개체변수에 새롭게 적절한 처리를 하지 않으면 도출을 수행할 수 없다.

절집합 C의 요소로서 아래의 절이 포함되어 있다고 하자.

$$C_i \equiv P(x,\ f(y)) \vee Q$$
$$C_j \equiv \neg P(a,\ z) \vee R$$

단, a는 개체정수, x, y, z는 개체변수, f는 함수이며, 개체변수는 전칭기호로 속박되어 있어서 임의의 값을 가질 수 있다고 하자.

이 때, $x = a$, $z = f(y)$임을 가정하면, 절 C_i와 C_j로부터 새로운 절을 도출하는 것이 가능하게 된다.

이와 같이 개체변수를 별개의 항으로 치환하는 조작을 **단일화**(unification)라고 한다.

예를 들어 치환 s를 다음과 같이 표현하자.

$$s = (t_1/x_1,\ t_2/x_2,\ \cdots,\ t_n/x_n)$$

여기서 x_i는 i번째 개체변수를 나타내며, t_i는 그 개체변수를 치환하는 항을 가리킨다.

단일화 치환은 한번 시행하면 이후의 도출 과정에서의 개체변수는 그 항에 속박된다. 또 단일화 치환이 존재하지 않는 경우에는 도출이 불가능하다. 단일화 치환 s 하에서 공백 절이 도출될 경우에는 "단일화 치환 s 하에서 증명되었다"고 한다. 또한 단일화 치환을 수행할 때 필요최소한의 치환을 수행하는 것을 **최일반단일화 치환**(mgu: most general unifier)라고 한다. 이것은 필요 이상의 치환을 수행하지 않고, 가능하면 변수로 남겨 두는 단일화를 말한다. 이로 인해 이후 치환의 자유도를 확보할 수 있게 된다.

6.2.2 도출 제어 전략

도출 원리에 기반하여 증명을 수행할 때 문제가 되는 것은 부모절의 특정한 두 개의 절을 구체적으로 어떻게 선택하면 좋을지 결정할 수 없다는 것이다. 그림 6.3에 도출과정에서 서로 다른 증명 예를 나타낸다.

효율이 좋은 도출을 수행할 경우에는 절집합 내의 적절한 두 개의 절을 선택하기 위한 제어 전략이 필요하게 된다.

도출을 위한 전략은 크게 나누어 논리식의 의미를 고려하지 않는 기계적인 제어 전략과 논리식의 의미를 고려한 의미적인 제어전략의 두 가지가 있다. 아래에서 각각에 대하여 설명한다.

■ **기계적인 제어 전략**

- 너비 우선 전략(breadth-first strategy) : 도출대상이 되는 절집합에 있는 모든 절에 대하여 도출을 수행하는 전략. 도출된 절이 새롭게 도출대상이 되는 절집합에 포함된 경우에는 아직 도출에 사용되지 않은 절을 우선적으로 도출을 수행해간다. 이 전략은 도출대상이 되는 절을 너비 우선 탐색과 같은 방침으로 처리를 수행해간다.
- 선형도출(linear resolution) : 도출대상이 되는 절집합으로부터 도출에 의

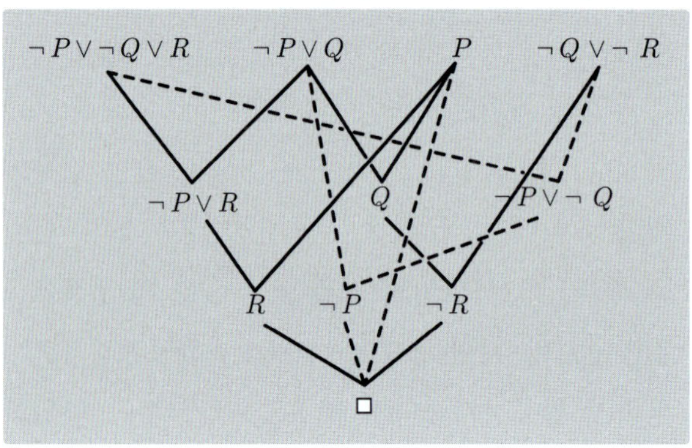

[그림 6.3] 도출과정의 차이

해 얻어진 절을 하나의 부모절로 하여 도출을 반복하여 진행해 가는 전략. 이 전략은 도출대상이 되는 절을 깊이우선탐색과 같은 방침으로 처리를 수행해간다.

■ **의미적인 제어 전략**

- 지지집합 전략(set-of-support strategy) : 도출대상이 되는 절집합 C는 충족가능한 부분 H와 불명확한 부분 S(지지집합(set of support)으로 부른다)의 두 부분으로 나눌 수 있음을 이용하여 무의미한 부모절의 조합을 방지하는 전략.

  절집합 C는 아래에 나타내는 일반적인 형식의 논리식으로부터 구축된다.

  $$(P_1 \wedge P_2 \wedge \cdots \wedge P_n) \rightarrow Q$$

  위의 논리식에서 조건부 $P_1 \wedge P_2 \wedge \cdots \wedge P_n$으로부터 얻어지는 절집합($H$에 해당)은 통상적으로 충족가능이고, $\neg Q$에 대한 스콜렘 표준화에 의해 얻어지는 절집합(S에 해당)과 조합함으로써 무의미한 부모절의 조합을 방지한다.

- 의미도출(semantic resolution) : 절집합 C에 대하여 어떤 해석 I를 부여하고, 이 해석에 기반하여 C 내의 절을 참이 되는 집합 C_T와 거짓이 되는 집합 C_F로 나눠서 도출에서의 부모절을 각각 하나씩 선택하는 전략.

6.3 도출 원리에 의한 문제-해결

도출은 주어진 논리식이 참이 되는가를 증명하는 추론의 하나이기 때문에 문제를 논리식으로 표현할 수 있으면 문제-해결에 도출 원리를 이용할 수 있다.

문제-해결에 도출 원리를 이용하는 것은 전제가 되는 지식이 논리식 $P_1 \wedge P_2 \wedge \cdots \wedge P_n$으로 표현되었을 때, 그로부터 논리식 Q가 성립하는지를 증명함으로써 실현된다. 즉,

$$P_1 \wedge P_2 \wedge \cdots \wedge P_n \rightarrow Q$$

가 항진식임을 증명하는 것과 같으며, 이것은 바로 도출 원리를 이용하여 수행할 수 있다.

아래에 예를 나타낸다.

$R(x,y)$는 "x는 y의 R이다"라는 관계를 나타내는 술어 논리식이라고 하고, 다음과 같은 지식을 가지고 있다고 하자.

(a) 자식(영자, 영이)

(b) 자식(영이, 순이)

(c) $\forall x \forall y \forall z$[자식$(x, y) \wedge$자식$(y, z)$ → 손(x, z)]

이 때, "순이의 손자는 누구인가?"라는 다음의 질문이 주어졌다고 하자.

(d) $\exists w$손(w,순이)

여기서 문제는 지식 (a), (b), (c)로부터 (d)가 논리적 귀결로 얻어질 수 있는가라는 것으로, 논리식 (a)∧(b)∧(c)∧¬(d) ≡ F 와 같은 형태로 표현한다.

(a), (b), (c), (d)에 실제 논리식을 넣어서 절집합으로 표현하면 다음과 같이 된다.

{자식(영자, 영이), 자식(영이, 순이), ¬자식$(x, y) \vee$¬자식$(y, z) \vee$손(x, z), ¬손(w, 순이)}

이 절집합에 도출 원리를 적용함으로써 그림 6.4에 나타내는 도출 트리가 얻어진다. w가 "영자"로 치환됨으로써 "순이"의 손자는 "영자"임을 알 수 있다.

2장에서의 문제-해결은 초기상태로부터 목표상태에 이르는 경로를 탐색하는 것이라고 설명하였다. 그와 마찬가지로 논리에 의한 문제-해결은 도출에서 공백 절을 이끌어내는 경로를 탐색하는 것이 된다. 또한 경로의 탐색에서 전략으

로는 6.2.2절에서 본 것과 같은 전략이 이용된다.

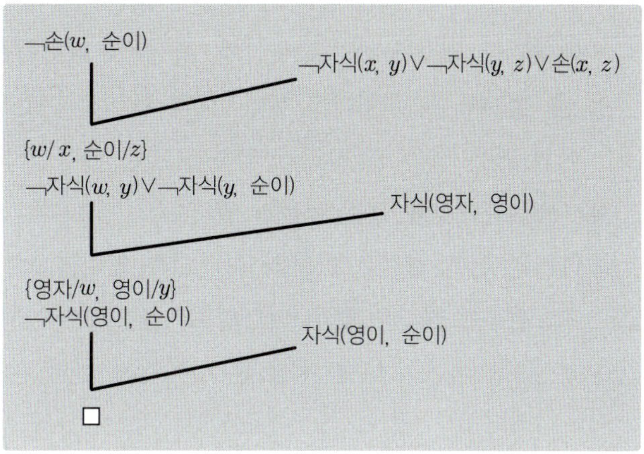

[그림 6.4] 질문 "순이의 손자는 누구인가?"에 대한 도출 트리

6.4 혼(Horn) 절과 추론

6.2.2절에서 본 것처럼 도출 원리에 의한 증명의 효율은 도출을 위한 전략에 의존하고 있다. 그러나 대상이 되는 부모절을 보다 간단하게 선택할 수 있다면 도출의 효율은 향상된다. 이것을 의도하여 형식으로 표현한 절을 혼(Horn) 절이라고 한다. 혼 절이 어떻게 정의되는가에 대하여 설명한다.

절은 원자 논리식의 논리합으로 구성되는 논리식이고, 원자 논리식은 참의 리터럴 혹은 거짓의 리터럴로부터 구성된다. 교환법칙을 이용하여 거짓의 리터럴을 왼쪽에, 참의 리터럴을 오른쪽으로 몰아서 표현하면 논리식은 다음과 같이 된다.

$$\neg A_1 \vee \neg A_2 \vee \cdots \vee \neg A_n \vee B_1 \vee B_2 \vee \cdots \vee B_m$$

이 때 위 식에서 m의 값이 1인, 즉 참의 리터럴을 하나밖에 포함하지 않는 절을 **혼 절**(Horn clause)이라고 한다. 예를 들어, $\neg A_1 \vee \neg A_2 \vee B_1$는 혼 절이 된다.

이와 같은 절을 혼 절로 정의하는 것은 매우 자의적이지만, 그 배경에는 아래에 나타내는 것과 같은 이유가 있다.

(1) 혼 절은 전건부가 참의 리터럴의 논리곱으로 결합된 형태로 나타내고, 후건부는 하나의 참의 리터럴로 나타내는 함의의 형태로 표현할 수 있다. $\neg A_1 \vee \neg A_2 \vee B_1$를 대상 혼 절이라고 하면 혼 절은 다음과 같이 고쳐쓸 수 있다.

$$A_1 \wedge A_2 \rightarrow B_1$$

이 형식으로 표현된 지식은 직관적으로 이해하기 쉽고, 또 기술하기도 용이하다.

함의를 사용하여 혼 절을 표현할 때는 기존 표기법과는 함의의 방향을 역으로 해서 다음과 같이 전건부와 후건부의 위치를 바꾼 표기법을 이용한다.

$$B_1 \leftarrow A_1 \wedge A_2$$

여기서 B_1을 **머리부**(head)라고 하고, $A_1 \wedge A_2$를 **본체**(body)라고 한다[15].

(2) 혼 절을 이용한 추론은 전방향 추론 혹은 역방향 추론[16]을 통하여 이루어지며, 이들의 추론 과정은 매우 명확하여 사람이 이해하기 쉽게 되어 있다.

(3) 혼 절을 이용함으로써 효율이 좋은 선형 도출(6.5.1절에서 설명)을 수행할 수 있게 된다.

---

[15] 실제로는 영어 명칭 그대로 각각 "헤드", "바디"로 부르는 경우가 많다.

[16] 전방향 추론과 역방향 추론에 대해서는 9.3절에서 설명한다.

[표 6.1] 혼절의 표기와 일반적인 절의 표기의 대응

	혼절에 의한 표기	기존 표기	의미내용	명칭
(1)	$B_1 \leftarrow A_1, A_2, \cdots, A_n$	$\neg A_1 \vee \neg A_2 \vee \cdots \vee \neg A_n \vee B$	규칙에 관한 지식	규칙절
(2)	$B \leftarrow$	B	사실에 관한 지식	사실절
(3)	$\leftarrow A_1, A_2, \cdots, A_n$	$\neg A_1 \vee \neg A_2 \vee \cdots \vee \neg A_n$	질문을 표현	목표절
(4)	$\leftarrow$	$\square$	공백 절을 표현	공백 절, 모순절

혼 절은 이 정의로부터 네 가지 기본적인 형식 중 하나로 표현된다. 네 가지 기본적인 혼절의 표기와 일반적인 절의 표기의 대응을 표 6.1에 나타낸다.

그리고 혼 절로 이루어지는 집합을 혼 집합(Horn set)이라고 한다.

6.5 혼 절에 의한 도출과 논리 프로그래밍

6.5.1 SLD 도출

혼 집합의 충족불능성을 효율적으로 증명하는 도출 전략으로써 **SLD 도출**(selective linear definite resolution)이라는 방법이 있다.

SLD 도출의 알고리즘을 아래에 나타낸다.

step 1. 도출에 필요한 하나의 부모절로써 목표절을 선택한다.
step 2. step 1에서 선택한 목표절의 가장 왼쪽에 있는 리터럴을 참의 리터럴로 하는 규칙절을 또 하나의 부모절로 하여, 최초로 선택한 목표절의 가장 왼쪽에 있는 리터럴과 두번째 부모로 선택된 규칙절의 본체를 바꾼다.
step 3. step 2에 의해 얻어진 목표절을 도출에 필요한 하나의 부모절로 하여 도출을 반복한다.

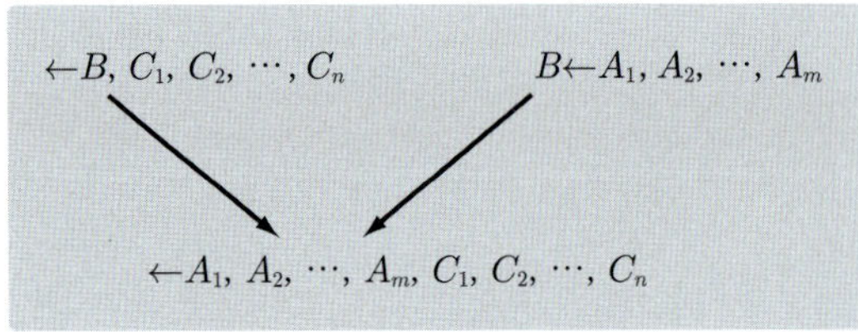

[그림 6.5] SLD 도출 메커니즘

이상의 알고리즘을 그림으로 표현하면 그림 6.5와 같이 된다.

SLD 도출에서 부모절의 한쪽은 목표절이며 그것은 질문을 나타내고 있다. 그리고 나머지 한쪽의 부모절은 규칙절 또는 사실절이며, 그것은 지식을 나타내고 있다. 즉, 주어진 질문과 사전에 준비된 지식으로부터 충족불능이 도출된다면 주어진 질문은 그 지식을 이용하여 회답가능이 된다는 견해도 가능하다.

6.5.2 논리 프로그래밍

Prolog(Programming in Logic)는 혼 절에 의한 프로그램의 기술과 SLD 도출의 메커니즘을 처리 시스템으로 가지고 있는 논리형 프로그래밍 언어이다.

Prolog 프로그램이 다음과 같이 주어졌다고 하고, 그 실행 프로세스를 그림 6.6에 나타낸다.

프로그램 :
할아버지이다(x, z) ← 아버지이다(x,y), 부모이다(y, z).
부모이다(x, y)← 어머니이다(x, y).
부모이다(x, y)← 아버지이다(x, y).
아버지이다(길동,영이) ←.
어머니이다(영이,영자) ←.

질문 :
← 할아버지이다(x, 영자).

Prolog는 같은 머리부를 가진 절이 프로그램 중에 기술되어 있는 경우에 먼저

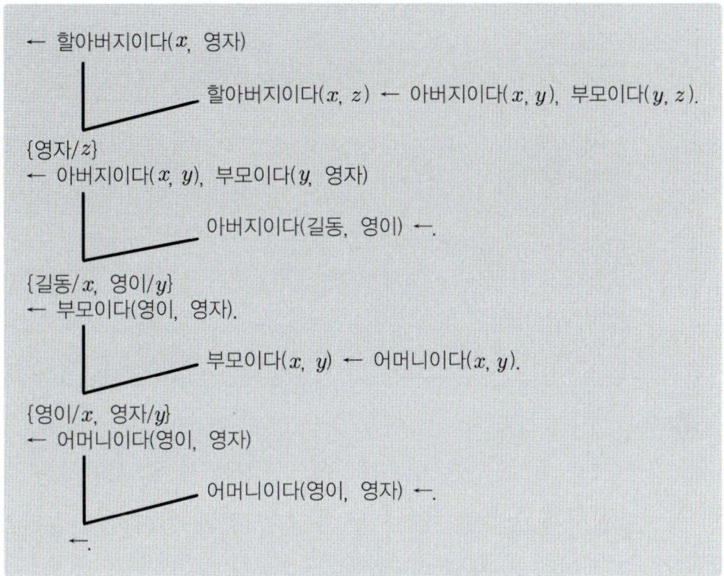

[그림 6.6] Prolog의 실행과정

기술된 절을 우선적으로 처리한다. 따라서 "부모이다(x, y)"를 머리부로 가진 절에 대해서는 그림 6.6에 나타낸 것처럼 "부모이다(x, y) ← 어머니이다(x, y)"가 "부모이다(x, y) ← 아버지이다(x, y)"보다 우선적으로 처리되고 있다.

■ **백트랙**(backtrack)

Prolog에서는 도출 과정에서 단일화가 실패하면 실패하기 직전의 절까지 되돌아와서 다른 부모 후보가 되는 절과 도출을 수행하여 처리를 계속하는 메커니즘을 가지고 있다. 이것을 **백트랙**(backtrack)이라고 하며, Prolog의 특징 중 하나로 되어 있다. 백트랙은, 단일화를 수행할 때 실제로 선택되는 절에 대해 다른 후보가 되는 절을 메모리에 보존하고 있으면서, 선택된 절의 이후 처리에서 단일화에 실패했을 때 보존하고 있던 다른 후보로의 가능성을 조사하는 기능이다. 이것은 도출을 수행하는 처리가 종형 탐색으로 수행되고 있음을 나타내며, 백트랙은 탐색 문제와 마찬가지로 단일화가 성공하는 경로를 발견하는 행위로 간주할 수 있다.

다음 프로그램을 실행시킬 때의 처리과정을 그림 6.7에 나타낸다.

```
프로그램 :
할아버지이다(x, z) ← 아버지이다(x, y), 부모이다(y, z).
부모이다(x, y)← 아버지이다(x, y).
부모이다(x, y)← 어머니이다(x, y).
어머니이다(순이, 영이) ←.
어머니이다(화순, 순이) ←.
아버지이다(길동, 영이) ←.

질문 :
← 할머니이다(x, 영이).
```

그림 6.7에는 단일화에 3회 실패한 후에 성공하는 처리과정이 나타나 있다. 단일화에 실패한 2회 모두 도출될 절과 일치하는 절이 지식(프로그램) 안에 존재하지 않았던 것이 원인이다.

단일화 실패에 의한 백트랙은 다음의 경우에 일어난다.

(1) 단일화를 수행할 때 머리부가 일치하는 절이 존재하지 않는 경우.
(2) 단일화를 수행한 머리부의 본체 절이 단일화에 실패한 경우.
(3) 도출된 절이 거짓인 경우.
(4) 한번 단일화에 성공했지만 이후의 도출과정에 의해 백트랙이 일어나서 부모절의 대체후보가 그 절에 존재하는 경우.

백트랙은 혼 집합으로 표현된 프로그램으로부터 해를 모두 탐색하는데 매우 유용한 기능이지만, 다음과 같은 프로그램이 있을 경우 잘못된 해를 발견하게 된다. 그림 6.8에 처리과정을 나타낸다.

그림 6.8을 보면 펭귄이 날 수 있다는 것은 한번 "거짓"으로 판별되고 있는데도 불구하고 절이 거짓이 된 경우에는 백트랙이 일어나기 때문에 최종적으로 펭귄도 날 수 있다는 해를 출력하게 된다. 이와 같은 결과가 되어버리는 이유는 본체가 다른 머리부에 "날 수 있다"를 가진 절을 백트랙에 의해 적용해버리기 때문이다. 여기서 만약 머리부에 "날 수 있다"를 가진 절을 한번 단일화에 실패

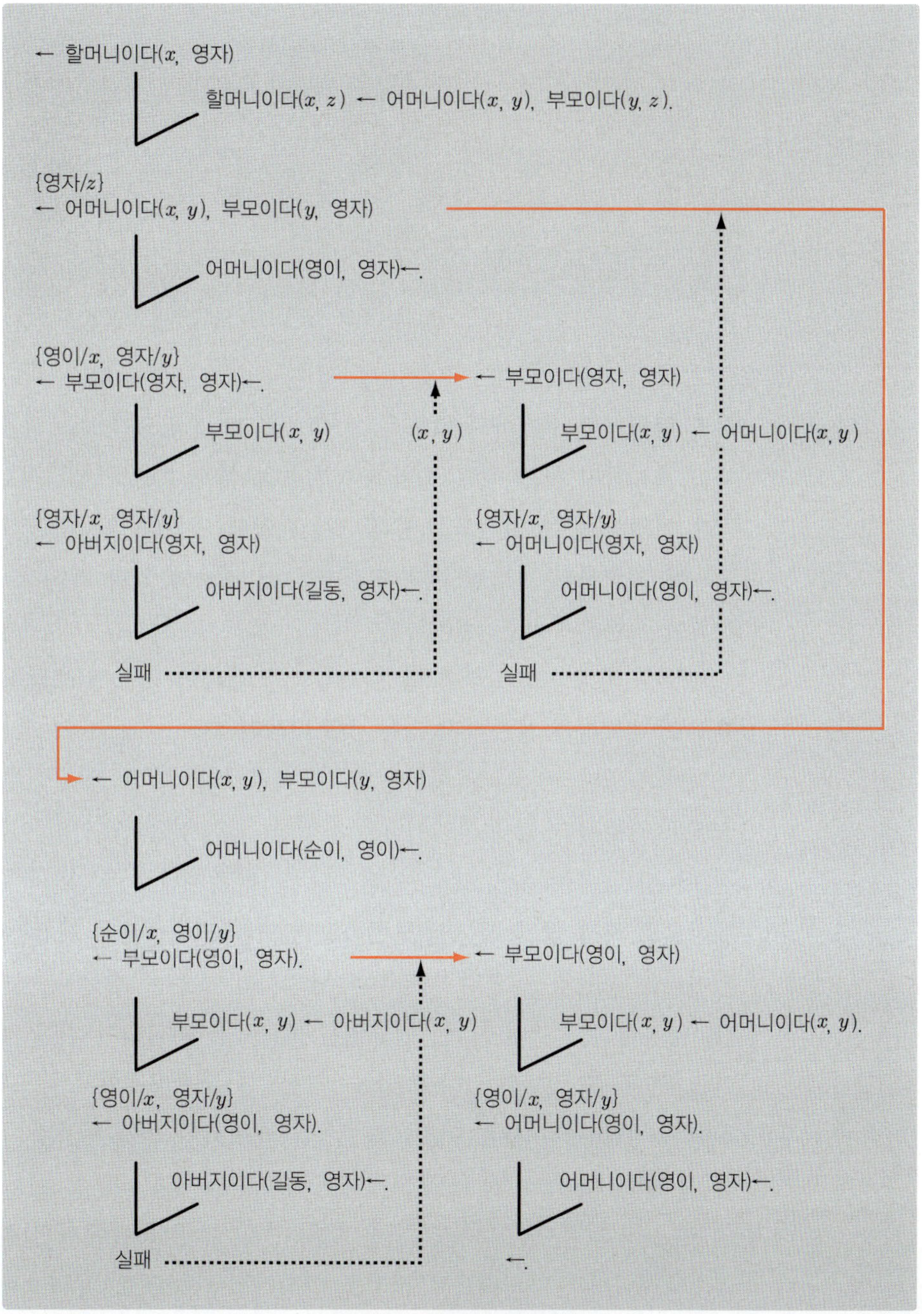

[그림 6.7] 백트랙 처리과정

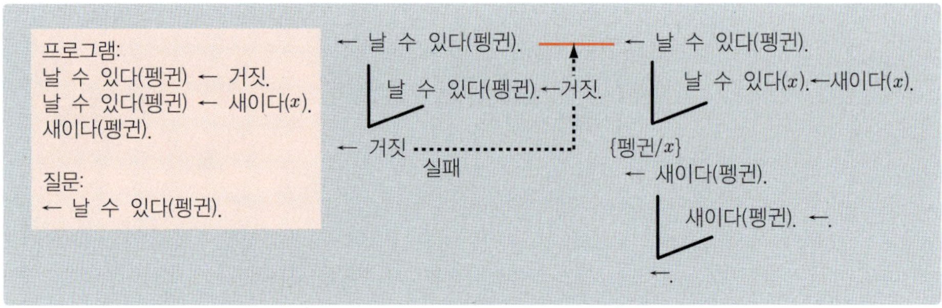

[그림 6.8] 백트랙에 의한 기대되지 않은 해의 출력

하면 백트랙을 수행하지 않도록 할 수 있으면 불필요한 백트랙을 수행하지 않게 되고 기대하지 않은 해의 출력이나 처리의 실행 효율도 향상시킬 수 있다. 백트랙은 도출을 종형 탐색으로 수행하기 때문에 단일화 후보가 되는 절을 모두 메모리에 기억시켜 처리를 진행해버린다. 이 기능에 의한 폐해가 그림 6.8과 같은 처리를 수행하게 되는 것이다.

이것을 회피하기 위하여 한번 단일화에 실패한 절은 백트랙을 수행하기 위한 후보로 메모리에 보존하지 않는 **컷오퍼레이터**(cut operator)라는 기능을 Prolog에서 도입하고 있다. 컷오퍼레이터는 "!"로 나타내며, 그 자신도 인수를 가지지 않는 술어로 간주된다. 컷오퍼레이터를 포함한 절은 컷오퍼레이터 이후의 술어가 "거짓"이 된 경우에는 컷오퍼레이터보다 앞에 존재하는 절 내의 술어는 백트랙의 대상으로 하지 않기 때문에 보존하고 있던 메모리로부터 제거한다. 또한 컷오퍼레이터를 포함하는 절의 머리부와 단일화한 질문 문장은 강제적으로 실패시킨다. 따라서 컷오퍼레이터는 필요없는 백트랙을 회피하기 위한 제어를 수행한다. 그림 6.9에 절 "날 수 있다(펭귄) ← 거짓."에 컷오퍼레이터를 도입한 프로그램과 실행 결과를 나타낸다. 이것으로 컷오퍼레이터에 의해 백트랙이 제어되고 있음을 알 수 있다.

Prolog에 의한 도출 메커니즘은 일차 술어 논리의 틀에서 실현되고 있었지만, 컷오퍼레이터는 자의적으로 처리를 변경하는 기능으로, 휴리스틱 지식이 도입되어 있다. 이것은 Prolog가 일차 술어 논리의 틀을 넘어서 프로그래밍 언어로서의

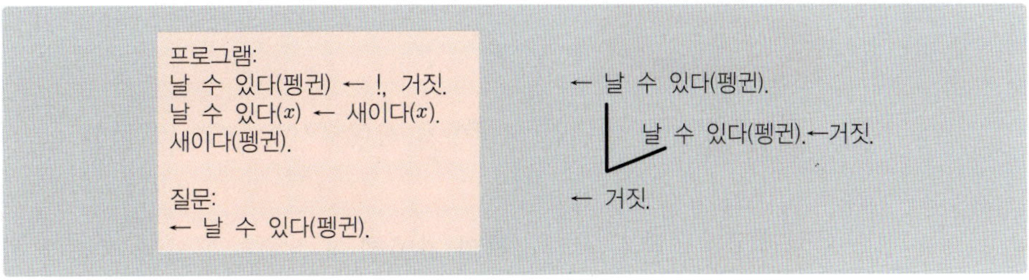

[그림 6.9] 컷오퍼레이터를 도입했을 때 해의 출력

처리 효율화 기능을 가지고 있다고 말할 수 있다.

연습문제

문제 1 도출 원리란 무엇인지 설명하시오.

문제 2 다음술어 논리식의 스콜렘 표준형을 구하여 절집합 형식으로 나타내시오.

(a) $\forall x \exists y[P(x) \rightarrow Q(x, y)] \wedge \neg(\forall x \exists y[P(x) \wedge \forall z R(z)])$

(b) $\forall x \exists y[P(x, y) \rightarrow Q(x)] \wedge \neg(\forall x \exists y[P(x, y) \wedge \forall z R(z)])$

(c) $\forall x \exists y[P(x, y) \rightarrow Q(x)] \wedge \neg(\forall x \exists y[P(x) \rightarrow \forall z R(z)])$

문제 3 논리식$Q \wedge R$이 논리식$(P \wedge Q) \rightarrow R$, $P \rightarrow Q$, P로부터의 논리적 귀결임을 도출 트리를 이용하여 증명하시오.

문제 4 다음 Prolog 프로그램이 주어졌을 때, 실행 과정을 도출 트리를 이용하여 나타내시오.

```
프로그램 :
부모이다(x, y) ← 아버지이다(x, y).
부모이다(x, y) ← 어머니이다(x, y).
할아버지이다(x,z) ← 아버지이다(x, y), 부모이다(y, z).
아버지이다(길동, 순이) ←.
어머니이다(순이, 영이) ←.

질문 :
← 할아버지이다(x, 영이).
```

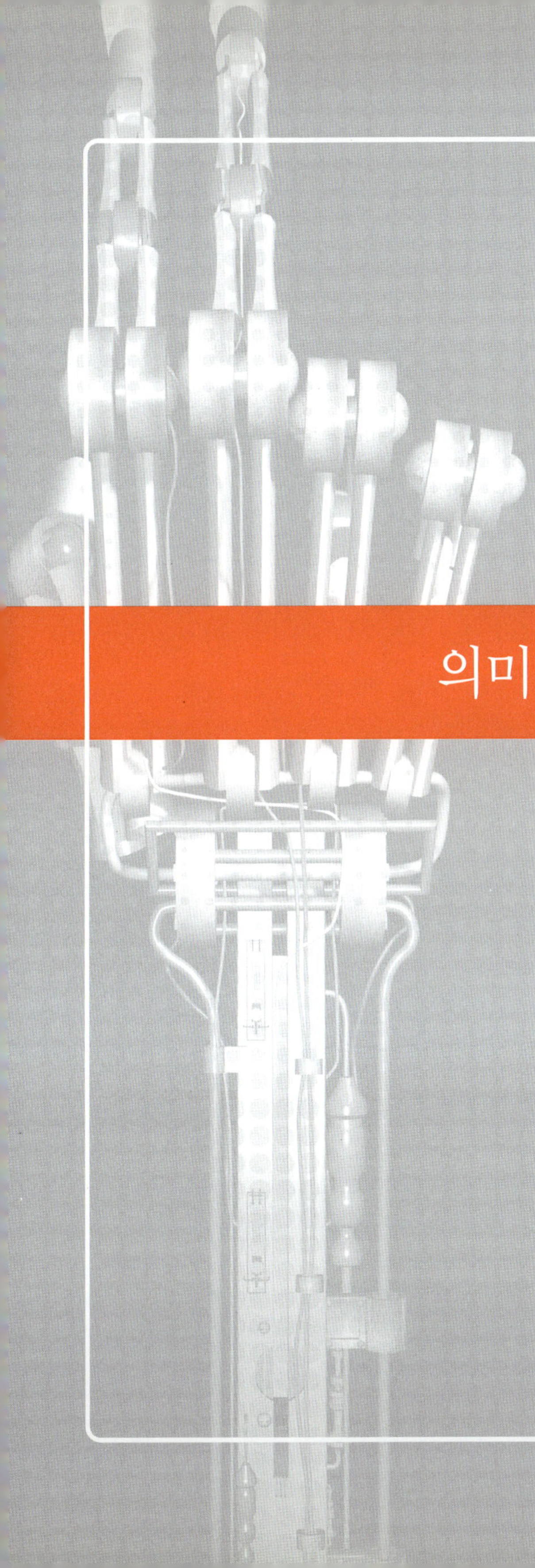

Chapter 7

의미 네트워크와 온톨로지

1960년대 후반, 인공지능 연구가 한동안 침체되었다가 1970년대에 들어서 기존 문제-해결의 탐색이나 추론을 중심으로 한 연구로부터 새롭게 시스템 안에 지식을 도입하여 고도의 전문적인 작업을 수행하는 인공지능 시스템의 연구개발이 성행하게 되었다. 그와 함께 이 시기에 여러 가지 지식표현 방법이 개발되었다.

대표적인 지식표현의 종류로서 5장에서 설명한 기호 논리로 표현하는 것이나 의미 네트워크, 프레임, 프로덕션 규칙, 온톨로지 등이 열거된다. 본 장에서는 의미 네트워크와 온톨로지에 대하여 설명한다.

7.1 지식의 표현형식

인공지능에서 지식표현을 크게 두 가지 타입으로 분류하면 다음과 같이 된다.

- 절차적 지식(procedural knowledge) : "만약 ~이라면, ~이다"와 같이 문제-해결의 절차를 기술한 지식. 영어로 표현하면 How에 해당하고, 프로그램 언어로 표현하면 if~then 규칙에 해당한다.
- 선언적 지식(declarative knowledge) : "…이다"와 같이 어떤 사상을 선언적으로 기술한 지식. 영어로 표현하면 What에 해당하고, 프로그램 언어로 표현하면 데이터와 같은 것에 해당한다.

위와 같은 지식표현의 구별 외에 성질로 본 지식의 종류로 다음과 같은 것도 있다.

- 전문지식(expert knowledge/expertise) : **형식지**(explicit knowledge)라고도 하며, 지식으로 명시화하는 것이 가능한 것이 여기에 해당한다. 예를 들어,

특정분야의 전문가가 문제-해결을 수행할 때 가지고 있는 전문적인 지식 등을 말한다. 어떤 상태 하에서의 대처방법 등의 지식도 포함되기 때문에 절차적 지식으로 표현하기 쉽다고 한다.

- 상식(common sense) : **암묵지**(tacit knowledge)라고도 하며, 만인이 공유하고 있어 특별히 명시화되지 않는 것이 이에 해당된다. 명시화되지 않기 때문에 표현하기가 곤란하고, 상식을 추론에서 사용하는 것이 지적인 시스템 개발에 중요하지만 그것을 다루는 것은 여전히 커다란 과제가 되고 있다.

7.2 의미 네트워크

의미 네트워크(semantic network)란 1960년대 후반에 콜린스(A.M.Collins)와 퀼리언(M.R.Quillian)에 의해 고안된 지식표현이다[36]. 지식을 **개념**(concept)과 그들을 연결하는 관계(relation)로 기술함으로써 표현한다.

표현된 지식은 **라벨부착 방향성 그래프**(labeled directed graph)로 표현된다. 그림 7.1에 의미 네트워크의 기본 구성을 나타낸다.

7.2.1 개념이 가지는 성질

개념은 그 성질을 나타내는 **속성**(property/attribute) 정보를 가지며, 속성이 구체

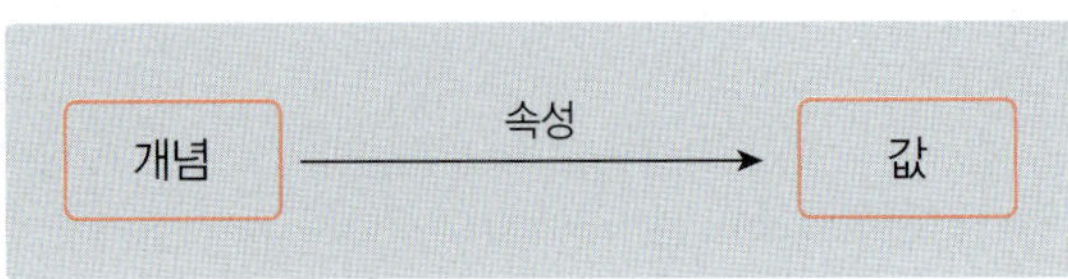

[그림 7.1] 의미 네트워크의 기본구성

적인 값을 가짐으로써 개념이 **실체**(instance)로서 존재한다. 개념은 **계층구조**(hierarchy)로 체계화되어 표현되며, 계층구조 하에서 상위 개념의 속성이 하위개념으로 **상속**(inheritance)되는 구조를 가짐으로써 효율적으로 복잡한 지식표현을 가능하게 한다.

■ **계층구조(hierarchy)**

개념의 계층구조를 표현하기 위하여 다음과 같은 관계가 이용된다.

- is_a : 상위-하위의 관계를 표현.

  상위개념이 가지는 성질(속성)은 기본적으로 하위개념에도 이어받게 된다는 **속성 상속**(inheritance of properties)을 가진다.

  예 : "동물"은 "새"의 상위개념이고, 속성 상속에 의해 "새"는 "동물"의 속성을 공유한다. "갈매기"는 "새"의 하위개념이므로 "새"의 속성을 상속한다.

- has_a : 부분-전체의 관계를 표현.

  개념을 구성하는 요소와 그 개념과의 관계를 나타낸다. 속성 상속은 존재하지 않는다.

  예 : "손"은 "인간"의 부분이고, "손가락"은 "손"의 부분이다.

■ **구조적 속성(structural property)**

개념의 속성은 다음 두 종류의 속성으로 분류된다.

- 정의 속성 : 통상 어떤 개념을 설명하기 위하여 필요한 속성을 나타내는 속성. 개념이 필연적으로 가지는 속성이므로 미리 속성의 값을 부여해 둘 수가 있다. 이러한 값을 **디폴트값**(default value)라고 한다. 예를 들어 "호텔" 등의 개념에서는 위치, 숙박비 등이 정의 속성으로 고려된다. 그리고 "비즈니스호텔"이라면 숙박비용이 "약 7만원 전후" 등과 같은 디폴트값을 부여해 둘 수가 있다.
- 성질 속성 : 어떤 사상을 개념을 이용하여 설명할 때 필요한 속성에 해당

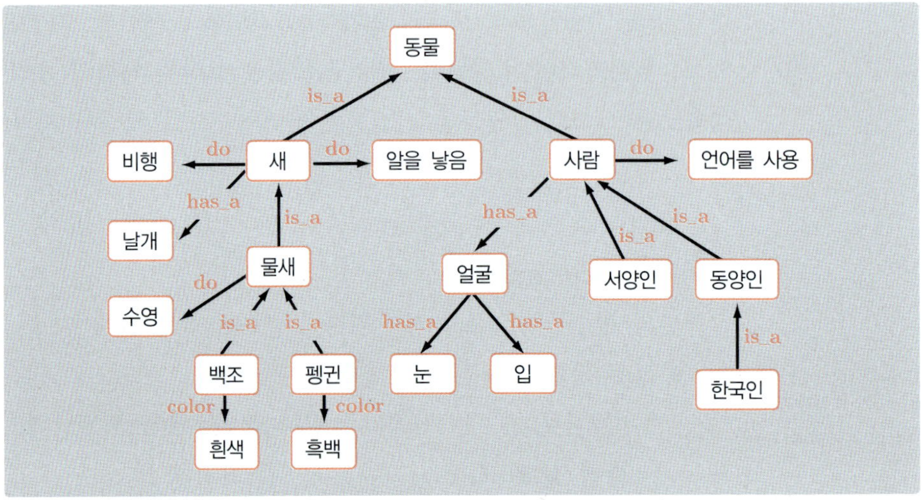

[그림 7.2] 의미 네트워크의 예

한다. 예를 들어, "펭귄" 등의 개념을 나타낼 때는 펭귄이 가지고 있는 성질로서 깃털의 색깔 등이 있다. 이것은 펭귄을 설명하고자 할 때 필요한 경우에 한해서 사용되는 속성이므로 성질 속성으로 간주된다.

개념을 기술하는 데에는 실제로 그 개념이 어떤 대상영역에서 사용되고 있는가라는 관점이 중요해진다. 그래서 구조적 속성에서 정의 속성과 성질 속성에 대한 확고한 기준이 존재하지 않고 대상영역에 따라 개념이 기술된다고 볼 수 있다.

그림 7.2에 의미 네트워크의 예를 나타낸다.

■ **개념과 실체**(인스턴스 : instance)

"길동은 한국인이다"라는 지식을 의미 네트워크로 기술하면 그림 7.3에서 나타내는 (a) 또는 (b)의 기술방법을 생각할 수 있다. is_a 관계에는 엄밀히 분류하면 개념의 "상위-하위"의 관계와 "개념-실체" 관계가 포함되어 있어 주의해야 한다. 그림 7.3 (a)의 표기라면 "길동"은 "한국인"의 하위개념이라는 해석이 되어버릴 가능성이 있다. 한편 그림 7.3 (b)는 개념 "한국인"의 하나의 실체로서

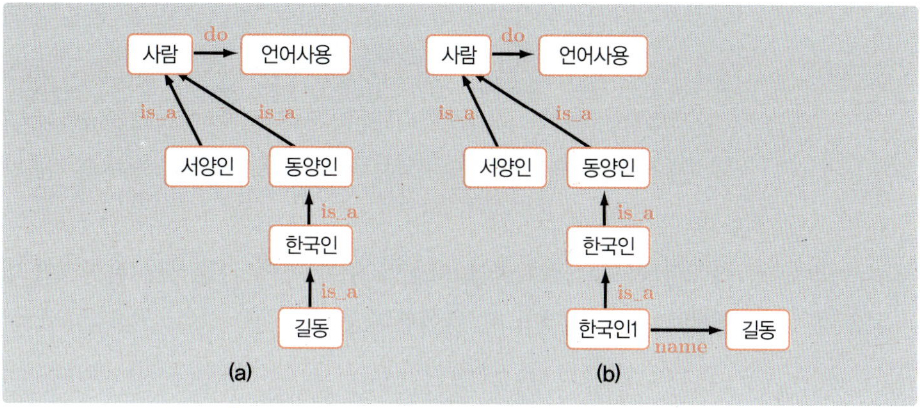

[그림 7.3] 의미 네트워크를 이용한 "길동"의 기술

"어떤 한국인"이라는 의미로 "한국인1"이 is_a로 연결되어 있다. 이와 같은 표현은 "길동"이 개념 "한국인"의 실체(인스턴스)[17]인 "한국인1"의 이름이 "길동"이라는 사람이라는 것을 명시하고 있다.

7.2.2 문장의 의미내용 표현

의미 네트워크는 문장의 의미내용을 표현하기 위한 수단으로도 이용된다. 문장의 의미내용을 표현할 때는 문장의 술어부를 관계로 간주하고, 그 관계를 이용하여 문장 내에 나타나는 개념을 연결하여 표현한다. 예를 들어, "길동은 영이를 좋아한다"라는 의미내용은 그림 7.4 (a)와 같이 표현된다. 이 표현의 경우, 술어부 "좋아하다"가 개념 "길동"과 "영이"를 연결하는 관계가 된다. 그리고 그림 7.4 (b)에서는 문장 내의 **격구조**(case structure)를 이용하여, 술어부의 개념 "좋아하다"를 중심으로 하여 그것과 다른 개념의 관계를 나타낸 개념기술로 되어 있다.

그림 7.4 (b)와 같이 술어부(여기서는 "좋아하다")를 관계가 아니라 개념으로 다룸으로써 술어부도 개념관계를 가지고 있음을 알 수 있으며, 술어부의 개념에

[17] "실체"를 "인스턴스"로 표현하는 경우가 많다. 이 책에서도 관례에 따라 이후 "인스턴스"를 "실체"와 같은 의미로 사용한다. 그리고 같은 이유로 "개념"을 "클래스"로 표현하여 같은 의미로 사용한다.

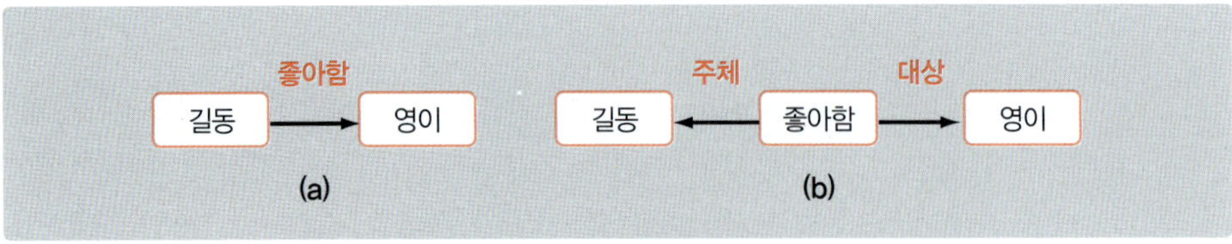

[그림 7.4] "길동은 영이를 좋아한다"의 의미 네트워크

관해서도 is_a 관계 등을 이용한 추론 등이 가능하게 된다. 이 점이 술어부를 관계로 기술하는 것과 큰 차이점이 된다.

7.2.3 의미 네트워크를 이용한 추론

의미 네트워크를 이용한 추론에는 크게 나누어 "직접 대조에 의한 추론"과 "간접 대조에 의한 추론", 그리고 "개념의 계층관계를 이용한 추론" 등이 있다. 아래에 순서대로 설명한다.

- 직접 대조에 의한 추론 : 질문의 의미 네트워크에 대조하는 의미 네트워크를 지식베이스 안에서 검색함으로써 해를 구한다. 그림 7.5에 나타내는 것과 같이 지식으로서 의미 네트워크가 상단에 주어져 있다. 이에 대해 질문내용을 나타내는 의미 네트워크가 주어지면 네트워크 구조의 대조에 기반하여 질문내용에 결여되어 있는 정보를 추출한다. 이것을 의미 네트워크의 "직접 대조에 의한 추론"이라고 한다.

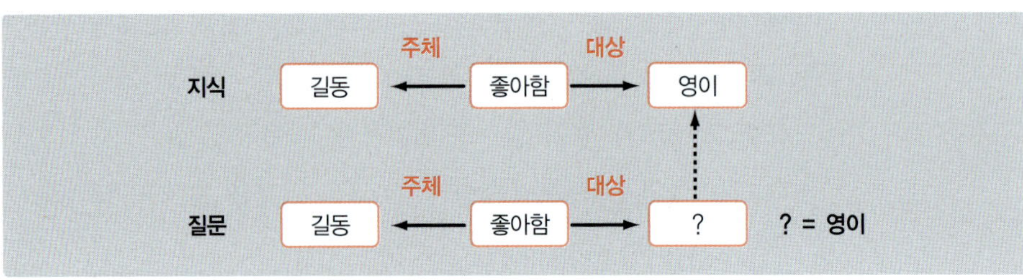

[그림 7.5] 직접대조에 의한 추론

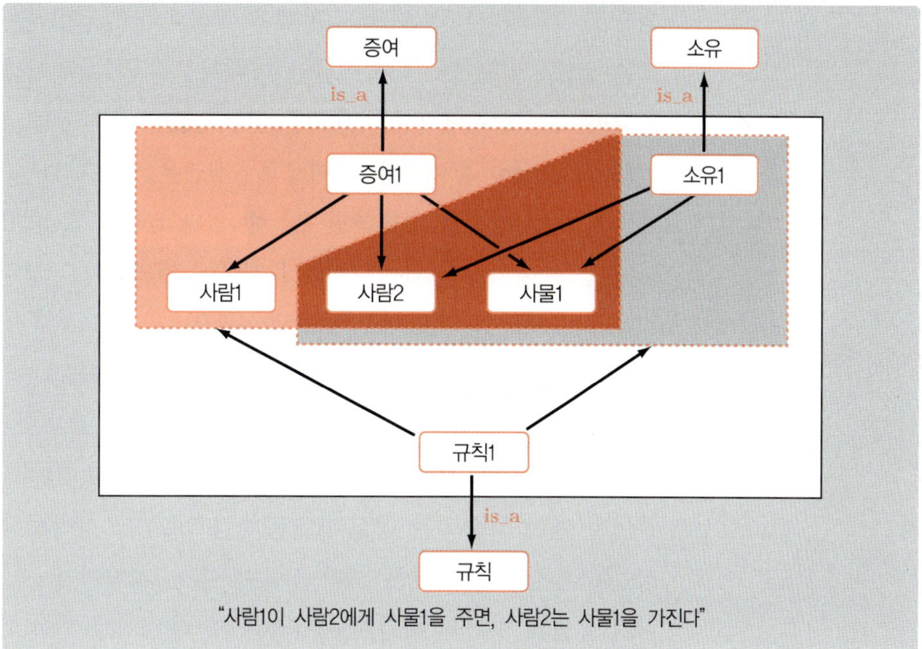

[그림 7.6] 추론규칙의 의미 네트워크 표현

- 간접 대조에 의한 추론 : 주어진 사실로부터 추론규칙 형식의 의미 네트워크를 이용하여 새로운 사실을 이끌어냄으로써 수행되는 추론 방법을 "간접 대조에 의한 추론"이라고 한다. "길동은 영이에게 꽃을 선물하였다"라는 사실이 있다고 하자. 이에 대해 "영이는 무엇을 받았습니까?"라는 질문이 주어졌다고 하자. 이 때 "증여와 소유"에 관한 인과 관계가 그림 7.6과 같은 의미 네트워크로 주어져 있다고 하자. 전건부에는 "길동이 영이에게 꽃을 선물하였다"라는 사실이 직접 대조에 의해 매칭된다. 따라서 후건부로서 "영이는 꽃을 받았다"라는 사실이 도출된다.

■ **개념의 계층관계를 이용한 추론 :**

- 상속(inheritance) : 개념의 계층관계를 이용한 추론으로 "백조는 새인가?"라는 질문에 대해서 is_a 관계를 따라감으로써 개념 "백조"의 상위개

념으로 "새"가 발견된다면 질문내용이 참이라고 답할 수 있다. 또한 "백조는 날 수 있는가?"라는 질문에 대해서 "새"가 상위개념이라는 것이 판별되면 속성 상속에 의해 "백조는 날 수 있다"라는 것을 알 수 있다.

- 예외(exception) : 펭귄은 새이므로 "펭귄은 날 수 있는가?"라는 질문에 대하여 속성 상속을 수행하면 "날 수 있다"라는 답을 얻을 수 있다. 그러나 펭귄은 새이지만 날 수가 없기 때문에 예외로 처리할 필요가 있다. 이 경우에는 펭귄의 개념에 상위개념(여기서는 "새")으로부터의 속성 상속에서 예외를 기술해둔다. 이것을 **예외처리**(exception handling)라고 한다.
- 다중 상속(multiple inheritance) : 하나의 개념이 복수의 상위개념으로부터 속성 상속이 이루어지는 것을 **다중 상속**이라고 한다. 다중 상속이 이루어질 때는 모순되는 성질이 상위개념으로부터 상속될 가능성이 존재한다. 이와 같은 경우에는 미리 상속에 대한 제약이나 개념의 계층관계를 따지는 등의 처리를 하는 등 주의해야 한다.

의미 네트워크의 특징을 다음과 같이 정리한다.

■ **장점 :**

(1) 방향성 그래프에 의한 네트워크 표시에 의해 시각적으로 지식을 표현할 수 있기 때문에 사람이 직관적으로 이해하기 쉽다.

(2) 지식의 추가, 갱신이 비교적 쉽다.

(3) 개념의 계층관계를 정의함으로써 개념이 가지는 속성 상속을 계층관계에 의해 실현할 수 있기 때문에 복잡한 지식의 구조화를 실현할 수 있다.

■ **단점 :**

(1) 추론규칙을 대상영역마다 준비해야 할 필요가 있다.

(2) 지식의 양이 많아지면 관리가 어렵게 된다.

(3) 개념이나 관계의 정의가 임의로 정해지기 때문에 지식표현으로써 통일성이 보장되지 않는다.

7.3 온톨로지

온톨로지(ontology)란 원래 철학에서 존재론을 가리키는 것으로 사물이 "존재한다"라는 것에 대한 철학적 고찰이다. 이에 대해 인공지능 분야에서는 "온톨로지"라는 단어가 나타내는 의미는 철학에서의 "존재론"과는 달리 대상세계에 대한 시각으로써, 사물이 거기에 어떻게 존재하는가에 착안하여 "그 사물의 개념을 명시적으로 기술한 사양"을 말한다. 그 배경에는 온톨로지로 기술된 개념을 여러 시스템에서 공유와 재사용을 가능하도록 하는 목적이 존재한다[18].

인공지능 연구가 온톨로지 연구에 이르는 경위를 돌아보자. 1970년대에 시작된 지식을 포함시킨 시스템 개발에 의한 인공지능 연구의 부흥으로부터 많은 전문가 시스템이 구축되었다. 당시에 전문가 시스템 개발자들이 항상 문제로 삼고 있었던 것이 전문가의 지식을 추출하여 지식표현으로 만드는 것에 막대한 비용이 지불됨에도 불구하고 구축된 지식이 그 시스템에서만 이용되고 다른 시스템에서 재사용성이 낮다는 것이었다. 그와 같은 배경으로부터 지식이나 데이터를 공유하는 기술의 필요성이 많이 제기되어 왔고, 그 흐름은 1980년대 후반에 지식의 공유와 재사용을 목표로 하는 온톨로지 공학의 탄생으로 연결되었다.

최근에는 웹 상에서의 **메타데이터**(metadata)[19]로서 사용되는 것에 주목하여 효율이 좋은 정보검색 · 관리를 실현하기 위해 반드시 필요한 기술로 인식되고 있다.

7.3.1 인공지능에서의 온톨로지 정의

위에서 온톨로지란 "사물의 개념을 명시적으로 기술한 사양"이라고 기술하였

[18]관례로써 인공지능기술에서 온톨로지는 철학의 "존재론"과 구별하기 위하여 "온톨로지"라고 표기한다.

[19]"데이터의 데이터". 혹은 "데이터의 의미"라고 한다.

으나, 엄밀하게 정의하기는 어렵다. 문헌 [15]에 의하면 "온톨로지는 인간이 대상세계를 어떻게 보고 있는가라는 근원적인 문제의식을 가지고 사물의 내력을 풀어헤쳐서 그것을 컴퓨터와 인간이 이해를 공유할 수 있도록 기록한 것"이라고 설명하고 있다. 그리고 W3C의 문헌 [48]에 의하면 "온톨로지란 어떤 영역의 지식을 기술하고 표현하기 위하여 사용되는 어휘를 정의하는 것이며, 정보의 공유가 필요한 사람, 데이터베이스, 어플리케이션 시스템 등에 의해 사용되는 것이다. 온톨로지는 컴퓨터에 의해 재사용가능한, 그 영역의 기본적인 개념과 그것들의 관계의 정의를 포함한다"고 되어 있다

어느 쪽 생각도 배경에 존재하는 암묵적인 정보를 명시화하는 것을 목적으로 하여 그 명시화되는 정보가 어떻게 의미를 가지는가를 정의하기 위한 틀임을 알 수 있다. 명시적으로 정의된 개념(공통어휘)을 공유 · 재사용함으로써 인간이나 시스템 간의 지식의 **상호운용성**(interoperability)을 높이는 것이 가능하다.

7.2.1절의 의미 네트워크의 속성에 대한 정의에서는 많은 임의성이 남겨져 있음을 설명하였다. 그 임의성은 시스템 개발에 있어서는 제약이 적다는 장점이 있지만, 다른 시스템과의 연계를 고려한 실용적인 시스템의 개발에는 큰 장애가 된다. 따라서 온톨로지는 그와 같은 속성 정의도 공유할 수 있는 표준이 되는 지식의 표현 방법을 엄격하게 탐구하는 기술로서 큰 역할을 담당하고 있다.

7.3.2 지식기술에서 온톨로지의 장점

지식을 온톨로지에 기반하여 기술하는 데에는 다음과 같은 장점이 존재한다 [15].

(1) 어떤 관점으로 대상을 다루는가가 규정되어 있기 때문에 지식의 기술이 쉽게 된다.

(2) 지식을 표현하기 위해 이용하는 개념과 어휘가 사전에 준비되어 있다.

(3) 온톨로지로 정의된 지식과 주어진 정보를 대조함으로써 정보의 제약 위반을 자동적으로 체크할 수 있다.

(4) 기술된 지식의 "질"이 향상된다.

(5) 지식을 공유 · 재사용할 수 있다.

(6) 개념의 통일이나 관점의 일관성이 보장된다.

(7) 다른 사람이 기술한 지식을 이해할 때 도움이 된다.

7.3.3 온톨로지의 종류

온톨로지를 기술대상과 기술력의 차이에 따라 분류하면 다음과 같이 나눌 수 있다.

■ **기술대상의 차이에 의한 구분**

- 상위 온톨로지(upper ontology) : 철학의 온톨로지에 가까운 것으로 만인이 공유할만한 개념체계를 가리킨다. 공학적으로는 그와 같은 개념체계의 구축은 어렵기 때문에 가능한 한 많은 사람이 받아들일만한 객관성이 큰 개념체계를 구축하는 것을 목표로 하여 개발되고 있다.
- 도메인 온톨로지(domain ontology) : 비즈니스, 법률, 정보과학 등 특정한 대상영역(domain)의 개념체계를 가리킨다.
- 테스크 온톨로지(task ontology) : 진단, 설계, 학습지원 등 문제-해결 과정 자체를 대상으로 하는 개념체계를 가리킨다. 중심이 되는 개념은 "처리"와 "처리대상"이 기본이 된다.

■ **기술력의 차이에 의한 구분**

- 라이트 웨이트 온톨로지(light-weight ontology) : Yahoo! 등의 검색엔진이 가지고 있는 토픽의 계층 등의 메타데이터와 관련한 어휘집합이나 개념계층 등이 여기에 해당한다. 엄격하게 정의되어 있어서 지식을 기술하기 위한 개념이라기보다는 어휘의 유사성 등을 다루는 사전이 갖춰져 있는 것과 같은 개념체계에 가까운 것을 말한다.

- 헤비 웨이트 온톨로지(heavy-weight ontology) : 지식을 기술하기 위한 개념체계를 가리킨다. 개념이나 관계 하나하나가 세밀하게 정의되어, 엄격하고 형식적인 정의와 의미제약기술 하에서 개념체계가 구축된다.

7.3.4 온톨로지 구축을 위한 지침

온톨로지 구축이 어려운 가장 큰 원인은 "어떻게 온톨로지를 구축하면 좋을지 모른다"는 것이라고 생각된다. 실제로 온톨로지는 개념을 명시화하기 위한 명확한 방침이 없는 경우에는 대상이 되는 사물을 정확하게 명시화하는 개념을 정의하는 것이 불가능하다고 말해도 과언이 아니다. 여기서는 온톨로지 구축의 기본이 되는 개념 정의의 지침에 대하여 설명한다.

온톨로지 구축은 **개념분류체계**(taxonomy)를 구축하여 거기서 정의된 클래스(개념)를 이용하여 여러 가지 지식표현을 기술한다. 이를 위해서는 적절한 기준에 의해 클래스를 분류하여, 분류된 클래스의 계층관계에서 상위-하위의 일관성 혹은 상속 등의 성질이 적절하게 표현된 체계를 구축한다.

이 때 다음의 항목이 중요하게 된다.

(1) 클래스 분류

어떤 클래스의 서브클래스 분류의 기준은 그 서브클래스의 성질에 기반하여 명확한 차이를 고려함으로써 수행된다. 클래스로서 정의할 때 동일성이 변화되는 것은 클래스로 정의해서는 안된다. 예를 들어, 출세물고기[20]와 같이 성장함에 따라 부르는 이름이 달라지는 경우에는 개체의 동일성이 변하지 않는 것에 반해 이름이 바뀔 뿐이기 때문에, 이름을 개념으로 정의하지 않고 이 경우에는 "물고기"를 개념으로 정의하는 것이 올바르다.

[20]〈역자 주〉성장함에 따라 이름이 바뀌는 물고기로, 일본어에 있는 표현이다. 개체의 본질은 같지만 상황에 따라 부르는 이름이 달라지는 예로 사용되고 있다. 한국어에서는 명태가 이에 해당한다고 볼 수 있다. 명태는 보관방법에 따라 생태, 황태, 동태 등으로 불린다.

(2) 클래스 계층으로서의 분류의 일관성

클래스로 분류를 진행하면 클래스 계층이 구축된다. 클래스 계층은 클래스를 분류할 때 서브클래스의 성질에 기반하여 상위-하위 계층을 구성하는데, 이 때 클래스 계층에서의 속성에 기반한 분류의 일관성을 가질 필요가 있다.

(3) 속성(property)의 설정

속성은 서로 다른 클래스의 요소 간의 관계를 나타내는 이항관계로 표현된다. 이항관계에서 인수로서 **대상영역**(domain)과 **범위**(range)를 사용하며, 클래스의 각 요소가 값으로 각각 들어간다.

■ 개념분류체계

그림 7.7에 피자에 대한 온톨로지 예를 나타낸다[21].

이 예에서는 온톨로지를 기술하는 최상위 클래스를 "사물"로 하고, 그 하위클래스로 "토핑", "도우", "피자"를 들고 있다. 이것들은 그 속성에서 명확한 차이를 가지고 있다. 그리고 토핑의 계층클래스를 보면 토핑의 종류에 따라 클래스 분류가 명확하게 이루어져 있음을 알 수 있다.

■ 속성

속성도 클래스와 마찬가지로 계층구조를 가지고 있어서 속성의 상속도 계층구조에 따라 이루어진다. 그림 7.8에 피자 온톨로지를 대상으로 한 속성 계층의 예를 나타낸다[22].

"토핑을 소유" 속성에서 도메인(대상)과 범위 설정을 수행하면 그림 7.9와 같이 된다.

---

[21] 그림에서 클래스 계층의 상위-하위 관계를 나타내기 위해 의미네트워크에서 사용하는 is_a가 아니고 subClassOf를 사용하고 있는데, 온톨로지를 기술할 때는 클래스 간의 상위-하위 관계에는 통상 subClassOf가 사용된다. 그리고 문헌 [49]를 참조하면 피자를 예로 들어 온톨로지를 기술한 상세한 설명을 볼 수 있다.

[22] 속성은 클래스 간의 관계를 표현하기 때문에 다양한 속성이 존재하지만 이 책에서는 지면관계상 그것들의 소개는 생략한다. 자세한 것은 문헌 [49] 등을 참조.

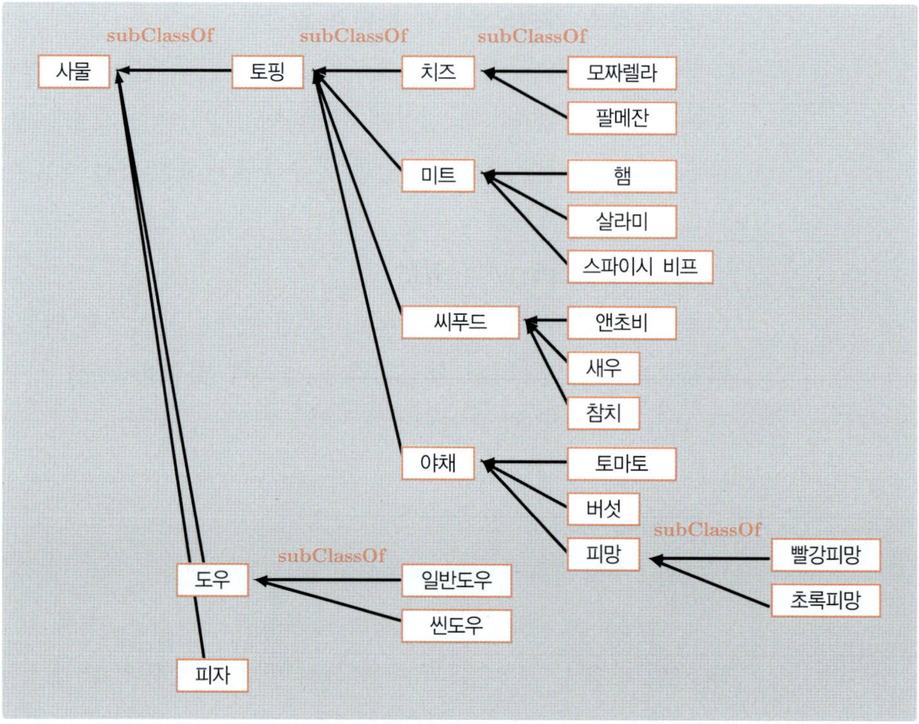

[그림 7.7] 온톨로지 예(피자)

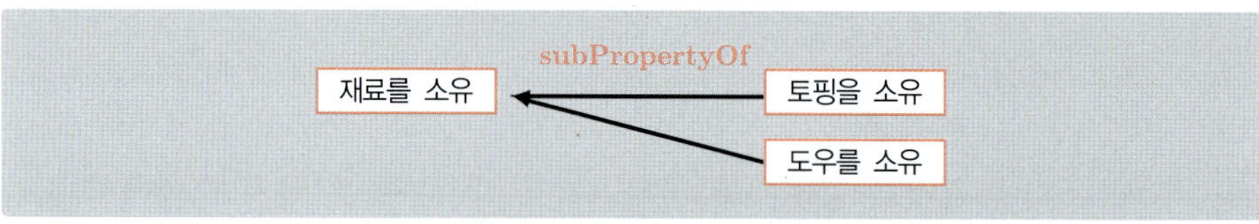

[그림 7.8] 속성 예(피자)

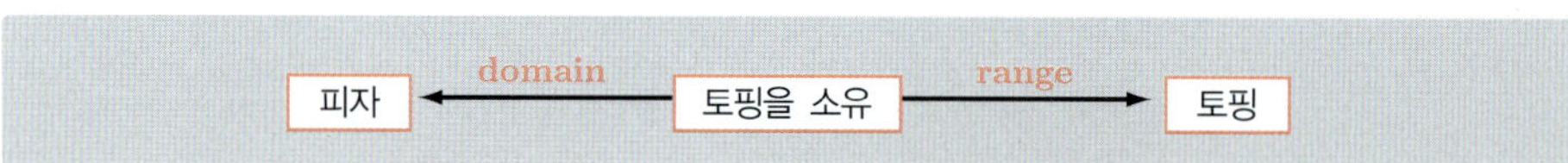

[그림 7.9] 속성에서의 도메인과 범위의 설정(피자)

"a는 토핑 b를 소유한다"라는 명제가 주어졌다면, 속성 "토핑을 소유"은 그림 7.9에서 클래스 "피자"를 도메인으로 하고 있기 때문에, a는 클래스 "피자"의 요소라고 추론하는 것이 가능하고, 마찬가지로 b는 클래스 "토핑"의 요소라고 추

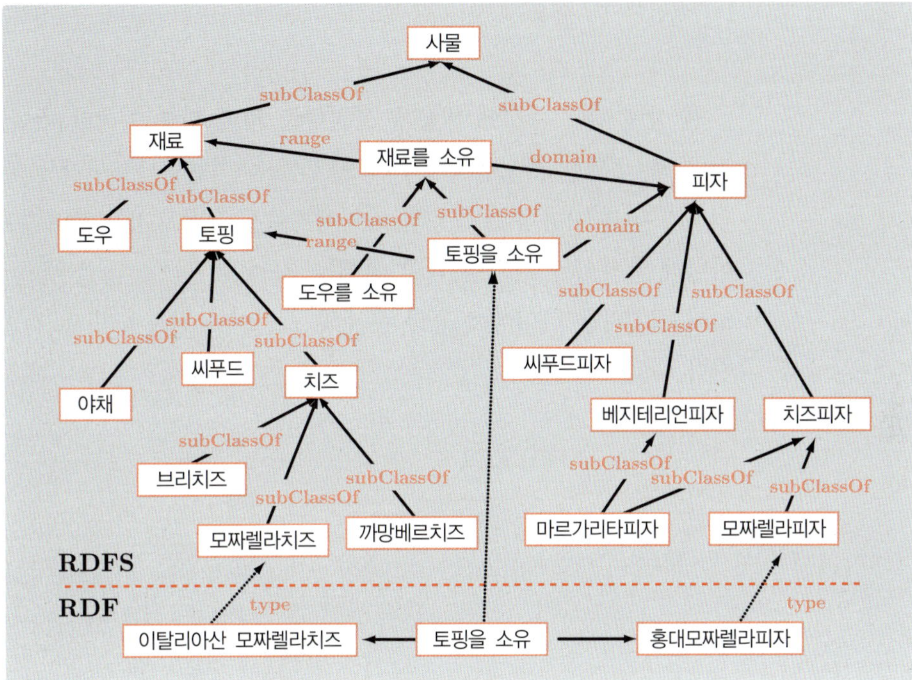

[그림 7.10] 속성도 포함하는 피자 온톨로지

론할 수 있다.

그림 7.10에 속성도 포함하는 피자 온톨로지를 나타낸다. 이 속성을 포함하는 개념체계는 RDFS(Resource Definition Framework Schema)라는 온톨로지 기술을 위한 기본적인 요소(어휘)를 제공하는 개념체계로써 표현된다. 이 개념체계로부터 실체화된 것이 RDF(Resource Definition Framework)로 표현된다.

7.3.5 온톨로지와 의미 네트워크의 차이점

의미 네트워크에서는 구조적 성질에 대해서는 상당한 임의성이 남아있는데 반해서 온톨로지는 개념, 계층구조가 명확한 지침에 의해 설계되어 있다. 그리고 다른 시스템과 개념을 공유하고 상호운용성을 수행하는 입장에서 지식이 표현되어 있다는 점에서 온톨로지와 의미 네트워크는 구별된다.

7.3.6 온톨로지의 활용

웹 상에 있는 문서에 내용을 설명하는 의미 정보인 메타 데이터를 부가함으로써 더욱 정확한 정보검색이나 정보 활용이 가능하다. 여기서 메타 데이터를 정의하기 위해 사용하는 공통의 어휘체계로서 온톨로지가 필요하게 된다. 그 뿐만 아니라 제품이나 시스템 개발 등에서 기능이나 구조 등을 온톨로지로 기술함으로써 설계자들 사이에서 공통 문제의 발견이나 시스템의 버그 발견 등에도 공헌한다.

연습문제

문제 1 절차적 지식과 선언적 지식이란 어떤 것인지 각각 설명하시오.

문제 2 "영이는 서울에 산다", "영이는 대학생이다", "영이는 회사원이다", "영이는 아르바이트를 하지 않는다", "대학생은 아르바이트를 한다", "대학생은 공부를 한다", "회사원은 일을 한다"라는 지식을 각각 "영이"를 하나의 개념으로 (그림 7.3(a)의 "길동"의 개념과 같이 한다) 의미 네트워크로 나타내시오. 단, 속성으로 "주체", "장소", "is_a", "do", "do_not"이 사용된다고 한다.

문제 3 문제 2에서 영이는 대학생이라는 사실로부터 대학생의 속성을 이어받을 수 있다.

(a) 이것을 무엇이라고 하는지 답하시오.

(b) 영이는 대학생이고 동시에 회사원이기도 하다. 이것으로부터 회사원의 속성도 이어받을 수 있다. 이와 같이 두 개 이상의 개념의 속성을 이어받는 것을 무엇이라고 하는지 답하시오.

(c) 영이는 대학생이지만 아르바이트를 하지 않는다. 이와 같이 속성을 이어받지 않는 것을 무엇이라고 하는지 답하시오.

문제 4 의미 네트워크의 장점과 단점에 대하여 기술하시오.

문제 5 인공지능에서 온톨로지 기술의 목적이 무엇인지 설명하시오. 그리고 그것으로 무엇을 제공하려고 하는지 설명하시오.

문제 6 지식 기술에서 온톨로지의 장점에 대하여 설명하시오.

문제 7 기술대상의 차이에 따른 온톨로지의 종류를 들어서 각각에 대하여 설명하시오.

문제 8 기술력의 차이에 따른 온톨로지의 종류를 들어서 각각에 대하여 설명하시오.

문제 9 의미 네트워크와 온톨로지의 차이점에 대하여 설명하시오.

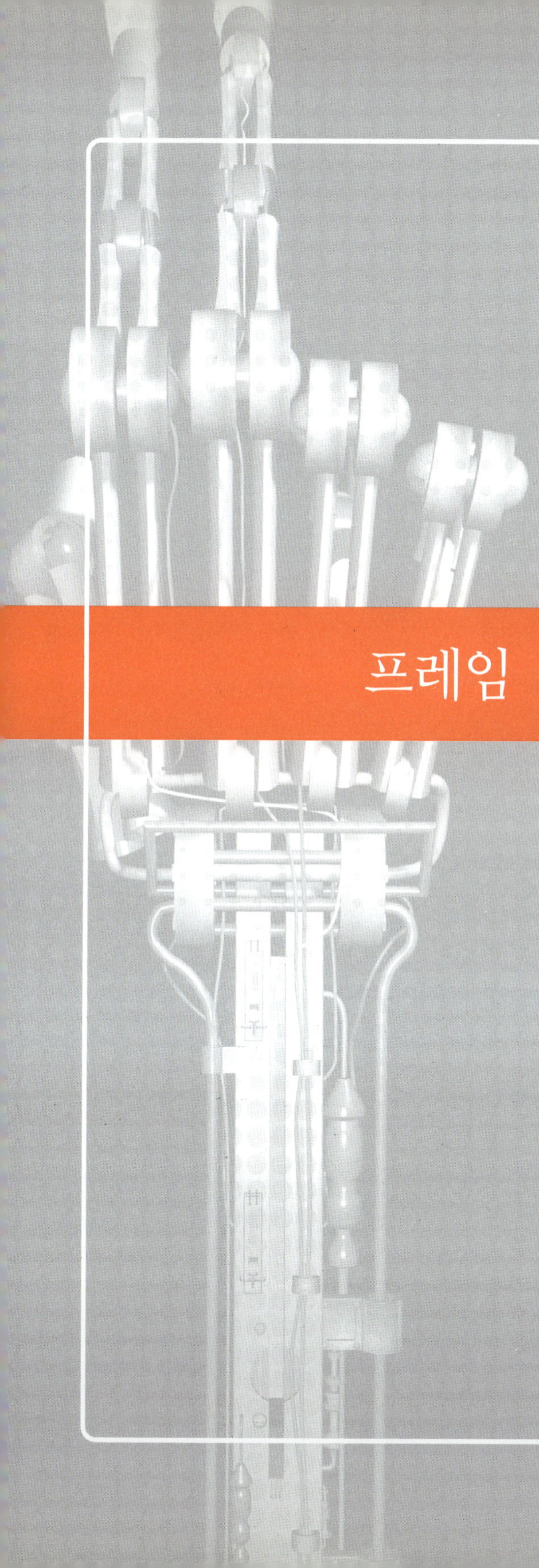

Chapter 8

프레임 이론과 오브젝트 지향

프레임 이론(frame theory)은 1975년에 민스키[57]에 의해 고안된 인간이 가지고 있는 어떤 대상에 대한 전형적인 이미지를 나타내는 지식표현 방법이다. 인간은 어떤 대상을 전형적인 이미지의 형태로 기억하고 있어서, 인간이 처음 접하는 상황에서도 그 상황에 대한 전형적인 **장면**(scene)의 지식을 이용함으로써 쉽게 이해할 수가 있다. 예를 들어, 어떤 학교 교실에 처음 들어갔다고 하면, 그 사람은 교실에 대한 전형적인 장면 지식으로써 책상, 의자, 칠판, 벽, 천정 등이 존재하는 공간이라는 지식을 가지고 있으므로 그 교실을 금방 이해할 수 있게 된다. 이와 같은 지식을 표현하는 틀이 프레임이다. 프레임은 의미 네트워크와 마찬가지로 상위_하위 계층관계에 의해 체계화되어 복잡한 지식을 표현할 수 있다.

8.1 프레임의 기본적인 표현형식

프레임(frame)도 의미 네트워크와 마찬가지로 속성과 값의 쌍에 의한 표현형식을 그 기본단위로 하고 있다. 프레임에서는 기본단위를 **슬롯**(slot)이라고 하고, 프레임에 의한 지식표현은 슬롯의 집합으로 표현된다. 슬롯의 속성에 해당하는 부분을 **슬롯명**(slot name)이라고 하고, 이 부분은 의미 네트워크의 개념에 해당한다. 그리고 값에 해당하는 부분을 **슬롯값**(slot value)이라고 하고, 슬롯값은 **파셋**(facet)이라는 부분구조를 가진다. 파셋은 파셋명과 파셋값의 조합으로 기술되어, 파셋명에는 아래에 나타내는 파셋값이 취하는 값에 관한 여러 가지 정보가 기술된다.

value : 파셋값은 속성값이 된다.
default : 파셋값은 디폴트값이 된다.
require : 슬롯에 들어갈 수 있는 값에 관한 제약이 기술된다.

다음에 프레임의 기본적인 표현을 **배커스-나우어 기법**(Backus-Naur form)[23]으로 나타낸다.

프레임 ::= 프레임명 프레임형 슬롯+(+는 1회 이상의 출현을 나타냄)
프레임형 ::= '클래스' | '인스턴스'
슬롯 ::= 슬롯명 파셋+
파셋 ::= 파셋명 값 | 데몬 절차명
파셋명 ::= 'value' | 'default' | 'require'
데몬 ::= 'if_needed' | 'if_added' | 'if_removed' | 'if_modified"
값 ::= 숫자 | 문자열
프레임명 | 슬롯명 | 절차명 ::= 문자열

■ 데몬

프레임에서는 슬롯값으로 **데몬**(demon)이라는 절차적인 지식을 기술할 수 있다. 데몬은 지정된 조건이 만족되면 기동되어 아래의 (1)~(4)에 나타내는 여러 가지 절차가 실행된다. 이와 같이 프레임은 선언적인 지식과 절차적인 지식이 융합되어 있는 지식표현으로 되어 있다. 이것이 프레임의 가장 큰 특징이다.

(1) if_needed : 슬롯값을 구할 때 기동하는 데몬.
(2) if_added : 슬롯값이 정해졌을 때 기동하는 데몬.
(3) if_removed : 슬롯값이 제거되었을 때 기동하는 데몬.
(4) if_modified : 슬롯값이 변경되었을 때 기동하는 데몬.

■ 예 :교실 프레임

교실의 이미지로써, 교실은 방이므로 창, 문, 천정, 벽, 바닥 등이 있고, 반드시 칠판, 책상이 있는 장면이 떠오른다 그 밖에 교실의 성질을 기술하는 정보로서 과목명, 시간, 교사, 학생 등이 있다. 이것들을 슬롯으로 각각의 프레임이 표현된다. 우선 전형적인 방의 지식이 클래스 레벨의 프레임으로 표현되고, 방의

[23] 1959년에 배커스(J.Backus)가 제안하고 나중에 나우어(P.Naur)가 개량한 프로그래밍 언어 혹은 특정한 기호열의 집합 규칙 등을 정의할 때 일반적으로 이용되는 기법.

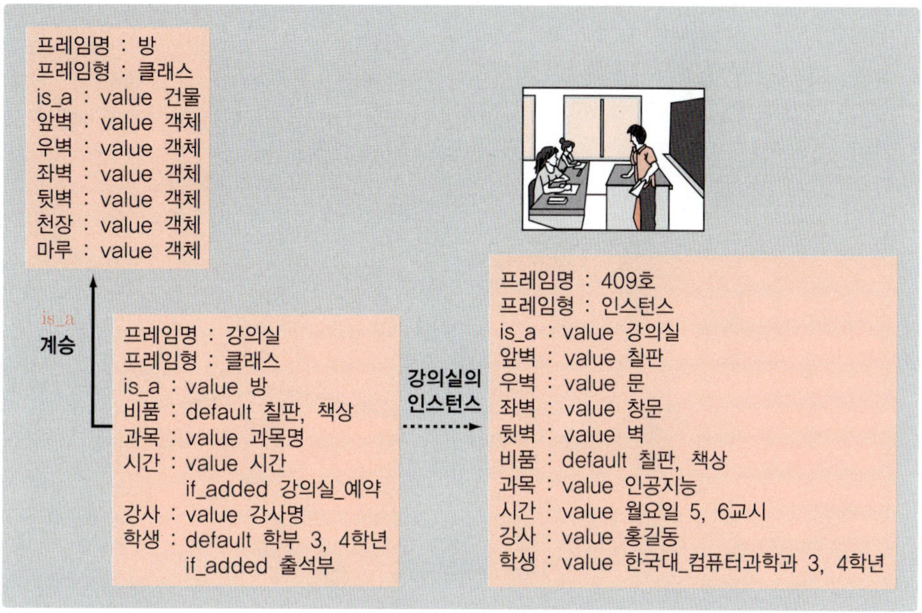

[그림 8.1] "교실" 프레임

하위 프레임으로 교실 프레임이 존재한다. 그리고 강의 시간이 정해지면 교실 예약을 수행하는 if_added 데몬과 필요에 따라 수강자 리스트를 가져오는 if_needed 데몬이 사용되기도 한다. 그림 8.1에 교실 프레임의 예를 나타낸다.

■ 예 : 새의 종류를 나타내는 프레임

새의 종류 프레임을 그림 8.2에 나타낸다. 이것은 그림 7.2에 나타낸 의미 네트워크로 표현되어 있는 새의 지식을 프레임으로 표현한 것이다.

의미 네트워크와 마찬가지로 상위 개념이 가지는 속성의 계승을 수행할 수 있다. "백조는 알을 낳는가?"라는 질문에 대해서는 "백조"의 상위개념인 "새"가 가지고 있는 속성 "알을 낳는다"가 계승되어 "낳는다"라고 답할 수가 있다.

■ 의미 네트워크와 프레임

의미 네트워크와 프레임은 양쪽 모두 인간의 지식을 표현하는 방법이다. 같은

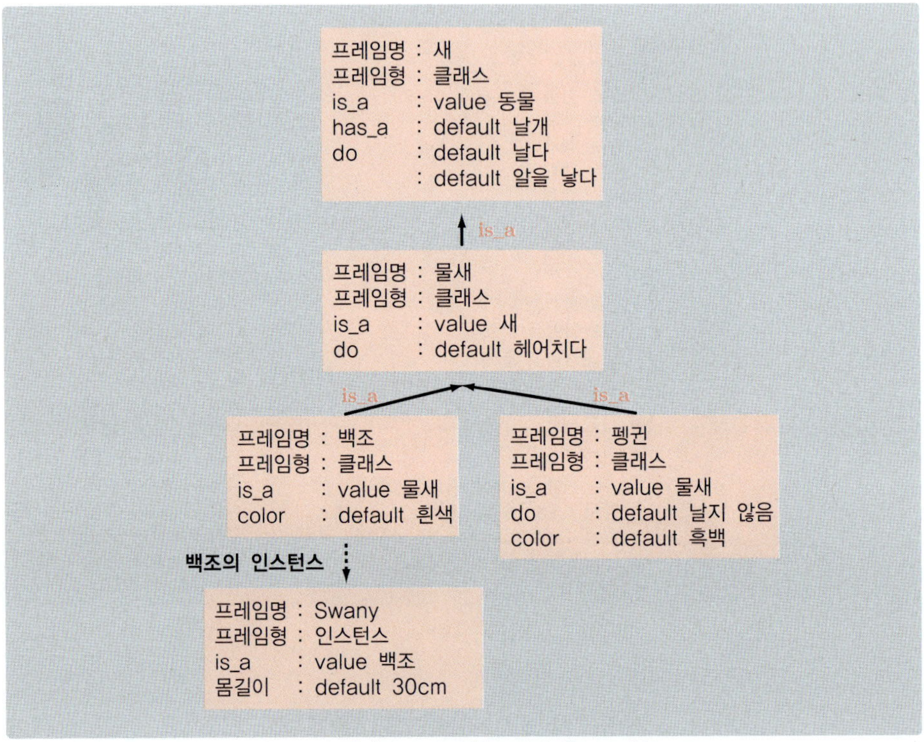

[그림 8.2] "새의 종류"를 나타내는 프레임

것을 대상으로 하기 때문에 양쪽의 표현력은 거의 같다고 봐도 좋다. 지식표현에 대한 큰 방침의 차이에서는, 의미 네트워크는 어떤 사상을 설명하는 지식표현 형식으로 고안되었다는 것에서 자연언어 문장의 의미내용을 표현하는 것에 많이 이용되고 있다. 한편, 프레임은 인간의 기억 속에 존재하는 전형적인 장면을 기술하기 위한 지식표현으로 고안되었다는 것에서 인간의 장기기억 등 상식적으로 다루어지는 지식을 미리 시스템에 넣어두기 위하여 많이 이용되고 있다. 양쪽 모두 계층관계에 기반하는 성질의 계승 등의 기본적인 추론 메커니즘은 같고, 프레임은 거기에 절차적 지식인 데몬이 포함되어 있다는 점이 의미 네트워크와 다르다.

8.2 스크립트

스크립트(script)[24]란 사상의 전형적인 기동 패턴에 관한 지식표현이며, 1977년에 샹크와 에이블슨(R.P.Abelson)이 제안[47]한 것으로 자연언어를 이해할 때 인간이 가지고 있는, 순차적으로 수행하는 전형적인 지식을 나타낸다. 스크립트도 프레임과 마찬가지로 반복적으로 경험한 전형적인 장면, 상황, 개념 등을 나타내기 위한 지식표현으로써, 특히 시간적 순서를 도입한 것으로 자리매김하고 있다.

레스토랑에 갔을 때 사람의 행동을 스크립트를 이용하여 나타내면 그림 8.3과 같이 된다.

그림 8.3에서 가장 왼쪽에는 "레스토랑에서 식사를 한다"라는 행위를 "가게로 간다", "식사를 한다", "가게를 나온다"라는 세 가지 행위로 기술하고 있으며, 오른쪽으로 갈수록 상세하게 "레스토랑에서 식사를 한다"라는 행위를 기술하고 있다. 이와 같이 스크립트에서는 얼마만큼의 상세함으로 행위의 절차를 기술할 것인지 명확한 기준이 없고 필요에 따른 각각의 판단에 따라 상세함을 결정한다.

그리고 이야기가 들어있는 문장을 컴퓨터에게 이해시키기 위해서 이해를 위한 배경지식을 스토리의 전형적인 전개 스크립트로서 부여한다. 거기에서 일탈하는 것에 대해서는 개념지식의 추론을 이용하여 문장에서 드러나 있지 않은 내용의 이해를 지원하는 것과 같은 상식적인 지식으로 이용할 수 있다.

이와 같이 상식적인 지식의 일부로 이용하기 위하여 스크립트는 인간이 가지고 있는 장기기억의 하나인 **에피소드 기억**(episodic memory)의 지식표현 형식으로 자리매김된다. 샹크는 스크립트 개념을 기반으로 인간의 지식에서의 스키마에 대해 더욱 깊이 고찰하여, 1980년에는 부분적인 기억 단위로서의 지식인 **MOP**(Memory Organization Packet)를 제창하고 있다[37].

[24] 스크립트는 "대본"이라는 의미로부터 나왔다.

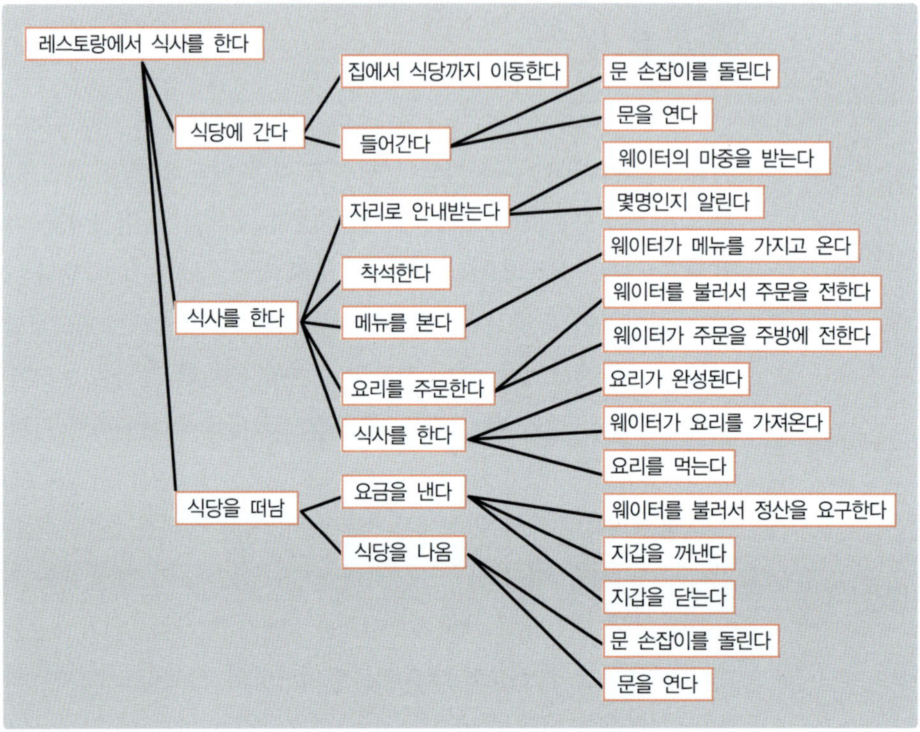

[그림 8.3] 레스토랑 스크립트 예

8.3 오브젝트 지향

오브젝트 지향(object-oriented)이란 오브젝트(객체) 자체가 각각 처리절차를 구비하고 있어서 자율적으로 동작하면서 다른 오브젝트와 협조하여 전체적인 처리(**자율**, **분산**, **협조**(autonomous, distributed, cooperative)라고 부름)를 수행한다는 개념이다.

오브젝트의 동작은 그것의 추상화된 표현인 **클래스**(class)에 의해 표현된다. 하나의 클래스는 데이터와 그것에 관한 조작을 하나의 묶음으로 하는 **캡슐화**

(encapsulation)로 표현된다. 따라서 각 오브젝트가 가지고 있는 데이터에 대한 처리는 거기에 정의되어 있는 조작(**메소드**: method)을 통해서만 수행될 수 있도록 하여 외부로부터 **정보은닉**(information hiding)이 되도록 정의된다. 이러한 특징을 통하여 각 오브젝트의 처리능력 또는 자율성이 표현된다. 클래스는 상위-하위의 계층관계를 형성하여 계층간에 메소드의 계승이 이루어진다. 오브젝트는 클래스를 **예시화**(instantiation)함으로써 생성된다.

8.3.1 오브젝트 지향과 프레임

앞서 보인 것처럼 오브젝트 지향에 의한 표현은 프레임에 의한 표현과 매우 유사하다. 기본적인 차이점으로는, 오브젝트 지향은 소프트웨어 개발에서 프로그램의 모듈성이나 개발 효율성을 높이기 위해 고안된 것에 반해, 프레임은 이미지로 얻어지는 인간의 개념을 대상으로 한 지식표현이라는 것이다. 또한 프레임에는 데몬이라는 계산처리의 메커니즘이나 디폴트값 등이 포함되지만, 오브젝트 지향에는 그것에 상당하는 것이 없다. 한편 오브젝트 지향은 정보은닉의 기능이 있지만, 프레임은 그러한 기능을 가지고 있지 않다.

연습문제

문제 1 그림 8.4의 의미 네트워크를 프레임을 이용하여 표현하시오.

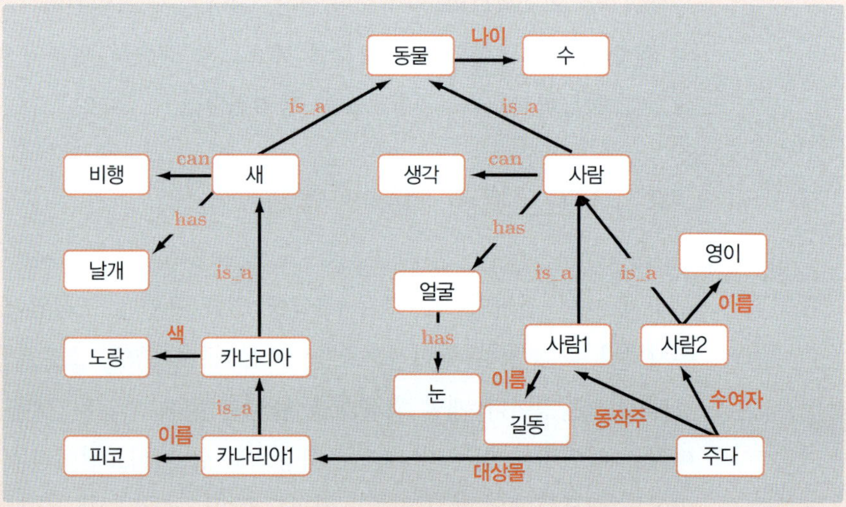

[그림 8.4]

문제 2 프레임과의미 네트워크를 비교하여 각각의 특징을 나타내시오.

문제 3 스크립트란 어떤 지식인지 설명하시오.

문제 4 오브젝트 지향이란 무엇인지 설명하시오.

문제 5 오브젝트 지향과 프레임의 차이에 대하여 설명하시오.

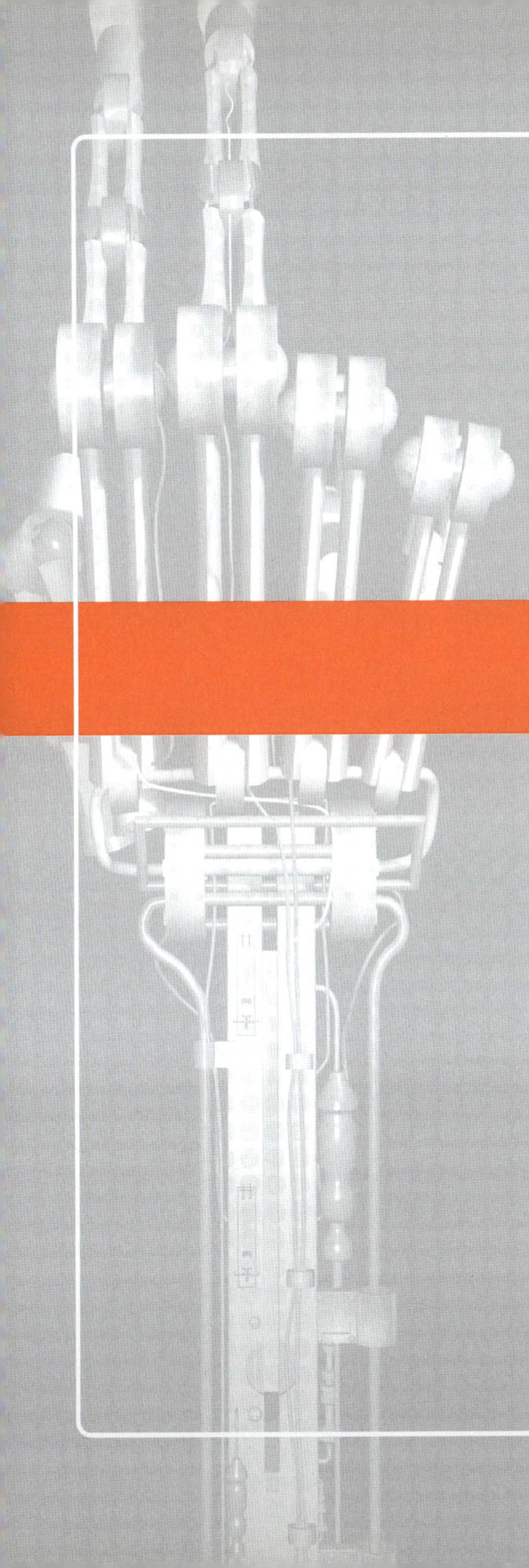

Chapter 9

프로덕션 시스템

초기 인공지능 연구에서는 추론이나 탐색에 의한 문제-해결을 중심으로 연구가 진행되어 왔지만, 보다 실제적인 문제에서는 그것들의 방법을 적용시켰을 때 조합의 폭발이 발생하는 등 방법의 한계를 깨닫게 되었다. 이와 같은 배경으로부터 1970년대에 들어와서 우리의 경험에서 얻어지는 지식을 문제-해결에 활용하는 연구가 증가해 왔다. 이 흐름이 **지식공학**(knowledge engineering)이라는 연구 분야를 탄생시키게 되었다.

이 장에서는 인공지능 기술에서 대표적인 지식표현 중 하나인 **프로덕션 규칙**(production rule)과 그것을 이용한 문제-해결 시스템인 **프로덕션 시스템**(production system)에 대하여 설명한다.

프로덕션 시스템은 우리의 일상경험에서 얻은 문제-해결에 필요한 절차적인 지식

"만약 ~이라면, ~한다" (if 조건 then 행동)

에 의해 표현되는 지식을 가지고 그것을 운용함으로써 문제를 해결하는 시스템이며, 이 기술은 그 후에 **전문가 시스템**(expert system)의 본격적인 연구에 기반이 되었다.

감염증 진단을 수행하는 MYCIN이나, 화학자가 수행하는 것과 같은 과정으로 미지의 유기화합물을 규명하는 DENDRAL을 시작하여 많은 전문가시스템에 도입되어 인공지능 시스템의 중요한 기반기술 중 하나가 되었다.

9.1 프로덕션 시스템의 기본 구성

프로덕션 시스템의 기본 구성은 워킹 메모리(작업 기억), 룰 베이스, 인터프리터의 세 가지로 되어 있다. 그림 9.1에 프로덕션 시스템의 기본 구성을 나타낸다.

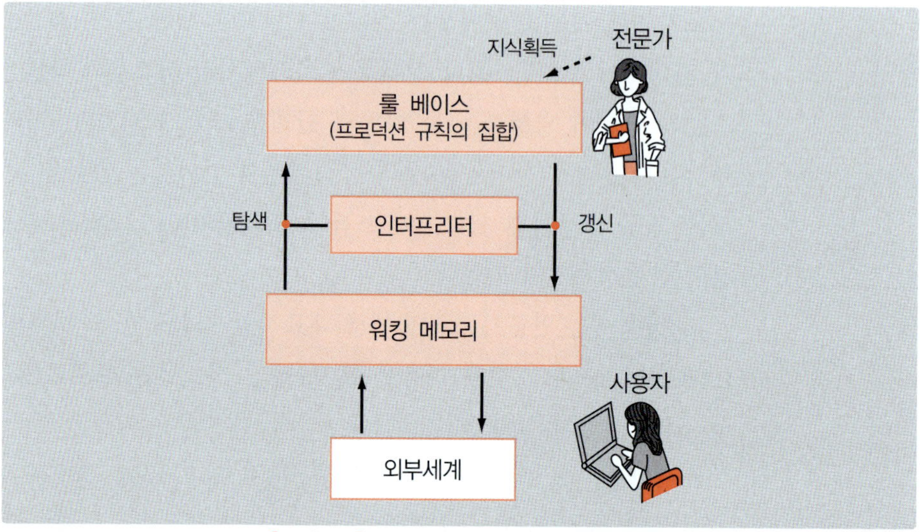

[그림 9.1] 프로덕션 시스템의 기본 구성

다음으로 프로덕션 시스템을 구성하는 워킹 메모리, 룰 베이스, 인터프리터에 대해 설명한다.

9.1.1 워킹 메모리

워킹 메모리(working memory)는 사용자로부터 받은 문제를 일시적으로 보존하고, 이 문제를 해결하기 위하여 룰 베이스에 액세스하여 문제-해결을 위한 지식을 적용하는 것을 반복하면서 중간결과를 기억하고 최종적인 해를 발견한다.

워킹 메모리 상에서 표현되는 문제를 팩트(fact)라고 한다. 팩트의 데이터 형식은 **오브젝트 · 속성 · 속성값**(Object-Attribute-Value)의 세 종류의 데이터로 되어 있으며 이것을 **OAV 형식**(OAV form)이라고 한다.

오브젝트 : 기술대상
속성 : 오브젝트가 소유하는 성질 이름
속성값 : 속성에 대한 값

OAV 형식으로 표현되는 팩트의 일반형은 다음과 같다.

(오브젝트　속성1 : 속성값1 … 속성n : 속성값n)

위의 일반형에 따라 기술대상이 "대학"이고 속성으로 이름에 "이화", 종류에 "여자대학", 장소에 "도심"을 가지는 팩트의 예를 다음에 나타낸다.

(대학　이름 : 이화　종류 : 여자대학　장소 : 도심)

9.1.2 룰 베이스

룰 베이스(rule base)는 절차적 지식표현인 프로덕션 규칙의 집합으로 이루어져 있다.

일반적으로 프로덕션 규칙은 다음의 형식으로 표현된다.

$$\textbf{if } C_1, C_2, C_3, \cdots, C_n \textbf{ then } A_1, A_2, A_3, \cdots, A_n \tag{9.1}$$

여기서 $C_1, C_2, C_3, \cdots, C_n$은 **조건부**(LHS : Left-Hand-Side)라고 하며, 하나 이상의 조건의 조합에 의해 구성되어 있다. 문제-해결 작업에서 워킹 메모리 안에 존재하는 팩트와 프로덕션 규칙의 조건부가 일치할 때 **행동부**(RHS : Right-Hand-Side) $A_1, A_2, A_3, \cdots, A_n$를 실행한다(행동부는 일반적으로 지식의 유지관리 면에서도 하나의 행동으로 구성되는 경우가 많다). 각 조건 C_i는 팩트와 같은 데이터 형식을 취하여,

$$C_i = (\text{오브젝트 속성}_1 : \text{속성값}_1 \ \cdots \ \text{속성}n : \text{속성값}n)$$

와 같은 OAV 형식으로 표현된다.

(9.1)의 조건부는 각 조건 $C_1, C_2, C_3, \cdots, C_n$이 동시에 참이 되었을 때, 즉 AND 조건식 전체

$$C_1 \wedge C_2 \wedge C_3 \wedge \cdots \wedge C_n$$

이 참이 되었을 때 (9.1)의 규칙은 실행가능이 된다.

프로덕션 규칙의 조건부는 구성하는 명제와 논리연산자에 따라 다양한 조건을 표현하는 것이 가능하다. 그 전형적인 패턴을 다음에 나타낸다.

- 조건부 AND형 : 조건부를 구성하는 명제 C_1, C_2, C_3, …, C_n 전부가 성립하는 조건 하에서 행동부 명제 A_1이 성립할 때, 다음과 같이 조건부 명제를 ∧(AND)로 연결한 프로덕션 규칙이 만들어진다.

$$C_1 \wedge C_2 \wedge C_3 \wedge \cdots \wedge C_n \rightarrow \mathrm{A}_1$$

- 조건부 OR형 : 조건부를 구성하는 명제 C_1, C_2, C_3, …, C_n 중 어떤 것이 성립하는 조건 하에서 행동부 명제 A_1이 성립할 때, 다음과 같이 조건부 명제를 ∨(OR)로 연결한 프로덕션 규칙이 만들어진다.

$$C_1 \vee C_2 \vee C_3 \vee \cdots \vee C_n \rightarrow \mathrm{A}_1$$

- 조건부 AND/OR 복합형 : 조건부 명제를 ∧와 ∨를 섞어서 표현하는 것도 가능하다.

$$(C_1 \wedge C_2) \vee C_3 \rightarrow \mathrm{A}_1$$

위와 같은 경우 프로덕션 규칙의 명제가 발화하기 위해서는 명제 $(C_1 \wedge C_2)$ 혹은 C_3가 성립하면 된다.

9.1.3 인터프리터

인터프리터(interpreter)는 워킹 메모리에 주어진 팩트 형식의 문제에 대해 프로덕션 규칙(이하, 규칙)의 조건에 맞는 것을 검색(조건 대조)하고, 복수의 규칙에

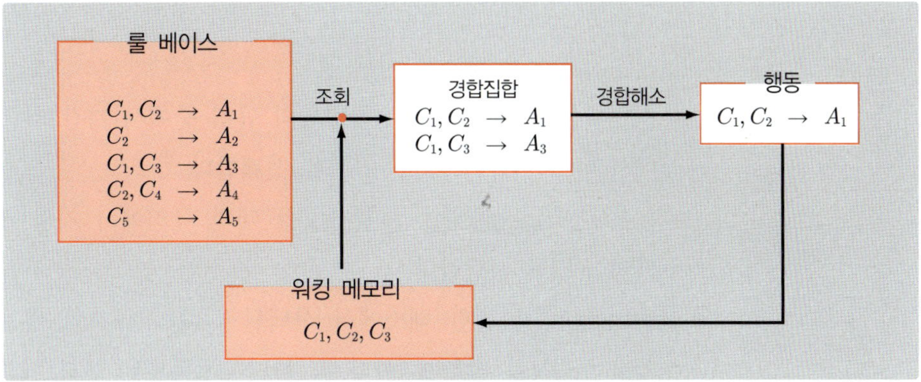

[그림 9.2] 인터프리터의 인식-행동 사이클

조건이 일치하였을 경우에 가장 적절한 규칙을 선택(경합 해소)하고, 규칙을 실행(행동)하는 단계를 문제-해결이 될 때까지 반복한다. 인터프리터에 의한 이 동작을 **인식-행동 사이클**(recognition-act cycle)이라 하고, 그림 9.2에 그 행동의 개요를 나타낸다.

다음에 조건 대조, 경합 해소, 행동에 대하여 상세히 나타낸다.

- 조건 대조(matching) : 워킹 메모리의 팩트와 룰 베이스에 있는 프로덕션 규칙의 조건부의 데이터 형식을 대조하여, 팩트와 프로덕션 규칙의 조건부가 일치하는 규칙을 찾아내는 작업을 가리킨다.
- 경합 해소(conflict resolution) : 조건 대조에서 유일한 규칙이 선택되는 것이 이상적이지만, 통상적으로 복수의 규칙이 선택된다. 팩트와 조건이 일치하는 규칙의 집합을 **경합집합**(conflict set)이라 하고, 경합집합 중에서 가장 적절한 규칙을 선택해야만 한다. 이를 위한 작업을 경합 해소라고 한다. 경합 해소는 문제-해결 능력을 크게 좌우하는 작업이며 **경합 해소 전략**(conflict resolution strategy)이라는 방법이 갖추어져 있다.

아래에 경합 해소 전략의 일부를 나타낸다.

- 적용제한(rule application limitation) : 무한루프가 발생하는 것을 방지하기 위하여 이전에 선택되었던 규칙의 사용을 제한한다.
- 첫매치(first match) : 룰 베이스 내에서 최초로 매치된 규칙을 선택한다.

- 규칙우선순위(rule priority) : 각 규칙에 미리 우선순위를 부여해 두고 우선순위가 높은 규칙을 선택한다.
- 최신우선(recency) : 경합집합의 규칙 중에서 가장 최근에 워킹 메모리에서의 조작이 이루어진 규칙을 선택한다.
- 상세우선(specificity) : 경합집합 내의 규칙에서 가장 상세한 조건부를 가진 규칙을 선택한다.

- 행동(action) : 경합 해소에서 선택된 하나의 규칙의 행동부를 실행한다. 이것을 '규칙을 **발화**(fire)한다' 고 한다. 행동부는 인터프리터의 인식-행동 사이클을 유지하는 작업인 워킹 메모리 내의 팩트 갱신, 추가, 제거를 수행하고, 외부환경과의 데이터 입출력 등도 수행한다.

워킹 메모리 내에서 팩트의 조작에 관한 행동부 A_1의 예를 나타낸다.

- (make (오브젝트 속성$_1$: 속성값$_1$…속성$_n$: 속성값$_n$))
  워킹 메모리 안에 팩트를 삽입한다.
- (modify i속성$_j$: 속성값$_j$)
  프로덕션 규칙의 조건부에서 i번째 조건 C_i와 일치하는 워킹 메모리의 팩트의 "속성$_j$"의 값을 새로운 "속성값$_j$"로 수정한다.
- (add i속성$_j$: 속성값$_j$)
  프로덕션 규칙의 조건부에서 i번째 조건 C_i와 일치하는 워킹 메모리의 팩트에 "속성$_j$: 속성값$_j$"을 추가한다.
- (delete i속성$_j$: 속성값$_j$)
  프로덕션 규칙의 조건부에서 i번째 조건 C_i와 일치하는 워킹 메모리의 팩트에 "속성$_j$: 속성값$_j$"을 제거한다.

9.2 프로덕션 시스템의 동작 확인

간단한 프로덕션 시스템을 설정하여 그 동작을 확인해보자.

그림 9.3과 같이 테이블 위에 놓여진 사각의 쌓기나무 A, B, C가 있다. 하나의 손을 가진 로봇팔로 쌓기나무를 잡아서 이동시켜 그림 9.4의 배치로 변경하고 싶다. 테이블 위에서 어디에 놓을 것인지는 상관없고, 작업영역은 테이블 위로 한정한다.

쌓기나무의 상태를 기술하는 술어를 다음과 같이 정의한다.

On(X, Y)	: X는 Y 위에 놓여 있다.
Clear(X)	: X 위에는 아무것도 놓여져 있지 않다.
OnTable(X)	: X는 테이블 위에 놓여 있다.
Hold(X)	: 로봇팔이 X를 잡고 있다.
Empty	: 로봇팔은 아무것도 가지고 있지 않다.

이 그림 9.3에 있는 테이블과 로봇팔의 상태는 다음과 같이 나타낸다.

(상태 OnTable(A) OnTable(B) On(C, B) Clear(A) Clear(C))
(로봇팔 Empty)

그리고 표 9.1과 같이 프로덕션 규칙을 설정한다. 이 때 오브젝트 "상태"를 첫

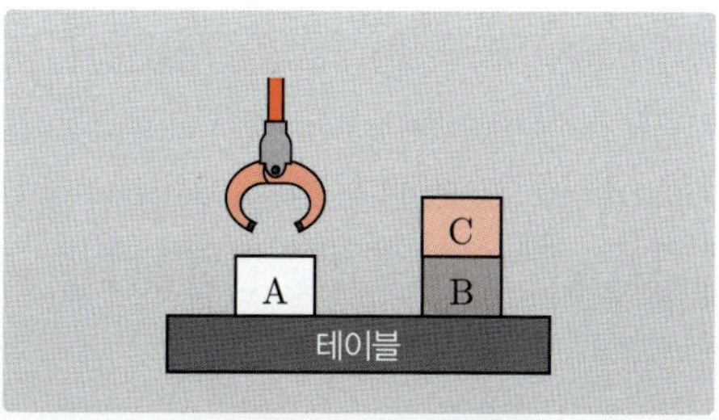

[그림 9.3] 초기상태

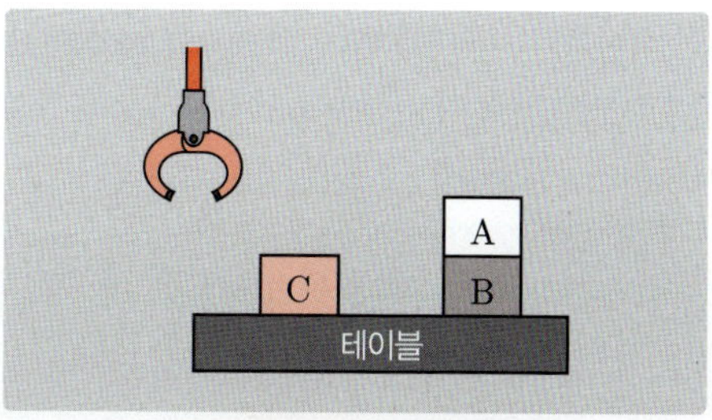

[그림 9.4] 목표상태

[표 9.1] 프로덕션 규칙

ID	규칙이름	조작내용
r_0	start	초기상태를 설정(워킹 메모리 안에 팩트를 추가) start ⇒ (make (상태 OnTable(A) OnTable(B) On(C, B) Clear(A) Clear(C))) (make (로봇팔 Empty))
r_1	TakeOff (X, Y)	X를 잡아서 Y 위에서 제거한다. ⇒ (delete 1 Clear(X) On(X, Y)), (add 1 clear(Y)), (modify 2 Hold(X)).
r_2	StackOn (X, Y)	X를 Y 위에 쌓아 올린다. (상태 Clear(Y)), (로봇팔 Hold(X)) ⇒ (delete 1 Clear(Y)), (add 1 Clear(X) On(X,Y)), (modify 2 Empty).
r_3	PickUp(X)	테이블 위의 X를 잡아 올린다. (상태 Clear(X) OnTable(X)), (로봇팔 Empty) ⇒ (delete 1 Clear(X) OnTable(X)), (modify 2 Hold(X)).
r_4	PutDown (X)	테이블에 X를 놓는다. (로봇팔 Hold(X)) ⇒ (add 1 Clear(X) OnTable(X)), (modify 2 Empty).

번째 조건 C_1으로 하고, 오브젝트 "로봇팔"을 두번째 조건 C_2로 한다. 따라서 행동부에서 "1"과 "2"를 대상이 되는 오브젝트를 나타낸다고 하면 각각 "상태"와 "로봇팔"이 된다.

그림 9.5에 인식-행동 사이클에 의한 워킹 메모리의 변화를 나타낸다. 이 때

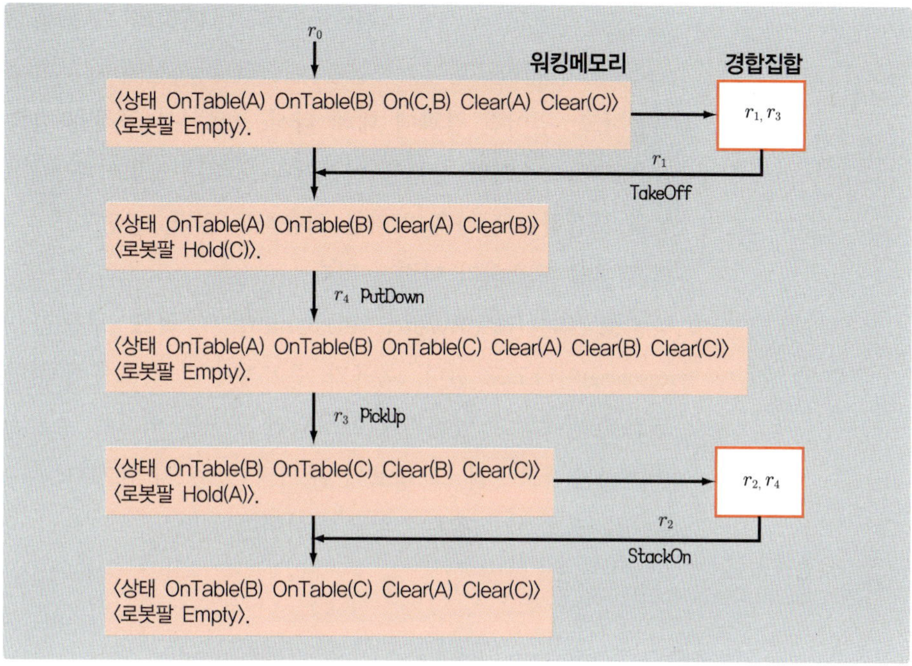

[그림 9.5] 인식-행동 사이클에 의한 워킹 메모리의 변화

경합집합이 존재하면 경합 해소 전략에 의해 적용되는 규칙이 선택되는 것으로 한다. 최초의 경합 해소에는 첫매치에 의한 경합 해소가 이루어지고 있다고 하고, 다음 경합 해소에는 적용제한에 의해 이미 적용된 규칙의 적용은 피하고 있다고 한다.

9.3 전방향 추론과 역방향 추론

프로덕션 규칙을 사용하는 추론 방법을 크게 나누면 전방향 추론과 역방향 추론, 두 가지가 있다. 다음에 각각에 대해 설명한다.

- 전방향 추론(forward reasoning) : **데이터 구동형 추론**(data-driven reasoning)이라고도 한다. 특정한 데이터나 사실에 대하여 프로덕션 규칙을 적용하고, 얻어진 결과에 대해 다시 프로덕션 규칙을 반복해서 적용해 나감으로써 최종적인 결론을 이끌어내는 추론 방법이다. 사실을 제공하여 결론을 도출하는 탑다운 처리를 적용하고 있다. 한편, 규칙 적용이 부적절하면 결론을 도출하기 어렵게 된다.
- 역방향 추론(backward reasoning) : **목표 구동형 추론**(goal-driven reasoning)이라고도 한다. 목표가 주어져서 그 목표를 달성하기 위해 필요한 조건이 만족되고 있는지를 프로덕션 규칙을 역으로 추론(행동부로부터 조건부를 추론)함으로써 그 목표가 주어져 있는 지식(프로덕션 규칙)으로 입증될 수 있는지를 이끌어내는 추론 방식이다.

연습문제

문제 1 프로덕션 시스템의 기본구성을 나타내고 각 부분에 대하여 설명하시오.

문제 2 경합 해소에는 어떤 것이 있고 어떤 기능을 가지고 있는지 답하시오.

문제 3 전방향 추론과 역방향 추론에 대하여 설명하시오.

문제 4 그림 9.6과 같이 테이블 위에 쌓기나무가 놓여져 있다. 쌓기나무를 상태(a)에서 상태(b)로 만들 때의 워킹 메모리의 상태변화를 9.2절에서 정의된 쌓기나무의 상태를 기술하는 술어와 표 9.1에 설정된 프로덕션 규칙을 이용하여 작성하시오.

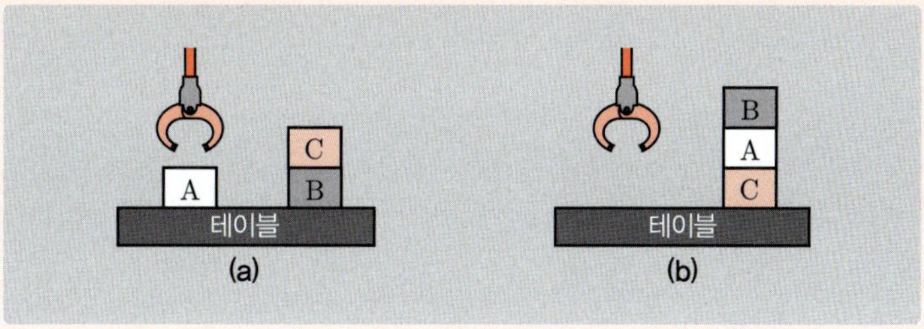

[그림 9.6]

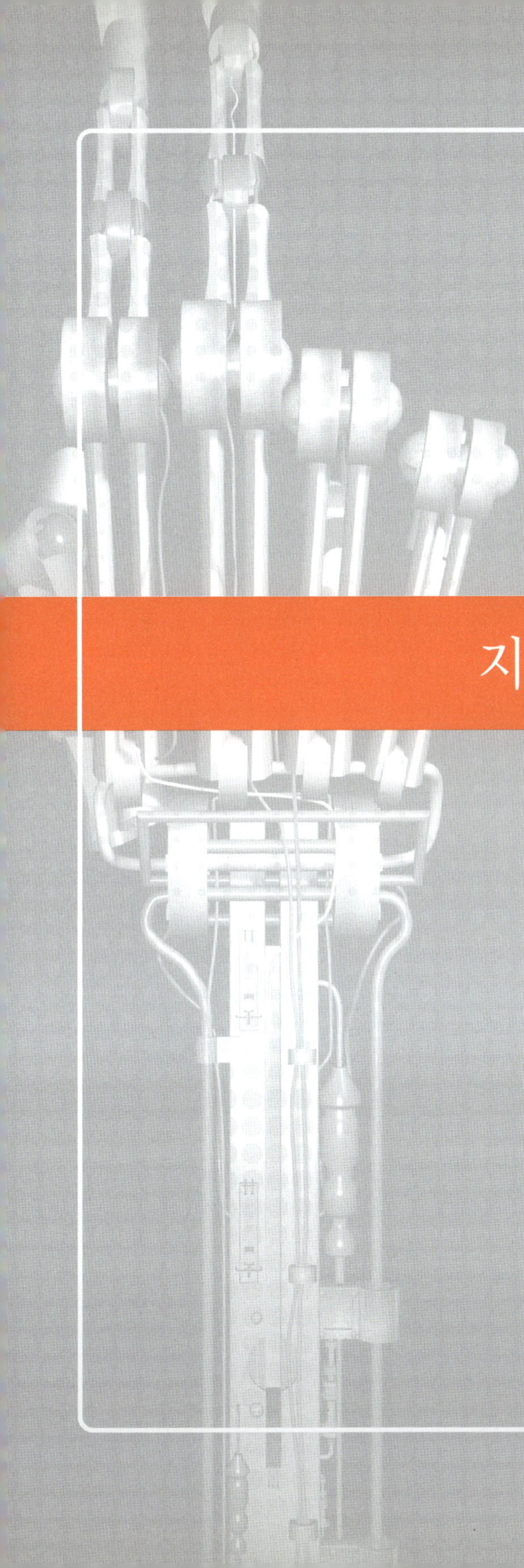

Chapter 10

지식의 불확정성 다루기

인간의 지식은 논리식이 대상으로 삼는 참과 거짓의 두 가지 값으로 딱 나뉘어 표현되는 것이 아니라, 그 안에는 애매성이나 불확실성을 포함하고 있다. 이 장에서는 인간의 지식의 불확실성을 다루는 대표적인 이론으로서 퍼지 이론[25]과 베이즈 이론을 다룬다.

10.1 퍼지 이론

"퍼지(fuzzy)"란 한국어에서 "흐릿한", "솜털이 보송보송한"이라는 의미이다. 1965년에 zadeh가 발표한[42] **퍼지집합론**(Fuzzy sets theory)은, 당시까지의 집합론에서 그 집합에 "속한다", "속하지 않는다"라는 둘 중의 하나를 선택하는 "이치화"의 사고에 기반한 것임에 반해, 집합의 경계를 애매하게 함으로써(즉, "비이치화") 원소에 대해 집합으로의 **소속정도**(membership degree)를 부여한다는 생각을 도입하였다.

퍼지집합의 이미지를 그림 10.1에 나타낸다.

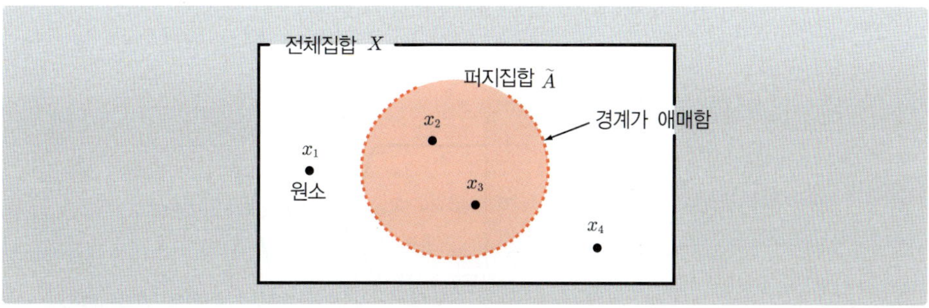

[그림 10.1] 퍼지집합의 이미지

[25]퍼지 이론은 크게 나누면 "퍼지집합론"과 "퍼지측도론(fuzzy measure theory)"로 나눌 수 있다. 이 책에서는 "퍼지집합론"만 다룬다.

퍼지집합과 구별하여 이치의 소속정도를 가지는 기존의 집합을 **크리스프집합**(crisp sets)[26]이라고 한다.

그 **특성함수**(characteristic function)[27] χ_A는 다음과 같이 나타낸다.

$$\chi_A = \begin{cases} 1 & (x \in A\text{일때}) \\ 0 & (x \notin A\text{일때}) \end{cases} \qquad (10.1)$$

퍼지집합은 **멤버십함수**(membership function)라는 특성함수를 가지고, 원소 x의 퍼지집합 $\widetilde{A}$로의 소속정도를 부여하는 함수에 의해 원소와 집합의 관계를 나타낸다. 멤버십함수는 다음과 같이 표현된다.

$$\mu_{\widetilde{A}}(x) \rightarrow [0,1] \qquad (10.2)$$

퍼지집합에서 멤버쉽함수는 크리스프집합의 정의함수의 치역을 {0,1}에서 [0,1]로 확장한 것이다. 이 의미에서 크리스프집합은 멤버십함수가 크리스프집합의 특성함수와 일치하는 퍼지집합의 특수한 경우로 취급할 수 있다. 한국 남성의 키를 예로 들어 멤버십함수의 이미지를 그림 10.2에 나타낸다.

그림 10.2에서 퍼지집합 $\widetilde{A}$에 대한 멤버십함수 $\mu_{\widetilde{A}}(x)$가 $\mu_{\widetilde{A}}(x) > 0$이 되는 x의 집합을 **지지집합**(support set)이라고 한다. 퍼지집합 $\widetilde{A}$의 지지집합을 supp($\widetilde{A}$)라고 하면, 다음과 같이 표기된다.

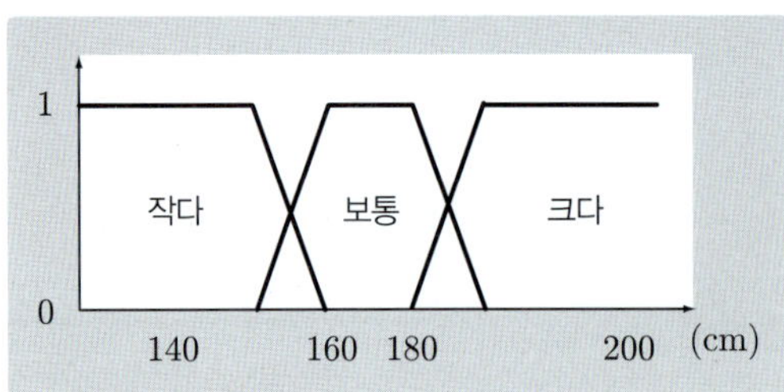

[그림 10.2] 한국 남성의 키에 관한 멤버십함수의 예

---

[26] "크리스프(crisp)"란 한국어로 "바삭바삭한", "상쾌한"이라는 의미이다.

[27] 원소가 집합에 속하는 정도를 나타내는 함수.

$$\text{supp}(\tilde{A}) = \{x \in X \mid \mu_{\tilde{A}}(x) > 0\} \tag{10.3}$$

전체집합 X가 X = {수박,감,배,딸기}와 같이 집합의 외연표시로 나타나 있는 경우, 퍼지집합을 "여름 과일"이라고 하면 그 집합은 다음과 같이 표기된다[28].

여름과일 = {1.0/수박, 0.5/감, 0.6/배, 0.0/딸기}

이 때, 식(10.3)의 정의로부터 "여름 과일"을 나타내는 퍼지집합의 지지집합은 {수박,감,배,딸기}가 된다.

퍼지집합을 특징짓는 멤버십함수의 결정방법은 다양하게 있는데, 확률을 이용하여 결정하는 경우가 있는가 하면, 사람이 주관적으로 정하는 경우도 있다. 따라서 이 경우의 각각의 원소가 가지고 있는 멤버십값은 위에 나타낸 값이 되는 필연성은 없고 사람에 따라 서로 다른 값을 할당할 가능성이 있다[29].

10.1.1 퍼지집합의 표현방법

퍼지집합의 표현방법에는 멤버십함수가 (1)이산적으로 표현되어 있는 경우와 (2)연속적으로 표현되어 있는 경우, 두 가지 표현방법이 있다.

(1) 이산적 표현

멤버십함수가 이산적으로 표현되어 있는 경우에는 그림 10.3에 나타난 것처럼 퍼지집합의 원소가 독립적으로 주어지는 경우이다.

이산적 표현은 다음과 같이 퍼지집합의 원소 하나하나에 대해 멤버십값을 명시하는 표기방법이다.

---

[28] 퍼지집합 $\tilde{A}$는 원소 $x_i \in X(i=1, \cdots, n$; X는 전체집합)이라고 할 때 아래와 같이 외연표기된다.

$$\tilde{A}=\{\mu_{\tilde{A}}(x_1)/x_1,\ \mu_{\tilde{A}}(x_2)/x_2,\ \cdots,\ \mu_{\tilde{A}}(x_n)/x_n\}$$

[29] 이로부터 퍼지 이론은 "주관을 다루는 과학"으로 주목을 받아서 **인간중심 정보처리**(Human-centered information processing)나 **감성공학**(Kansei engineering)에도 도입되고 있다.

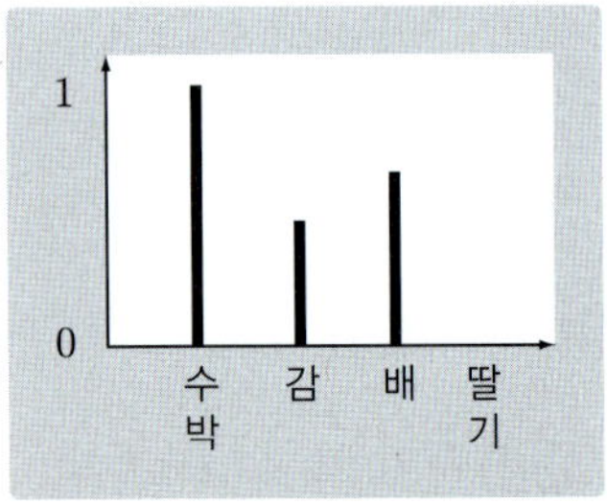

[그림 10.3] "여름과일"의 퍼지집합 예

$$\widetilde{A} = \{\mu_{\widetilde{A}}(x_1)/x_1 + \mu_{\widetilde{A}}(x_2)/x_2 + \cdots + \mu_{\widetilde{A}}(x_n)/x_n,\} = \sum_{i=1}^{n} \mu_{\widetilde{A}}(x_i)/x_i \qquad (10.4)$$

다음에 식(10.4)에 나타난 수학기호에 대하여 설명한다.

/ : **"세퍼레이터"**라는 기호로, 오른쪽(분수로 표기했을 때 분모)에는 퍼지집합의 원소를 나타내고, 왼쪽(혹은 분자)에는 원소의 멤버십값을 나타낸다(여기서 "/" 기호는 사칙연산의 나눗셈을 나타내는 것이 아님을 주의한다).

+ : 원소 간의 OR 결합을 나타낸다(여기서 "+"기호는 사칙연산의 덧셈을 나타내는 것이 아님을 주의한다).

∑ : OR 결합의 전체라는 의미를 나타낸다(스칼라값의 합을 나타내는 것이 아님을 주의한다).

(2) 연속적 표현

멤버십함수가 연속적으로 표현되어 있는 경우는 그림 10.4에 나타난 것처럼 퍼지집합의 원소에 연속성이 존재하는 경우이다.

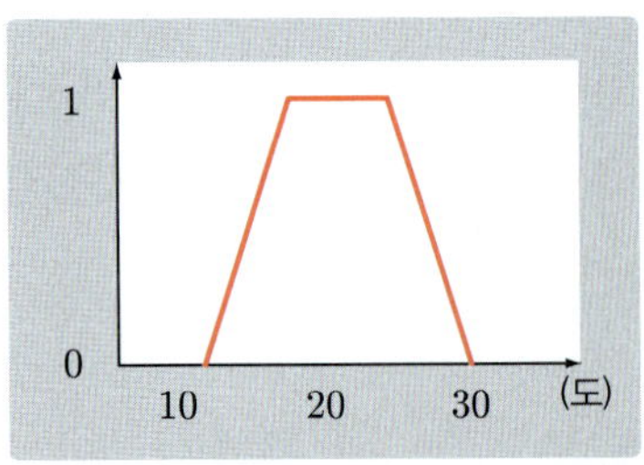

[그림 10.4] "쾌적한 온도"의 퍼지집합 예

연속적 표현에서는 X를 전체집합으로 할 때 다음과 같이 표현된다.

$$\int_X \mu_A(x)/x \tag{10.5}$$

> $\int$: 이산적 표현에서 Σ를 연속적 표현으로 한 것(여기서 적분을 의미하고 있지 않음을 주의한다).

10.1.2 퍼지집합 연산

전체집합 X에서 두 집합(크리스프집합)이 같을 경우에는 그 특성함수가 같게 된다. 마찬가지로 두 퍼지집합 $\widetilde{A}$, $\widetilde{B}$가 같을 경우에는 그 멤버십함수가 같게 된다. 즉,

$$\widetilde{A} = \widetilde{B} \Leftrightarrow \mu_{\widetilde{A}}(x) = \mu_{\widetilde{B}}(x), \ \ \forall x \in X \tag{10.6}$$

라는 식으로 표현된다. 이와 같이 집합의 함수는 멤버십함수의 관계로 표현되어 퍼지집합의 포함관계도 다음에 나타내는 예와 같이 멤버십함수의 값의 대소관계로 표현된다.

$$\widetilde{A} \subseteq \widetilde{B} \Leftrightarrow \mu_{\widetilde{A}}(x) \leq \mu_{\widetilde{B}}(x), \ \ \forall x \in X \tag{10.7}$$

연산의 기본성질인 합집합, 교집함, 여집합도 마찬가지로 멤버십함수의 연산으로 표현된다[30].

■ **합집합**

$$\widetilde{A} \cup \widetilde{B} \Leftrightarrow \mu_{\widetilde{A} \cup \widetilde{B}}(x) = \mu_{\widetilde{A}}(x) \vee \mu_{\widetilde{B}}(x), \ \ \forall x \in X \tag{10.8}$$

---

[30]멤버십함수는 [0,1]의 값이기 때문에 여기서 사용하는 '∨', '∧'의 기호는 $a \vee b = max\{a, b\}$, $a \wedge b = min\{a, b\}$의 연산을 나타내고 있다.

■ 교집합

$$\widetilde{A} \cap \widetilde{B} \Leftrightarrow \mu_{\widetilde{A} \cap \widetilde{B}}(x) = \mu_{\widetilde{A}}(x) \wedge \mu_{\widetilde{B}}(x), \ \forall x \in X \qquad (10.9)$$

■ 여집합

$$\widetilde{A}^c \Leftrightarrow \mu_{\widetilde{A}^c}(x) = 1 - \mu_{\widetilde{A}}(x), \ \forall x \in X \qquad (10.10)$$

■ 크리스프집합과 같은 퍼지집합의 연산

■ 교환법칙

$$\widetilde{A} \cup \widetilde{B} = \widetilde{B} \cup \widetilde{A} \qquad (10.11)$$
$$\widetilde{A} \cap \widetilde{B} = \widetilde{B} \cap \widetilde{A} \qquad (10.12)$$

■ 결합법칙

$$\widetilde{A} \cup (\widetilde{B} \cup \widetilde{C}) = (\widetilde{A} \cup \widetilde{B}) \cup \widetilde{C} \qquad (10.13)$$
$$\widetilde{A} \cap (\widetilde{B} \cap \widetilde{C}) = (\widetilde{A} \cap \widetilde{B}) \cap \widetilde{C} \qquad (10.14)$$

■ 분배법칙

$$\widetilde{A} \cup (\widetilde{B} \cap \widetilde{C}) = (\widetilde{A} \cup \widetilde{B}) \cap (\widetilde{A} \cup \widetilde{C}) \qquad (10.15)$$
$$\widetilde{A} \cap (\widetilde{B} \cup \widetilde{C}) = (\widetilde{A} \cap \widetilde{B}) \cup (\widetilde{A} \cap \widetilde{C}) \qquad (10.16)$$

■ 이중부정

$$\widetilde{A} = (\widetilde{A}^c)^c \qquad (10.17)$$

■ 드모르강법칙

$$(\widetilde{A} \cup \widetilde{B})^c = \widetilde{A}^c \cap \widetilde{B}^c \qquad (10.18)$$
$$(\widetilde{A} \cap \widetilde{B})^c = \widetilde{A}^c \cup \widetilde{B}^c \qquad (10.19)$$

■ 크리스프집합과 다른 퍼지집합의 연산

크리스프집합에서는 성립하는 배중법칙, 모순법칙은 퍼지집합에서는 일반적으로 성립하지 않는다.

■ 배중법칙

$$\widetilde{A} \cup \widetilde{A}^c \neq X \qquad (10.20)$$

상보관계에 있는 두 집합을 A와 A^c라고 하면, 배중법칙에 대해 크리스프집합에서는 특성함수가 반드시 1의 값을 가지는데 반하여, 퍼지집합에서는 이들의

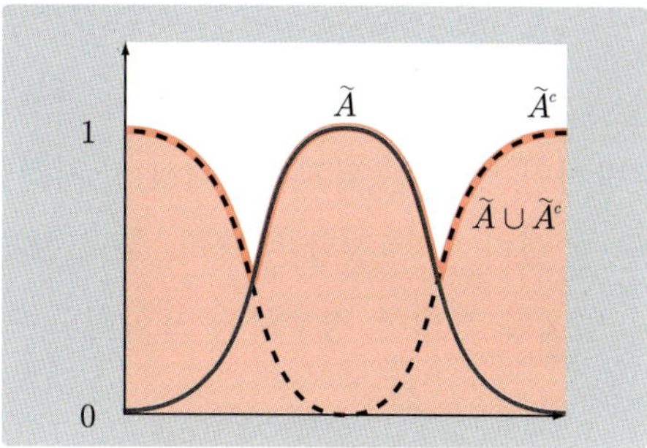

[그림 10.5] 퍼지집합에서의 배중률

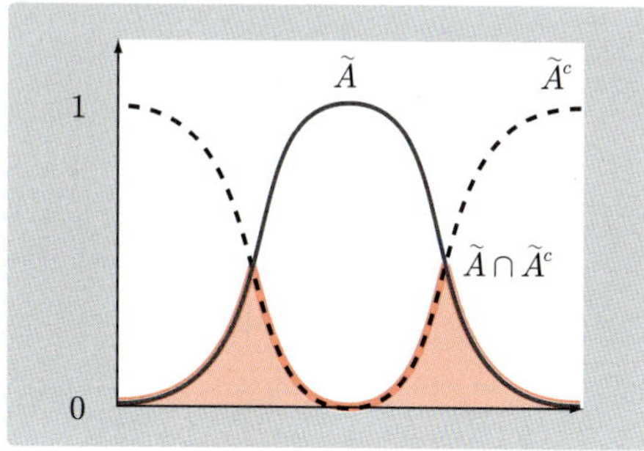

[그림 10.6] 퍼지집합에서의 모순률

합집합 $\widetilde{A} \cup \widetilde{A}^c$을 취하게 되고, 이 집합들의 멤버십함수의 최대값을 취하게 된다(그림 10.5).

■ **모순법칙**

$$\widetilde{A} \cap \widetilde{A}^c \neq \varnothing \tag{10.21}$$

상보관계에 있는 두 집합을 A와 A^c라고 하면, 모순법칙에 대해 크리스프집합에서는 특성함수가 반드시 0의 값을 가지는데 반하여, 퍼지집합에서는 이들의 교집합 $\widetilde{A} \cap \widetilde{A}^c$을 취하게 되고, 이 집합들의 멤버십함수의 최소값을 취하게 된다(그림 10.6).

10.1.3 퍼지명제

명제 "5는 소수이다"처럼 참과 거짓이 명확한 것에 반해, 명제 "5는 작은 수이다"와 같이 진술 안에 퍼지집합으로 표현되는 성질(이 경우에는 "작다"라는 단어가 해당한다)이 포함되어 있는 것을 **퍼지명제**(fuzzy proposition)라고 한다.

x를 어떤 집합 X에서의 임의의 원소라고 하고, $\widetilde{A}$를 X상의 퍼지집합을 나타내는 퍼지 레이블(fuzzy label)[31]이라고 하면, 다음의 진술 P를 퍼지명제로 정의한다.

$$P = x \text{ is } \widetilde{A} \tag{10.22}$$

이치논리에서 다루는 일반적인 명제는 퍼지명제에서 퍼지집합이 크리스프집합으로 치환되었을 때로 볼 수 있다. 퍼지집합은 크리스프집합을 포함하기 때문에, 퍼지명제는 이치논리의 명제를 특별한 경우로써 포함하고 있다고 생각할 수 있다.

■ **퍼지명제의 부정**

(10.22)의 퍼지명제 P의 부정은 다음과 같이 나타낸다[32].

$$\neg P = \text{not}(x \text{ is } \widetilde{A}) = x \text{ is not } \widetilde{A} \tag{10.23}$$

■ **퍼지명제의 수식**

퍼지명제의 **수식**(modification)이란 "x는 <u>매우</u> 크다", "x는 <u>약간</u> 작다" 등, 밑줄로 표시한 것과 같이 퍼지명제에 표현되어 있는 퍼지집합을 수식하는 것을 의미한다. 퍼지명제 P=x is $\widetilde{A}$의 수식은 m을 **수식연산자**(modifier)로 하면 다음과 같이 정의할 수 있다.

$$x \text{ is } m\widetilde{A} \tag{10.24}$$

(10.24)는 다음의 형태로도 표현된다.

$$x \text{ is } m\widetilde{A} = m(x \text{ is } \widetilde{A}) = mP \tag{10.25}$$

퍼지명제 P를 "x는 높다"라고 할 때, 퍼지명제 P' "x는 <u>약간</u> 높다", 퍼지명제 P'' "x는 <u>매우</u> 높다"는 멤버십함수로 나타내면 그림 10.7과 같이 된다.

---

31 "퍼지레이블"이란 "작다", "크다", 높다", "낮다" 등 퍼지집합을 나타내는 단어를 가리킨다.

32 "x는 $\widetilde{A}$이다"의 부정은 "x는 $\widetilde{A}$가 아니다"이고, "$\widetilde{A}$가 아니다"는 not $\widetilde{A}$라는 사실로부터 식 (10.23)의 변형이 성립한다.

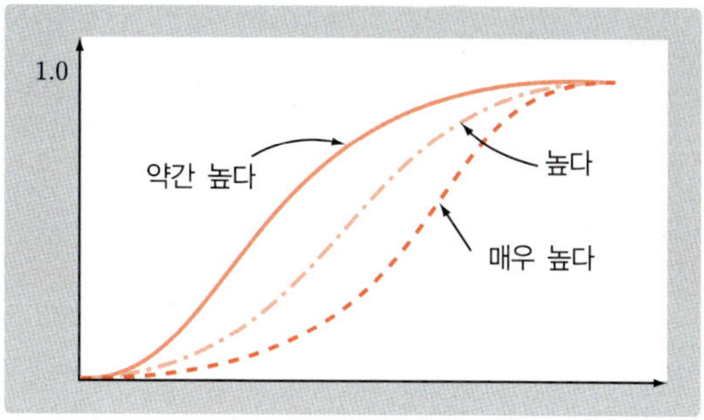

[그림 10.7] 퍼지명제의 수식

10.1.4 퍼지추론

5장에서 학습한 명제 논리에 의한 추론규칙의 대표적인 것으로 조건명제 $P \rightarrow Q$에 의한 추론규칙인 **긍정식**(modus ponendo pones)이 있었다. 이것은 어떤 명제 P가 참일 때 조건명제 $P \rightarrow Q$가 참이라면, 명제 Q가 참으로 도출되는 것이다. 이 추론규칙이 성립하는 조건으로 조건명제의 전제(전건부)와 입력정보로 주어지는 명제가 완전히 일치할 필요가 있다. 예를 들어 다음과 같은 추론을 생각해보자.

입력정보 : "실온이 10도이하이다"
조건명제 : "실온이 10도이하이다" 이면, "히터 설정온도를 20도로 한다"

결론 : "히터 설정온도를 20도로 한다"

이에 대해 인간이 일상적으로 수행하는 추론에서는 입력정보가 "실온은 11도이다"라고 주어졌을 경우에는 조건명제가 가지고 있는 전건부에 입력정보가 일치하지 않아도 조건명제가 가진 후건부에 가까운 결론을 도출하게 된다. 이와 같은 추론을 가능하게 하는 것이 **퍼지추론**(fuzzy inference)이다[33].

---

[33] 퍼지추론에는 조건명제를 이용하는 것을 중심으로 하여 결론을 이끌어내는 추론법인 "직접법"과 퍼지집합의 **언어적 진리값**(linguistic truth value)을 사용하여 추론을 수행하는 "간접법"의 두 가지가 있으나, 이 책에서는 언어적 진리값의 설명은 하지 않기 때문에 "간접법"의 설명은 하지 않고 zadeh가 먼저 제안한 "직접법"을 설명한다.

온도와 히터 설정온도에 관한 인간의 감각에 기반한 추론규칙을 생각하면 표 10.1에 나타난 것과 같이 애매한 단어로 기술되는 것이 많다.

[표 10.1] 실온과 히터 설정온도에 관한 규칙 예

규칙	전건부	후건부
규칙 1	실온이 매우 높다	히터 설정온도를 매우 낮춘다
규칙 2	실온이 높다	히터 설정온도를 낮춘다
규칙 3	실온이 적절하다	히터 설정온도를 유지한다
규칙 4	실온이 낮다	히터 설정온도를 높인다
규칙 5	실온이 매우 낮다	히터 설정온도를 매우 높인다

이 규칙들에서 출현하는 "높다", "낮다" 등의 애매한 단어는 퍼지집합으로 표현되고, 추론규칙은 퍼지추론규칙이 된다.

위에서 기술한 퍼지추론규칙은 그림 10.8과 같이 나타난다[34].

퍼지추론에서는 입력정보와 조건명제의 전건부가 완전히 일치해야 후건부의 명제가 결론으로 출력되는 것이 아니고 입력정보와 전건부의 일치 정도(즉, 적합도)를 후건부에 전달하여 그 적합도에 맞춰서 후건부의 출력을 수행한다. 따라서 적합도를 후건부에 전달하기 위한 다양한 방법이 고안되어 있다. 대표적인 것으로 전건부의 적합도에 맞춰서 후건부의 멤버십함수의 범위를 제한하는 것이 있다.

그림 10.9에서는 규칙 2에 대해, 입력정보로서 구체적인 값(크리스프값)이 입력된 예가 나타나 있다. 전건부의 적합도가 0.5라고 하면, 그 적합도에 맞춰서 후건부의 멤버십함수의 범위가 제한되고 있다(그림 10.9에서 후건부 멤버십함수가 색으로 표시되어 있는 부분을 가리킨다). 이것은 후건부의 멤버십함수는 전건부의 멤버십함수가 주어졌을 때 후건부의 가능성을 나타내는 것이기 때문에, 전건부의 적합도에 맞춰서 그 가능성도 제한된다는 것을 의미하고 있다.

마찬가지로 규칙 2에 대해 퍼지집합 "약간 높다"가 입력정보로 주어졌을 때의

[34]멤버십함수의 구체적인 파라미터에 관해서는 하나의 예로 나타내고 있다.

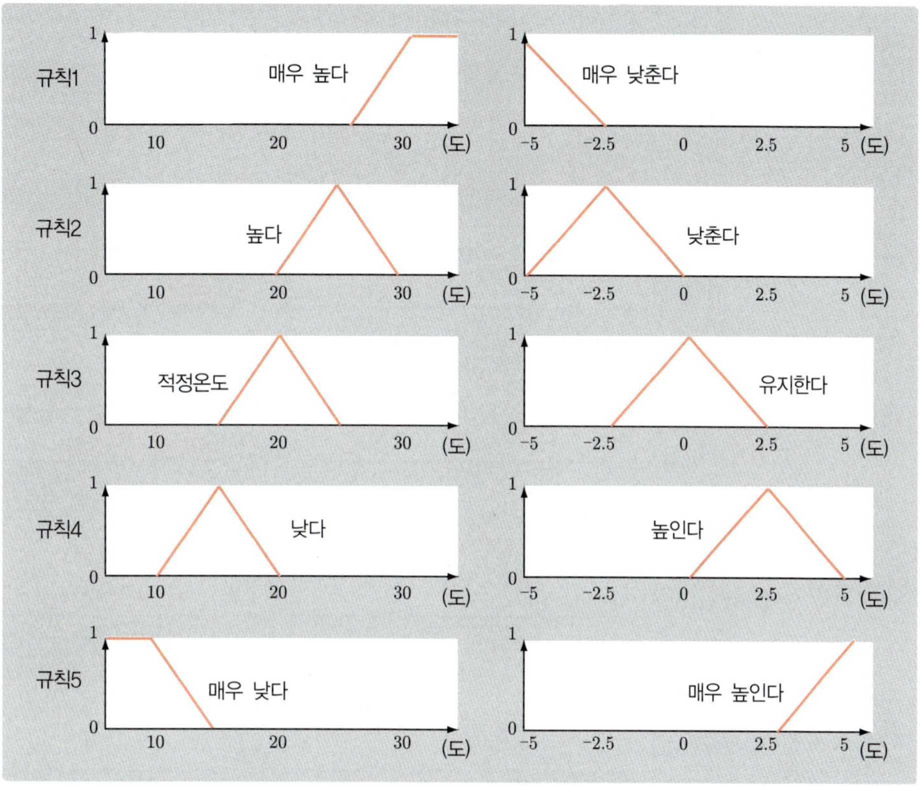

[그림 10.8] 퍼지추론규칙 예

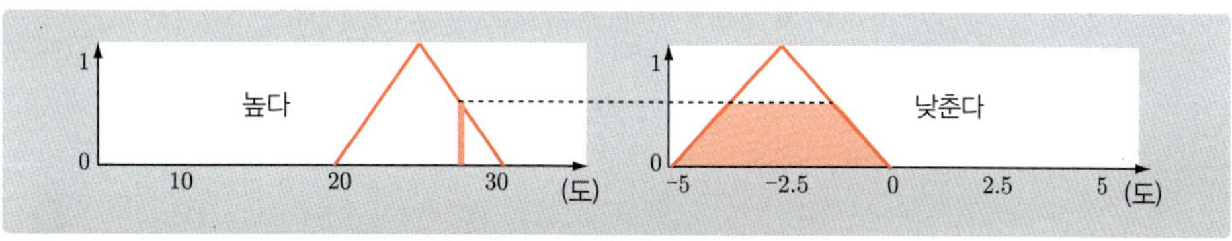

[그림 10.9] 후건부의 적합도

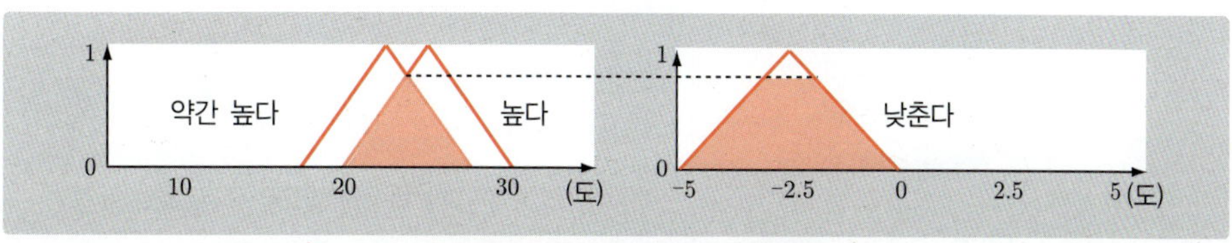

[그림 10.10] 후건부의 적합도

예를 그림 10.10에 나타낸다.

이 경우는 전건부에서 퍼지집합 간의 교집합 연산의 최대값이 계산되어[35] 그 값이 후건부의 멤버십함수의 범위를 제한하고 있다(그림 10.10에서 후건부 멤버십

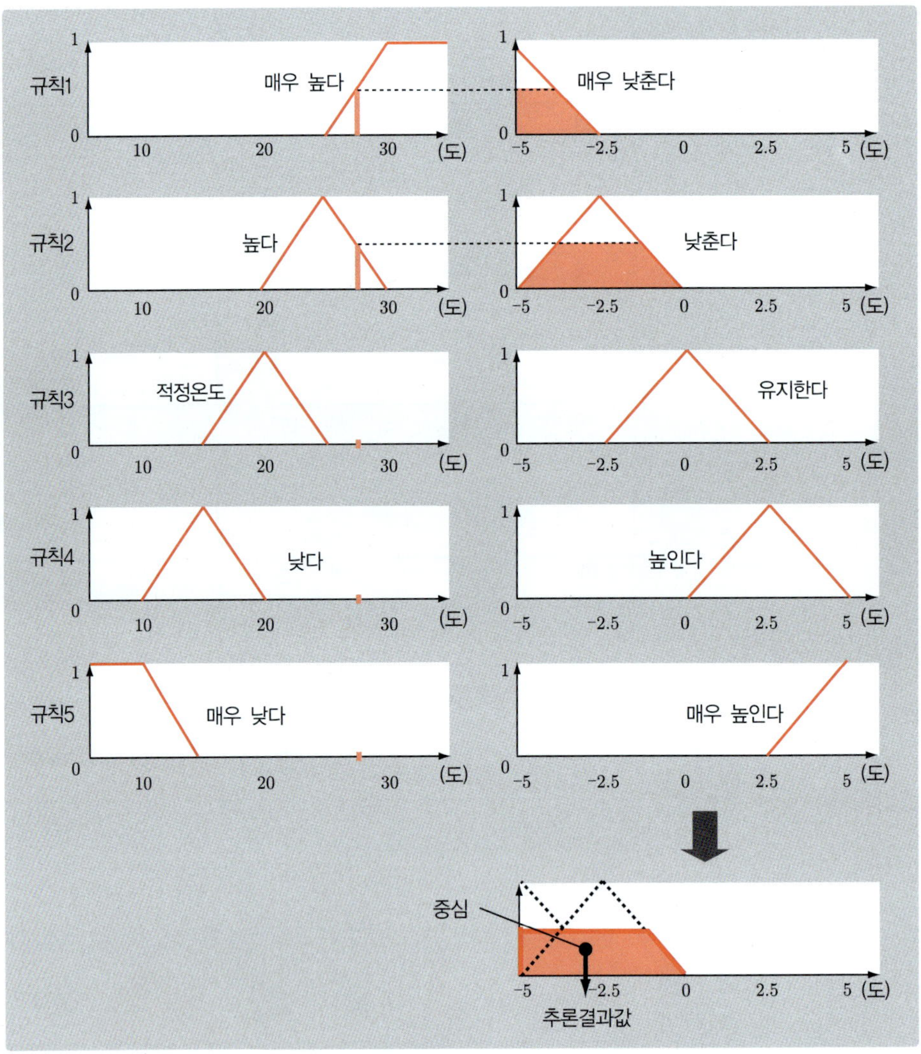

[그림 10.11] 추론결과 예1(입력정보가 구체적인 값)

[35]이 연산을 **최대최소합성**(max-min composition)이라고 한다. 적합도 계산에도 다양한 연산방법이 있지만 이 예의 경우에는 최대최소합성을 채용하고 있다.

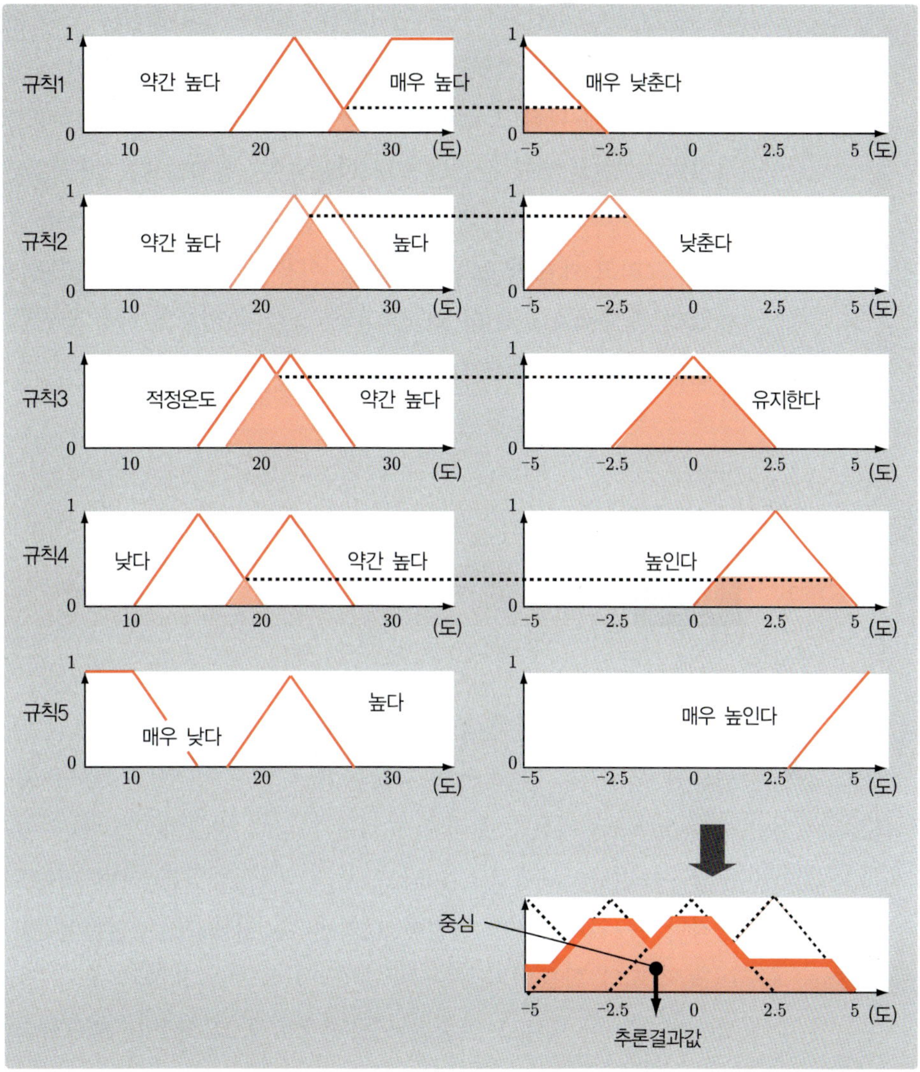

[그림 10.12] 추론결과 예2(입력정보가 퍼지값)

함수가 색으로 표시되어 있는 부분).

그리고 입력정보가 복수의 추론규칙의 전건부와 일치하기 때문에 각 추론규칙은 OR결합이 되어 최종적인 출력값은 그 추론규칙들로부터 얻어지는 각각의 후건부의 값을 반영하여 결정된다. 일반적인 방법의 하나로써 출력으로 얻어진 후건부의 각 멤버십함수의 최대값을 취하여 그 중심을 구하는 것을 **비퍼지화**(defuzzification)이라고 한다.

그림 10.9에 나타낸 적합도 계산에 의한 추론결과의 산출방법과 그림 10.10에 나타낸 방법에 의한 산출방법을 이용하여, 입력정보로 구체적인 온도(예를 들어 "27도")가 주어질 때의 퍼지추론에 의한 출력값의 산출과정을 그림 10.11에 나타낸다. 그리고 애매한 표현(퍼지값)을 이용하여 온도가 주어졌을 때(예를 들어, "약간 높다"가 주어졌을 때)의 퍼지추론에 의한 출력값의 산출과정을 그림 10.12에 나타낸다.

10.2 베이즈 이론

어떤 사상이 발생하고 그 원인으로 몇 가지 사상이 고려될 때, 그것들은 서로 독립된 사상이고 각각 어떤 확률을 가지고 일어난다고 하자. 이 때 **베이즈 이론**(Bayesian theory)에서는 결과로 발생한 사상의 원인이 어느 것이었는가라는 확률을 구할 수 있다. 실제로 일어난 사상에 대한 원인은 어떤 하나로 정해져 있다고 생각할 수 있지만, 그 원인이 규명될 수 없을 때는 원인이 될 수 있는 사상이 어느 정도의 확률인지를 아는 것은 의미가 있다. 베이즈의 정리에서는 조건부 확률에 기반한 베이즈 확률을 이용함으로써 그 확률을 계산한다.

10.2.1 베이즈 확률

베이즈 확률(Bayesian probability)은 **조건부 확률**(conditional probability)을 기본으로 하여 식을 변형시켜 나감으로써 도출할 수 있다. 조건부 확률은 "어떤 사상 A_1이 일어났을 때 A_2가 일어날 확률"을 나타내고 식 (10.26)과 같이 나타낸다.

$$P(A_2|A_1) = \frac{P(A_1A_2)}{P(A_1)} \tag{10.26}$$

이 식의 우변에서 분자 $P(A_1A_2)$는 사상 A_1과 사상 A_2와의 **동시확률**(simultaneous probability)이다. 우변의 분모 $P(A_1)$는 사상 A_2의 발생에는 상관없는 사상 A_1의 확률이며 **주변확률**(marginal probability)이라고 한다. 이 식을 변형함으로써 **연쇄법칙**(chain rule)이 다음과 같이 도출된다.

$$P(A_1A_2) = P(A_1)P(A_2|A_1) \tag{10.27}$$

식 (10.27)에서 A_1과 A_2는 형식적으로는 어느 쪽을 조건으로 해도 가능하기 때문에 A_1과 A_2를 치환하여 다음 식이 얻어진다.

$$P(A_1A_2) = P(A_2)P(A_1|A_2) \tag{10.28}$$

식 (10.27), (10.28)을 기반으로 $P(A_2)>0$일 때, 다음의 **베이즈 정리**(Bayes' s theorem)가 도출된다(다음 페이지에 자세히 기술함).

$$P(A_1|A_2) = \frac{P(A_1)P(A_2|A_1)}{P(A_2)} \tag{10.29}$$

원인이 되는 사상 A_1과 그 결과가 되는 사상 A_2가 존재하는 경우, 통상 원인에 의해 결과가 발생하기 때문에 조건부 확률 $P(A_2|A_1)$가 주어진다. 그러나 베이즈 확률은 결과에 대해 원인이 어느 정도의 확률이었는가를 추정하기 위한 사후확률 $P(A_1|A_2)$를 계산한다.

식 (10.29)에서 우변의 분모 $P(A_2)$는 사상 A_1에는 무관한 일정한 값이 되기 때문에, 가령 $\alpha=1/P(A_2)$로 해서 보면, 식 (10.29)는 다음에 나타내는 식과 같이 변형될 수 있다.

$$P(A_1|A_2) = \alpha P(A_1)P(A_2|A_1) \tag{10.30}$$

여기서 사상 A_1이 취하는 값을 {0,1}의 이치값이라고 생각하고 식 (10.30)에 대입해 보면 다음과 같이 된다.

$$\begin{aligned} P(A_1 = 1 | A_2) &= \alpha P(A_1 = 1) P(A_2 | A_1 = 1) \\ P(A_1 = 0 | A_2) &= \alpha P(A_1 = 0) P(A_2 | A_1 = 0) \end{aligned} \quad (10.31)$$

각 좌변의 합은 다음에 나타내는 것과 같이 1이 되기 때문에,

$$P(A_1 = 1 \mid A_2) + P(A_1 = 0 \mid A_2) = 1 \quad (10.32)$$

베이즈 정리

사상 A가 일어났다고 하자. 그 원인으로 n개의 서로간에 배반 사상 B_1, B_2, …, B_n을 생각할 수 있다고 한다. 이 때 원인 $B_k(k = 1, 2, \cdots, n)$는 $P(B_k)$라는 확률을 가지고 있다고 한다(단, $\sum_{i=1}^{n} P(B_k) = 1$). 사상 A가 원인 $B_k(k = 1, 2, \cdots, n)$에 따른 것이라는 확률 $P(B_k | A)$를 고려하면, 조건부 확률의 공식과 연쇄법칙에 의해 다음 식으로 나타낼 수 있다.

$$P(B_k | A) = \frac{P(AB_k)}{P(A)} = \frac{P(AB_k)}{\sum_{i=1}^{n} P(AB_i)} = \frac{P(B_k)P(A|B_k)}{\sum_{i=1}^{n} P(B_i)P(A|B_i)} \quad (10.33)$$

식 (10.33)에서 $\sum_{i=1}^{n} P(AB_i)$는 사상 A가 일어나는 원인이 되는 모든 사상 하에서 사상 A가 발생하는 확률은 사상 A가 발생하는 확률에 상당함을 의미하고 있다.

$P(A)$는 모든 B_k에 대해 일정한 값이 되므로, 편의상 식 (10.30)의 분자값만을 산출하여 원인 $B_k(k = 1, 2, \cdots, n)$의 가능성을 대소관계로 다루기도 한다.

$P(B_i)(i = 1, 2, \cdots, n)$를 원인 B_i의 사전확률(prior probability)이라고 하고, B_i가 일어날 확률을 가리킨다. $P(B_k | A)$는 사상 A가 일어난 후의 B_k의 확률이라는 의미로 사후확률(posterior probability)라고 한다.

베이즈 정리는 사상 B_k의 사전확률 $P(B_k)$가 사상 A가 일어남으로써 사후확률 $P(B_k|A)$로 수정되는 것을 나타내고 있다고 해석할 수도 있다.

베이즈 확률의 우변의 분자를 각각 α배(정수배)한 합이 1이 되도록 α값을 정한다. 이것을 **정규화**(normalization)라고 한다. 이때 α를 **정규화정수**(normalizing constant)라고도 한다. 그리고 $P(A_2)$의 값에 상관없이 $P(A_1 | A_2)$를 구할 수 있음을 알 수 있다.

10.2.2 베이지안 네트워크 모델

베이지안 네트워크(Bayesian network)란 사상 간에 존재하는 인과관계를 정량적으로 확률로 표현하여 **방향성비순환그래프**(directed acyclic graph)[36]를 사용하여 시각적으로 네트워크의 형태로 표현한 확률추론모델이다. 인과관계를 확률에 의해 정량적으로 표현할 때 베이즈 정리에 기반하고 있기 때문에 "베이지안 네트워크"라고 한다.

"화재가 발생하다"라는 사상에 대해 "누전"이라는 사상이 원인이라고 가정한다. 이 때, "누전"이라는 사상 Y로부터 "화재가 발생하다"라는 사상 X의 인과관계에서의 조건부 확률을 생각해 보면, "화재"의 발생에 관해서 "누전"이 원인일 경우와 "누전"이 원인이 아닐 경우가 생각될 수 있기 때문에 조건부 확률의 표기를 P(화재 = x_i | 누전 = y_i) (단, x_i = {발생하다, 발생하지않다}, y_i = {있다, 없다})라고 하면, "누전"이라는 사상을 전제로 하는 "화재"의 발생에 관한 조건부 확률은 표 10.2와 같이 그 상태의 조합에 의해 나타난다. 이 조합에 의한 표를 **조건부 확률표**(CPT : Conditional Probability Table)라고 하여 인과관계를 나타내는 방향성 그래프와 함께 베이지안 네트워크 모델 안에 표기된다.

[표 10.2] 조건부 확률표

P(화재 = 발생하다 | 누전 = 있다)	P(화재 = 발생하다 | 누전 = 없다)
P(화재 = 발생하지않다 | 누전 = 있다)	P(화재 = 발생하지않다 | 누전 = 없다)

위의 예에서는 상태량을 이진값으로 표현했기 때문에 조건부 확률의 조합수가

[36] 순환로(사이클)를 포함하지 않는 방향성 그래프.

4가 되었지만, 예를 들어 누전의 상태를 "상당히 있다", "조금 있다", "거의 없다" 등과 같이 상태수를 자세히 설정함에 따라 조건부 확률표의 크기는 변경된다.

10.2.3 베이지안 네트워크에 의한 추론

베이지안 네트워크에 의한 추론은 다음과 같은 추론을 실현한다.

> 근처에서 화재가 발생하였다. 원인은 그 집의 누전일까? 아니면 최근에 거리를 어지럽히고 있는 괴수에 의한 것일까? 어느 쪽의 가능성도 있지만 커다란 발자국을 발견했을 때는 이것은 누전에 의한 것이 아니고 괴수가 한 일임에 틀림이 없다고 확신하였다.

이 추론의 이미지를 나타내면 그림 10.13과 같이 되어 있음을 알 수 있다.

[그림 10.13] 베이지안 네트워크에 의한 추론의 이미지

위와 같은 추론을 수행할 때, 일반적으로 사람은 "화재가 발생하다"라는 사상의 몇 가지 원인을 추측하고, 그 원인들 각각의 신뢰도를 높인다. 이후에 새롭게 관측된 증거에 기반하여 그 원인들 중 어떤 것의 신뢰도는 높이고 그 밖의 원인에 대한 신뢰도는 낮춘다[37].

[37] 위 예의 경우, 원인으로 생각할 수 있었던 "누전"과 "괴수의 공격"은 본래 독립적이지만 한쪽의 신뢰도가 올라가면 다른 한쪽의 신뢰도가 낮아지게 된다. 이것을 **해명**(explaining away)이라고 한다.

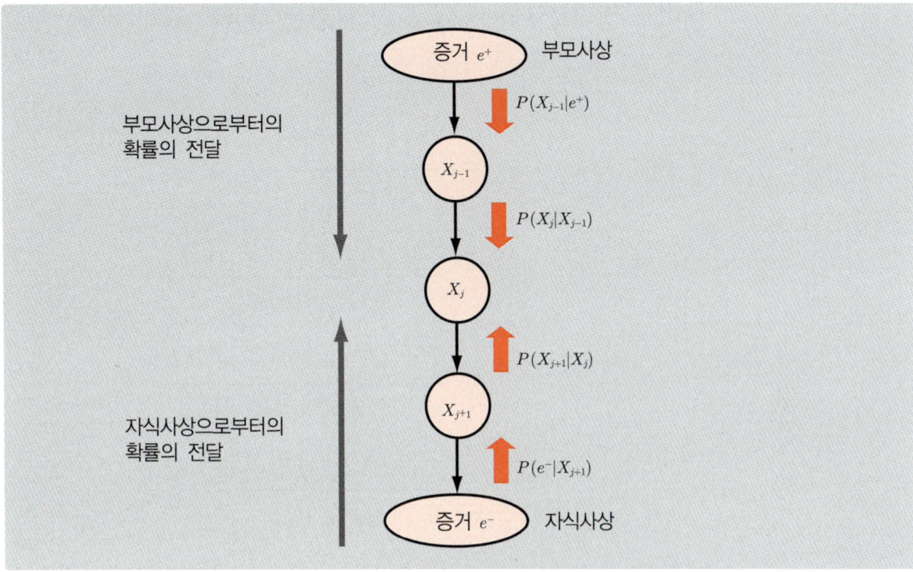

[그림 10.14] 베이지안 네트워크에서의 확률전파

베이지안 네트워크에 의한 추론에서는 어떤 사상 X_j의 원인으로 생각할 수 있는 증거 e^+와 사상 X_j의 결과로 관측된 증거 e^-로부터 X_j가 발생한 확률을 구할 수 있다. 그리고 네트워크에 기반한 추론은 사상간에 인과관계에서의 조건부 확률이 사전에 존재하고 있다[38]고 하고, 이에 기반하여 네트워크 상의 노드(각 사상)의 발생 확률을 계산한다. 각 노드에서 산출된 확률은 네트워크를 통해 다른 노드로 전파된다. 거기에 어떤 새로운 증거가 관측되었을 때는 각 사상의 신뢰도를 재계산한다.

이와 같이 베이지안 네트워크를 이용한 추론에서는 **신뢰전파**(belief propagation)라는 추론방법이 이용된다.

그림 10.14에 베이지안 네트워크에서의 확률전파 이미지를 나타낸다.

어떤 사상 X_j의 사후확률 $P(X_j|e)$를 구한다고 하자. 이 때 부모가 되는 사상으로부터 주어지는 증거를 e^+, 자식이 되는 사상에 주어지는 증거를 e^-라고 한다.

---

[38]조건부 확률표에 의해 주어진다고 가정한다.

베이즈 정리로부터 사상 X_j의 확률은 다음과 같이 된다.

$$
\begin{aligned}
P(X_j|e) &= P(X_j|e^+,\ e^-) \\
&= \frac{P(X_j,\ e^+,\ e^-)}{P(e^+,\ e^-)} \\
&= \frac{P(e^-|X_j,\ e^+)P(X_j,\ e^+)}{P(e^-|e^+)P(e^+)} \\
&= \frac{P(e^-|X_j,\ e^+)P(X_j|e^+)P(e^+)}{P(e^-|e^+)P(e^+)} \\
&= \frac{P(e^-|X_j,\ e^+)P(X_j|e^+)}{P(e^-|e^+)} \qquad (10.34)
\end{aligned}
$$

여기서 우변의 분모 $1/P(e^-|e^+)$는 X_j와는 독립적이고, 원인으로 주어진 확률로부터 정해지는 값이기 때문에 정규화 정수 α로 취급한다. 그리고 우변의 분자 $P(e^-|X_j,\ e^+)$는 e^-와 e^+가 직접적인 인과관계가 없기 때문에 **조건부 독립**(conditional independence)[39]이 되고, $P(e^-|X_j,\ e^+) = P(e^-|X_j)$로 하는 것이 가능하다. 따라서 아래의 식이 도출된다.

$$
P(X_j|e) = \alpha P(e^-|X_j)P(X_j|e^+) \qquad (10.35)
$$

식 (10.35)의 우변에서 $P(X_j|e^+)$는 부모 사상 e^+를 원인으로 하여 사상 X_j가 발생하는 확률이고, 사상 X_j의 직접적인 원인으로 e^+가 존재하지 않는다고 하면, 다음과 같이 사상 X_j와 원인 e^+ 사이에 다른 사상들이 들어있는 형태로 (다음 식에서는 사상 X_{j-1}만 존재) 일반화하여 나타낼 수 있다.

$$
P(X_j|e^+) = \sum_{X_{j-1}}^{n} P(X_j|X_{j-1})P(X_{j-1}|e^+) \qquad (10.36)
$$

[39]조건부 독립이란 어떤 사상에 대해 직접적으로 인과관계가 존재하지 않는 사상은 직접적으로 인과관계를 가지는 사상이 존재한다는 조건 하에서 독립이라는 것을 의미한다. 따라서 사상의 신뢰도 계산에서는 직접적인 인과관계가 존재하는 사상만을 고려하면 된다. 베이지안 네트워크에서는 이 조건부 독립을 이용함으로써 네트워크 상의 사상에 대한 신뢰도의 분포를 사상 간의 직접적인 인과관계의 정도를 나타내는 조건부 확률표에 기반한 계산에 의해 구할 수 있다.

식 (10.36)의 우변에서 $P(X_{j-1}|e^{+})$는 식 (10.36)의 재귀적인 전개, 혹은 각 사상 간에 존재하는 조건부 확률표를 이용하여 얻을 수가 있다.

그리고 같은 방식으로 식 (10.35)의 우변에서 $P(e^{-}|X_j)$는 사상 X_j의 자식 위치에서의 원인이 판명됨으로써 사상 X_j에 전파되는 확률이며, 다음과 같이 식을 변형할 수 있다.

$$P(e^{-}|X_j) = \sum_{X_{j+1}}^{n} P(e^{-}|X_j,\ X_{j+1})P(X_{j+1}|X_j) \qquad (10.37)$$

여기서 식 (10.37)의 우변 $P(X_{j+1}|X_j)$는 조건부 확률표로부터 얻어지는 값이다. 그리고 $P(e^{-}|X_j,X_{j+1})$에서 조건에 나타나 있는 X_j는 e^{-}에 대해 직접적인 원인이 아니고 X_{j+1}를 사이에 둬서 영향을 받기 때문에 조건부 독립을 고려하면 $P(e^{-}|X_j,X_{j+1})=P(e^{-}|X_{j+1})$로 변형할 수 있어서 다음 식이 도출된다.

$$P(e^{-}|X_j = \sum_{X_{j+1}}^{n} P(e^{-}|X_{j+1})P(X_{j+1}|X_j) \qquad (10.38)$$

따라서 $P(e^{-}|X_j)$는 식 (10.38)에 기반한 재귀적인 처리에 의해 최종적으로 증거 e^{-}와 조건부 확률표를 이용하여 값이 정해진다.

여기서 부모 사상으로부터 전파되는 확률을 $\pi(X_j)=P(X_j|e^{+})$, 자식 사상으로부터 전파되는 확률을 $\lambda(X_j)=P(e^{-}|X_j)$라고 하면, 식 (10.35)는 다음 식으로 나타낼 수 있다.

$$P(X_j|e)=\alpha\pi(X_j)\lambda(X_j) \qquad (10.39)$$

여기부터는 위에서 기술한 확률전파의 모습을 구체적인 예를 이용하여 나타낸다.

영이가 휴가를 받았을 때의 행동 모델로서 그림 10.15에 나타낸 것과 같은 베이지안 네트워크가 있다고 하자. 이 때 각 노드에 대한 부모 사상으로부터 전파되는 π값, 그리고 자식 사상으로부터 전파되는 λ값의 계산을 수행한다.

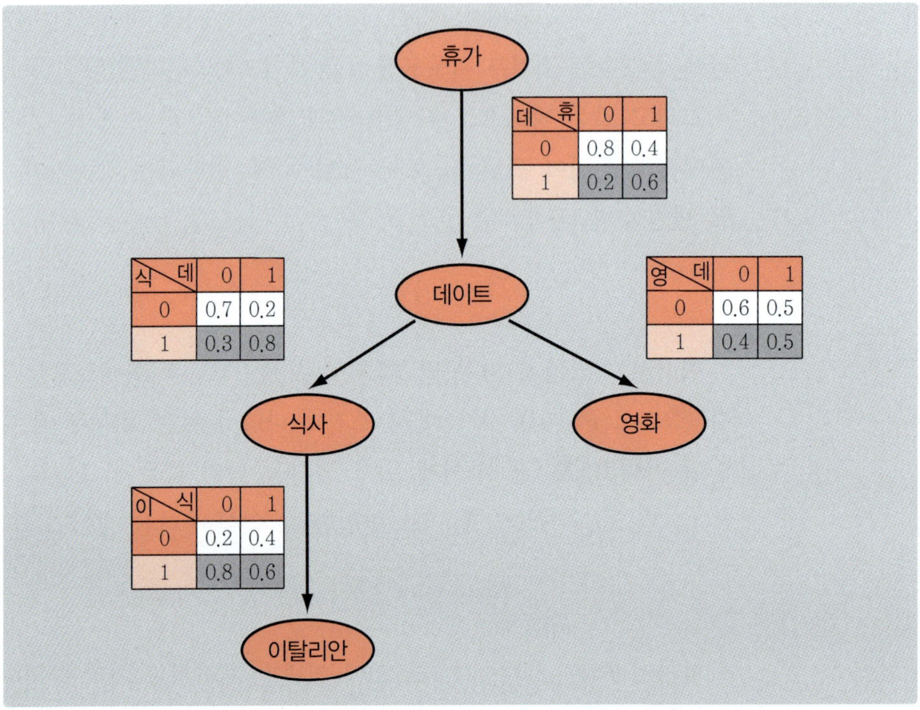

[그림 10.15] 베이지안 네트워크에 의한 영이의 행동 모델

■ 부모 사상으로부터의 흐름

자식 사상으로부터 구체적인 증거는 아무것도 주어져 있지 않기 때문에 식 (10.34)로부터 e^-가 잘라 버려져서 $P(X_j|\mathrm{e}) = P(X_j|e^+) = \pi(X_j)$가 된다. 즉, 모든 노드에서 $\lambda(X_j) = 1$로 간주되기 때문에, 이후에는 $\pi(X_j)$의 값에 대한 계산을 나타낸다.

● "휴가"에 대한 π값 :

"휴가가 참이 되는 확률을 0.8, 휴가가 거짓이 되는 확률을 0.2"라고 하자.

$$\pi(\text{휴가}=1) = 0.8, \qquad \pi(\text{휴가}=0) = 0.2$$

그림 10.15에 나타난 조건부 확률표를 참조함으로써 다음 값이 계산된다.

- "데이트"의 π값 ("휴가" → "데이트") :

$$\begin{aligned}\pi(\text{데이트}=1) &= P(\text{데이트}=1 \mid \text{휴가}=1)\pi(\text{휴가}=1) \\ &\quad +P(\text{데이트}=1 \mid \text{휴가}=0)\pi(\text{휴가}=0) \\ &= 0.6\times 0.8+0.2\times 0.2=0.52 \\ \pi(\text{데이트}=0) &= 1-\pi(\text{데이트}=1)=1-0.52=0.48\end{aligned}$$

- "식사"의 π값 ("데이트" → "식사") :

$$\begin{aligned}\pi(\text{식사}=1) &= P(\text{식사}=1 \mid \text{데이트}=1)\pi(\text{데이트}=1) \\ &\quad +P(\text{식사}=1 \mid \text{데이트}=0)\pi(\text{데이트}=0) \\ &= 0.8\times 0.52+0.3\times 0.48=0.56 \\ \pi(\text{식사}=0) &= 1-\pi(\text{식사}=1)=1-0.56=0.44\end{aligned}$$

- "이탈리안"의 π값 ("식사" → "이탈리안") :

$$\begin{aligned}\pi(\text{이탈리안}=1) &= P(\text{이탈리안}=1 \mid \text{식사}=1)\pi(\text{식사}=1) \\ &\quad +P(\text{이탈리안}=1 \mid \text{식사}=0)\pi(\text{식사}=0) \\ &= 0.4\times 0.56+0.8\times 0.44=0.576 \\ \pi(\text{이탈리안}=0) &= 1-\pi(\text{이탈리안}=1)=1-0.576=0.424\end{aligned}$$

- "영화"의 π값 ("이탈리안" → "영화") :

$$\begin{aligned}\pi(\text{영화}=1) &= P(\text{영화}=1 \mid \text{이탈리안}=1)\pi(\text{이탈리안}=1) \\ &\quad +P(\text{영화}=1 \mid \text{이탈리안}=0)\pi(\text{이탈리안}=0) \\ &= 0.5\times 0.52+0.4\times 0.48=0.452 \\ \pi(\text{영화}=0) &= 1-\pi(\text{영화}=1)=1-0.452=0.548\end{aligned}$$

■ 자식 사상으로부터의 흐름

영이는 "이탈리안" 레스토랑에 갔다는 증거가 판명되었다고 하자. 이에 따라 부모 사상으로부터 뿐만 아니라 자식 사상으로부터도 각 노드에 대한 확률 재계산의 전파가 수행된다. 식 (10.38)에 따라서 λ값은 다음과 같이 계산된다[40].

[40]다음에 나타내는 λ값의 계산에서 $\lambda(X_j=1)=1-\lambda(X_j=0)$로 하는 것은 불가능하며, 부모 사상으로부터의 흐름에 대한 π값의 계산에서 $\pi(X_j=1)=1-\pi(X_j)$가 가능했던 것은 π값을 구할 때 $P(X_j|e)=\pi(X_j|e^+)$로 되어 있었기 때문이다.

- "식사"의 λ값 ("이탈리안" → "식사") :

$$\begin{aligned}\lambda(\text{식사}=1) &= P(\text{이탈리안}=1\,|\,\text{식사}=1)\\ &= P(\text{이탈리안}=1\,|\,\text{이탈리안}=1)P(\text{이탈리안}=1\,|\,\text{식사}=1)\\ &\quad +P(\text{이탈리안}=1\,|\,\text{이탈리안}=0)P(\text{이탈리안}=0\,|\,\text{식사}=1)\\ &= 1\times 0.4+0\times 0.6=0.4\end{aligned}$$

$$\lambda(\text{식사}=0) = P(\text{이탈리안}=1\,|\,\text{식사}=0)=0.8$$

"식사"에 대한 발생확률의 재계산을 식 (10.39)에 따라 수행한다.

$$\lambda(\text{식사}=1)=0.4,\qquad \lambda(\text{식사}=0)=0.8$$

$$\begin{aligned}P(\text{식사}=1\,|\,\text{이탈리안}=1) &= \alpha\times\lambda(\text{식사}=1)\pi(\text{식사}=1)\\ &=\alpha\times 0.4\times 0.56\end{aligned}$$

$$\begin{aligned}P(\text{식사}=0\,|\,\text{이탈리안}=1) &= \alpha\times\lambda(\text{식사}=0)\pi(\text{식사}=0)\\ &=\alpha\times 0.8\times 0.44\end{aligned}$$

식 (10.32)로부터,

$$P(\text{식사}=1\,|\,\text{이탈리안}=1)+P(\text{식사}=0\,|\,\text{이탈리안}=1)=1$$

인 것으로부터, 정규화 정수 α는 1.74로 판별된다. 이것으로부터 다음과 같이 "식사"에 대한 재계산이 이루어진다.

$$P(\text{식사}=1\,|\,\text{이탈리안}=1)=1.74\times 0.4\times 0.56=0.39$$

$$P(\text{식사}=1\,|\,\text{이탈리안}=0)=1.74\times 0.8\times 0.44=0.61$$

- "데이트"의 λ값 ("식사" → "데이트") :

$$\begin{aligned}\lambda(\text{데이트}=1) &=P(\text{이탈리안}=1\,|\,\text{데이트}=1)\\ &=P(\text{이탈리안}=1\,|\,\text{식사}=1)P(\text{식사}=1\,|\,\text{데이트}=1)\\ &\quad +P(\text{이탈리안}=1\,|\,\text{식사}=0)P(\text{식사}=0\,|\,\text{데이트}=1)\\ &=0.4\times 0.8+0.8\times 0.2=0.48\end{aligned}$$

$$\begin{aligned}\lambda(\text{데이트}=0) &=P(\text{이탈리안}=1\,|\,\text{데이트}=0)\\ &=P(\text{이탈리안}=1\,|\,\text{식사}=1)P(\text{식사}=1\,|\,\text{데이트}=0)\\ &\quad +P(\text{이탈리안}=1\,|\,\text{식사}=0)P(\text{식사}=0\,|\,\text{데이트}=0)\end{aligned}$$

$$=0.4\times 0.3+0.8\times 0.7=0.68$$

"데이트"에 대한 발생확률의 재계산을 수행한다.

$$\lambda(\text{데이트}=1)=0.48,\qquad \lambda(\text{데이트}=0)=0.68$$

$$\begin{aligned} P(\text{데이트}=1\mid\text{이탈리안}=1) &= \alpha\times\lambda(\text{데이트}=1)\pi(\text{데이트}=1) \\ &= \alpha\times 0.48\times 0.52 \\ P(\text{데이트}=0\mid\text{이탈리안}=1) &= \alpha\times\lambda(\text{데이트}=0)\pi(\text{데이트}=0) \\ &= \alpha\times 0.68\times 0.48 \end{aligned}$$

식 (10.32)로부터,

$$P(\text{데이트}=1\mid\text{이탈리안}=1)+P(\text{데이트}=0\mid\text{이탈리안}=1)=1$$

인 것으로부터 정규화 정수 α는 1.74로 판별된다. 이것으로부터 다음과 같이 "식사"에 대한 재계산이 이루어진다.

$$P(\text{데이트}=1\mid\text{이탈리안}=1)=1.74\times 0.48\times 0.52=0.43$$

$$P(\text{데이트}=0\mid\text{이탈리안}=1)=1.74\times 0.68\times 0.48=0.57$$

- "영화"의 π값 ("데이트" → "영화") :

"이탈리안" 레스토랑에 갔다는 것이 판명되었을 때 "영화"를 보러 가는 것이 참이 되는 확률 $P(\text{영화}=1\mid\text{이탈리안}=1)$를 재계산한다. 이 때, "데이트"에 대한 확률이 변화된 상태에서 "영화"의 재계산이 이루어지는 것과 "데이트"로부터 "영화"는 부모 사상으로부터의 흐름이 되기 때문에 π값의 재계산이 된다는 것에 주의한다.

$$\begin{aligned} \pi(\text{영화}=1) &= P(\text{영화}=1\mid\text{데이트}=1)P(\text{데이트}=1\mid\text{이탈리안}=1) \\ &\quad + P(\text{영화}=1\mid\text{데이트}=0)P(\text{데이트}=0\mid\text{이탈리안}=1) \\ &= 0.5\times 0.43+0.4\times 0.57=0.443 \\ \pi(\text{영화}=0) &= P(\text{영화}=0\mid\text{데이트}=1)P(\text{데이트}=1\mid\text{이탈리안}=1) \\ &\quad + P(\text{영화}=0\mid\text{데이트}=0)P(\text{데이트}=0\mid\text{이탈리안}=1) \\ &= 0.5\times 0.43+0.6\times 0.57=0.557 \end{aligned}$$

$$\pi(\text{영화}=1)=0.443,\qquad \pi(\text{영화}=0)=0.557$$

여기서, "데이트" → "영화"의 그래프에는 자식 사상으로부터의 증거의 확률전파가 없다는 것에서 λ(영화=1)=λ(영화=0)=1이 되기 때문에 다음의 식이 성립한다.

$$P(\text{영화}=1 \mid \text{이탈리안}=1) = \alpha \times \lambda(\text{영화}=1)\pi(\text{영화}=1)$$
$$= \alpha \times 1 \times 0.443$$
$$P(\text{영화}=0 \mid \text{이탈리안}=1) = \alpha \times \lambda(\text{영화}=0)\pi(\text{영화}=0)$$
$$= \alpha \times 1 \times 0.557$$

식 (10.32)로부터,

$$P(\text{영화}=0 \mid \text{이탈리안}=1) + P(\text{영화}=1 \mid \text{이탈리안}=1) = 1$$

인 것으로부터 $\alpha=1$이 된다. 따라서 다음과 같이 된다.

$$P(\text{영화}=1 \mid \text{이탈리안}=1) = 0.443$$
$$P(\text{영화}=0 \mid \text{이탈리안}=1) = 0.557$$

연습문제

문제 1 퍼지집합과 크리스프집합의 차이에 대해서 설명하시오.

문제 2 적당한 퍼지집합을 설정하고, 이산적 표현이나 연속적 표현으로 나타내시오.

문제 3 퍼지집합과 크리스프집합의 배중법칙과 모순법칙에 대한 차이점에 대해 설명하시오.

문제 4 악셀 패달을 밟는 것과 자동차 속도와의 관계를 나타내는 퍼지추론 규칙을 작성하시오.

문제 5 식 (10.26)의 조건부 확률로부터 식 (10.29)에 나타난 베이즈 정리를 도출하시오.

문제 6 베이지안 네트워크란 무엇인지 설명하시오.

문제 7 식 (10.34)로부터 식 (10.38)을 도출하시오.

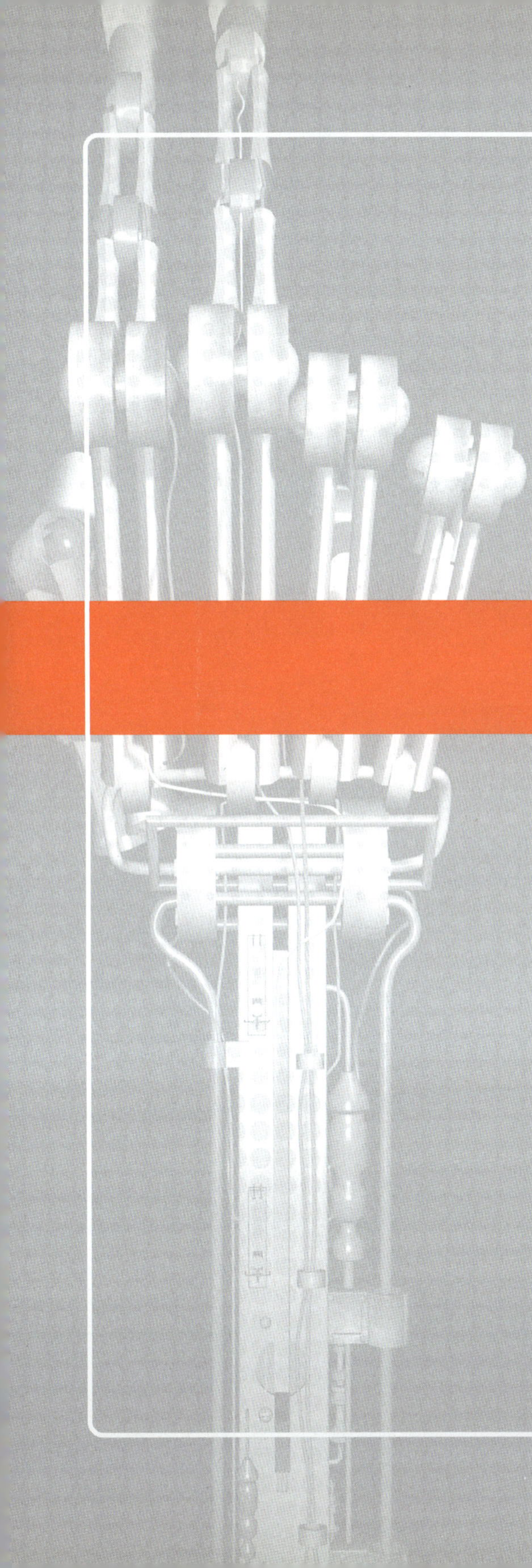

Chapter 11

기계 학습

한번 경험한 것을 학습하는 능력이 있다면 자기자신을 환경에 맞춰서 최적의 것으로 변하게 하든지, 새로운 환경을 만났을 때 과거에 학습한 경험을 바탕으로 하여 대처하는 것이 가능하다. 기계 학습은 이와 같은 것을 실현하는 방법으로서 인공지능 연구에서 중요한 위치를 차지하고 있다. 특정한 패턴을 인식할 때에도 학습 능력이 사용되고 있고, 화상인식이나 시스템의 모델화 등에 널리 사용되고 있는 기술이다. 또한 그 밖에도 생명정보학, 로봇, 음성인식, 데이터마이닝, 텍스트마이닝 등, 다양한 분야를 뒷받침하는 기술로서 없어서는 안될 기술이 되고 있다.

11.1 기계 학습의 종류

학습의 종류는 학습을 가능하게 하기 위한 정보의 피드백의 타입에 의해 크게 나누면, **지도학습**(supervised learning), **자율학습**(unsupervised learning), **강화학습**(reinforcement learning)의 세 가지로 분류된다[41]. 다음에 각각의 특징을 나타낸다.

■ **지도학습 :**

- 입력과 출력 쌍으로 데이터를 부여함으로써 입력에 대한 출력의 관계를 학습하여 입출력함수의 모델(함수 혹은 규칙 등으로 표현된다)을 구축하는 방법이다.
- 사전에 이상적인 모델의 정답 데이터로 출력정보를 부여하는 것에서 "지도" 학습이라고 한다.

[41] 강화학습은 자율학습의 한 종류로 간주되지만, 이 책에서는 특히 학습을 위한 정보의 피드백의 타입에 의해 학습을 분류하고 있기 때문에 강화학습을 자율학습과 나눠서 설명한다.

- 사전에 주어지는 출력 데이터는 정답 데이터뿐만 아니라 정답이 아닌 데이터라도 상관없다. 이로부터 정답이 아닌 데이터를 학습한 모델을 구축할 수 있다. 이것은 패턴인식 등에 자주 이용되는 방법이다.

■ **자율학습 :**

- 정답 데이터로 된 출력정보는 부여하지 않고 입력정보로 주어진 데이터에 들어있는 지식을 발견하는 방법.
- 경험을 쌓음으로써 어떤 상태를 바르게 인식할 수 있도록 하는 학습을 가리킨다.

■ **강화학습 :**

- 직접 뭔가를 지도받는 것이라기 보다 행위에 대한 보수를 받음으로써 그 행위에 대한 가치를 판단하여 스스로 해야 할 최적의 행위를 학습하는 방법.
- 통상 강화학습은 학습대상에 관한 환경이 어떻게 학습에 관여하는가 하는 것도 학습한다는 하위 문제를 포함하고 있다.

이 장에서는 지도학습으로 대표적인 방법인 **개념학습**(concept learning), **결정트리 학습**(decision tree learning)에 대해 설명한다. 그리고 강화학습으로 대표적인 방법인 **Q학습법**(Q-learning)에 대해 설명한다.

11.2 개념학습

"분류하는" 것, 즉 그 사물이 무엇이며 무엇이 아닌가라는 것을 구별할 수 있는 것은 학습의 가장 기본적인 행위가 된다. 그리고 그 사물이 무엇인가라는 것은 그 사물의 "개념"을 학습하는 것에 해당한다. 여기서 어떤 사물을 어떻게 규정하는가, 즉 어떻게 개념을 규정하는가에 대해 생각해보자. 사물이 가지는 성질은 그 사물이 무엇인지를 특징짓기 때문에 사물의 개념을 학습하기 위해서는 성질을 조사하면 된다. 즉, 그 사물이 가지고 있는 **속성**(attribute)과 그 속성이 가지는 값인 **속성값**(attribute value)를 조사함으로써 대상인 사물의 개념을 학습할 수 있다.

표 11.1과 같이 주어진 관측 사례로부터 개념을 학습해보자. 학습하려는 개념에 대하여 올바른 예를 보이고 있는 것을 **정례**(positive example), 바르지 않은 예를 보이고 있는 것을 **반례**(negative example)라고 한다. 그리고 정례와 반례를 합쳐서 **훈련 사례**(training example)라고 한다.

"조류"를 학습하려는 개념(이것을 **목표개념**(target concept)이라고 한다)이라고 한다면, 표 11.1에서 "토끼", "개"는 반례가 되고, "카나리아", "펭귄"은 정례가 된다.

관측된 사례로부터 카테고리를 만들어서 분류하기 위해서는 그 사례가 가진 속성과 속성값을 바탕으로 사례를 일반화한다.

관측된 속성군을 $(P_1, P_2, \cdots, P_n)$으로 하고, 그 속성값으로 형성될 가능성이 있는 개념을 $\langle P_1, P_2, \cdots, P_n \rangle$으로 하자.

여기서 속성값으로 *와 ϕ, 두 값을 도입한다. *는 어떤 값에도 해당하는 것이고, ϕ은 어떤 값에도 해당하지 않는 것이다. 이로써 개념 $\langle *, *, \cdots, * \rangle$는 모든 사례를 포함하는 개념을 의미하고, 개념 $\langle \phi, \phi, \cdots, \phi \rangle$은 구체적인 사례를 가지지 않는 공집합으로 만들어져 있는 개념을 의미한다.

[표 11.1] 관측사례

사례	속성			분류
	출산방법	비행능력	부리의 유무	
카나리아	난생	있음	있음	조류
토끼	태생	없음	없음	포유류
펭귄	난생	없음	있음	조류
개	태생	없음	없음	포유류

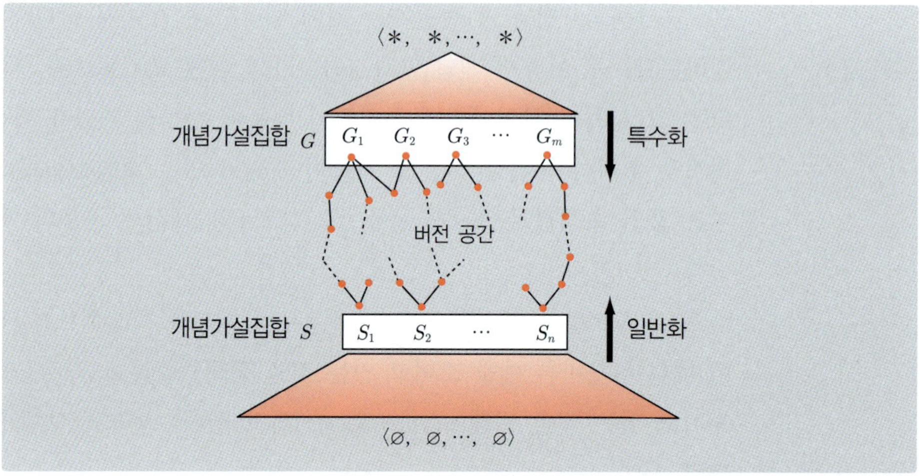

[그림 11.1] 버전 공간

가장 일반화된 개념 ⟨*, *, …, *⟩와 가장 특수화된 개념 ⟨ϕ, ϕ, …, ϕ⟩ 사이에서 표현되는 개념("개념가설"이라고 함)은 속성값의 상태에 따라 상하위의 관계를 수반하여 계층화되고, 학습에 사용되는 관측된 사례는 반드시 이 계층 내에 위치하게 된다. 이와 같은 개념가설의 집합으로 구성되는 공간을 **버전 공간**(version space)이라고 한다(그림 11.1 참조).

학습대상에 대해 가장 일반화된 개념과 가장 특수화된 개념 사이에 학습시키려는 개념(**목표개념**(target concept)이라고 함)이 존재하고, 사례를 부여함으로써 목표개념을 발견하는 방법을 **버전 공간법**(version space method)이라고 한다[43]. 따라서 정례를 부여하여 개념과 모순되는 개념을 버전 공간에서 제외하고, 반례를 부여하여 개념과 합치하는 개념을 버전 공간에서 제외함으로써 버전 공간을 좁혀나가 목표개념을 발견한다.

버전 공간법은 다음에 나타내는 **후보 제거 알고리즘**(candidate-elimination algorithm)[43]으로 실현된다. 여기서 가장 일반화된 개념 ⟨*, *, …, *⟩으로부터 특수화되어 생성되는 개념가설집합을 G, 가장 특수화된 개념 ⟨ϕ, ϕ, …, ϕ⟩으로부터 일반화되어 생성되는 개념가설집합을 S라고 한다. 후보 제거 알고리즘은 많은 관측사례를 부여함으로써 G와 S의 공간을 좁혀나가 양쪽이 일치하는 것을 목표

개념으로 발견한다.

■ 후보 제거 알고리즘

step1. 개념가설집합의 초기화

개념가설집합 G와 S를 다음과 같이 초기화한다(G, S, 버전 공간 모두 집합으로 표현되는 것에 주의).

$$G = \{\langle *, *, \cdots, * \rangle\},\ S = \{\langle \emptyset, \emptyset, \cdots, \emptyset \rangle\}$$

step2. 주어진 사례 E에 대한 개념가설집합 G, S의 갱신

사례 E가 정례일 때 :

- E와 모순되는 가설을 G에서 소거한다.
- E를 포함하도록 S를 최소한으로 일반화한다(E는 정례이므로 모순되지 않도록 S를 최소한으로 일반화한다).

  일반화할 때의 제약사항 :
  - 일반화된 S의 원소가 G의 원소 중 하나가 되도록 한다(이로써 S와 G를 빠르게 근접시켜 나갈 수 있다).
  - 갱신한 S의 모든 원소는 지금까지 관측된 S 내의 원소와 모순을 일으키지 않는다.
  - 일반화된 S 내에서 어떤 원소보다 더 일반화된 원소가 존재할 경우에는 그것을 소거한다.

사례 E가 반례일 때 :

- E를 포함하는 가설을 S에서 소거한다.
- E를 포함하지 않도록 G를 최소한으로 특수화한다.

  특수화할 때의 제약사항 :
  - 특수화된 G의 원소가 S의 원소 중 하나가 되도록 한다.
  - 갱신한 G의 모든 원소는 지금까지 관측된 G 내의 원소와 모순을 일으키지 않는다.
  - 특수화된 G 내에서 어떤 원소보다 더 특수화된 원소가 존재할 경우에는 그것을 소거한다.

step3. 개념가설집합 S(혹은 G)가 단일 원소이고, 그리고 S의 원소 = G의 원소가 될 때까지 step2를 반복한다. 최종적으로 얻은 결과("G의 가설 = S의 가설"이 되는 가설)가 목표가설이 된다. 단, 다음의 두 경우는 학습이 성공하지 않고 종료된다.

- 주어진 훈련 데이터의 가설에 일관성이 없이 G 혹은 S가 공집합이 되는 경우(버전공간의 붕괴).
- 버전 공간에 가설이 남은 채로 훈련 데이터가 바닥나는 경우.

위의 후보 제거 알고리즘의 처리 흐름을 표 11.1에 나타낸 구체적인 사례로부터 "조류"의 개념을 학습하는 것으로 확인한다. 이 사례로 구성되는 버전 공간은 그림 11.2와 같이 된다. 이 공간 안에 존재하는 개념을 주어진 정례와 반례로부터 규정하게 된다.

[표 11.2] 후보 소거 알고리즘에 의한 "조류" 개념학습의 과정

<table>
<tr><th>처리과정</th><th>관측사례</th><th>개념가설 G, S의 상태 천이</th></tr>
<tr><td>1</td><td>초기상태</td><td>$G\{\langle *, *, * \rangle\}$
$S\{\langle \phi, \phi, \phi \rangle\}$</td></tr>
<tr><td rowspan="2">2</td><td>정례 카나리아 〈난생, 있음, 있음〉</td><td>$G\{\langle *, *, * \rangle\}$
S{〈난생, 있음, 있음〉}</td></tr>
<tr><td colspan="2">사례 E는 정례 :
● 개념가설집합 G내의 가설은 사례 E와 모순되지 않는다.
● 개념가설집합 S는 초기상태이었기 때문에 사례 E를 포함하도록 S를 일반화하면 S는 사례 E의 값을 취하게 된다(일반화된 S의 원소는 G의 원소 중 하나가 되어 있다).</td></tr>
<tr><td rowspan="2">3</td><td>반례 토끼 〈태생, 없음, 없음〉</td><td>G{〈난생, *, *〉, 〈*, 있음, *〉, 〈*, *, 있음〉}
S{〈난생, 있음, 있음〉}</td></tr>
<tr><td colspan="2">사례 E는 부례 :
● 사례 E를 포함하는 가설은 S내에 존재하지 않기 때문에 S는 변경없음.
● 사례 E를 포함하지 않도록 G를 최소한으로 특수화한다(특수화된 G의 원소는 S의 원소 중 하나로 되어 있다).</td></tr>
<tr><td rowspan="2">4</td><td>반례 펭귄 〈난생, 없음, 있음〉</td><td>G{〈난생, *, *〉, 〈*, *, 있음〉}
S{〈난생, *, 있음〉}</td></tr>
<tr><td colspan="2">사례 E는 정례 :
● 사례 E와 모순되는 가설을 G로부터 소거한다. 이 경우 가설 〈*, 있음, *〉을 소거한다.
● 사례 E를 포함하지 않도록 S를 최소한으로 일반화한다</td></tr>
<tr><td rowspan="2">5</td><td>반례 개 〈태생, 없음, 없음〉</td><td>G{〈난생, *, 있음〉}
S{〈난생, *, 있음〉}</td></tr>
<tr><td colspan="2">● 사례 E를 포함하는 가설은 S내에 존재하지 않기 때문에 S는 변경없음.
● 사례 E를 포함하지 않도록 G를 최소한으로 특수화한다(특수화된 G의 원소는 S의 원소 중 하나로 되어 있다).
S의 원소와 G의 원소가 일치함으로써 이것을 목표개념으로 판단한다.</td></tr>
</table>

표 11.2에 후보 제거 알고리즘에 의한 "조류"개념의 학습과정을 나타낸다.

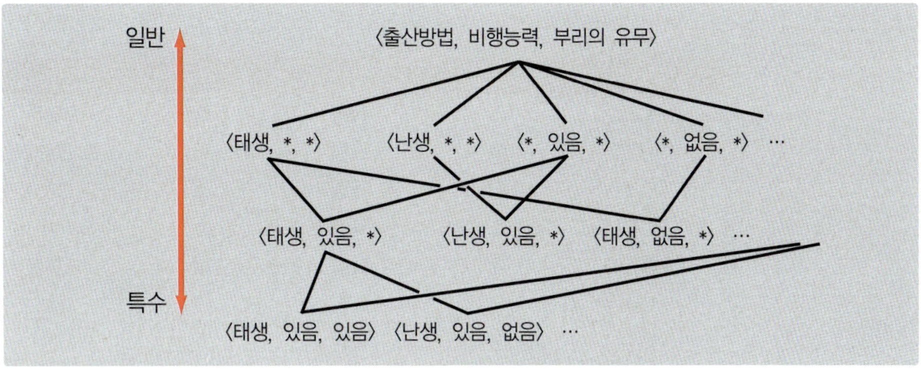

[그림 11.2] 조류의 버전 공간

이 표로부터 "조류"를 나타내는 개념은 다음과 같이 도출된다.

출산방법	:	난생
비행능력	:	*
부리의 유무	:	있음

11.3 결정트리의 학습

주어진 사례의 속성과 속성값으로부터 그것이 속하는 클래스를 분류할 때, 트리구조에 의해 분류되는 클래스를 표현한다. 이것을 **결정트리**(decision tree)라고 하며, 개념 분류의 학습에 자주 사용된다. 결정트리에서는 가지가 나뉘는 각 노드가 분류의 기준이 되는 속성을 나타내고, 각 가지가 속성값을 나타내며, 잎(leaf)이 클래스를 나타내고 있다. 트리구조를 이용함으로써 사례를 분류하는 관점이 명확하게 되고 사람에게도 알기 쉽다는 장점이 있다.

사례로부터 결정트리를 작성하는 것은 학습용 훈련 데이터로부터 잠재되어 있는 지식을 학습하는 것에 상당하며, 생성된 결정트리 하에 새롭게 주어지는

[표 11.3] 훈련용 데이터(퍼스널 컴퓨터의 성능평가)

사례	HDD 용량	CPU 속도	메모리 용량	제조회사	클래스
PC1	소	빠름	소	A사	고성능
PC2	대	느림	대	B사	고성능
PC3	대	느림	소	C사	저성능
PC4	소	빠름	소	F사	저성능
PC5	대	빠름	대	D사	고성능
PC6	대	느림	대	E사	고성능
PC7	중	느림	소	B사	저성능
PC8	중	느림	소	F사	저성능
PC9	대	빠름	소	B사	고성능
PC10	소	느림	소	D사	저성능

데이터가 어떤 개념에 분류되는지를 쉽게 판정하는 것이 가능하게 된다.

이 결정트리를 이용한 대표적인 학습방법으로 1979년에 퀸란(J.R. Quinlan)이 제창한 **ID3**(Iterative Dichotomiser 3)가 있다[44][45][46]. 아래에 ID3에 대해 설명한다.

ID3는 주어진 데이터 집합으로부터 결정트리를 자동으로 생성하는 방법이다. 결정트리도 분류하는 방법에 따라서 둘 이상 존재하게 된다.

표 11.3과 같은 퍼스널 컴퓨터의 종합평가에 관해 관측된 데이터 집합이 주어졌다고 하자. 이 데이터 집합은 훈련 사례에 해당한다.

표 11.3에서 사례를 제외한 네 개 항목은 사례를 특징짓는 속성이고, 사례마다 제각각 다른 속성값을 가지고 있다. 마지막 항목을 **클래스 속성**(class attribute)이라고 하고 사례를 분류하는 카테고리를 나타낸다. 결정트리는 카테고리의 분류를 나타내는 트리가 되므로, 트리의 루트로부터 속성값으로 분류가 이루어져서 최종적으로 트리의 단말에 나타나 있는 클래스 속성의 카테고리에 도달하도록 생성된다. 즉, 트리의 가지를 따라감으로써 분류 과정을 따라가게 되어 최종적으로 어떤 카테고리로 분류되는지를 쉽게 판단할 수가 있다.

이 훈련 사례를 이용하여 결정트리를 만들면 그림 11.3, 11.4와 같이 여러 가지 결정트리가 만들어진다. 그러나 결정트리를 생성함에 있어서 클래스를 명확

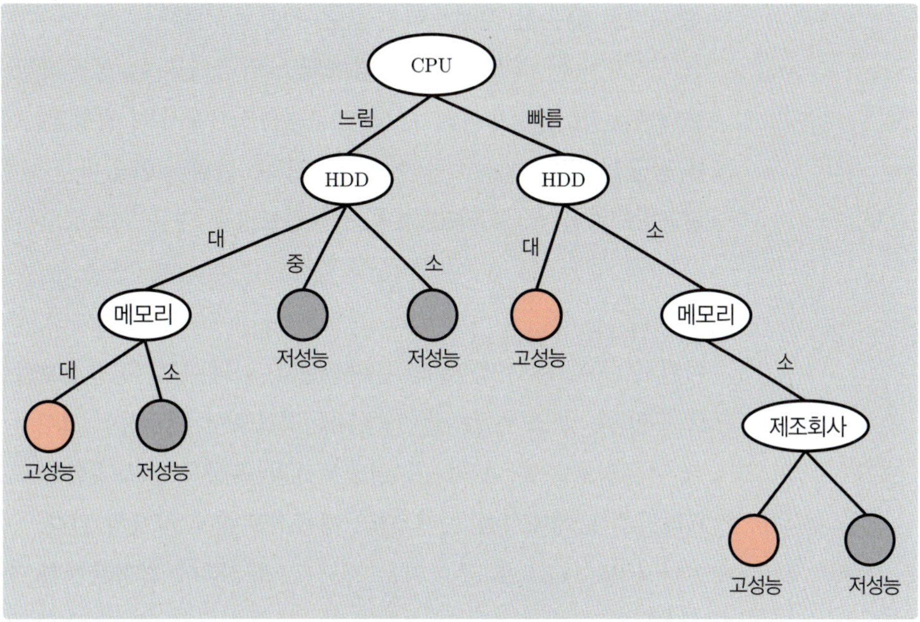

[그림 11.3] 결정트리 "퍼스널 컴퓨터의 예1"

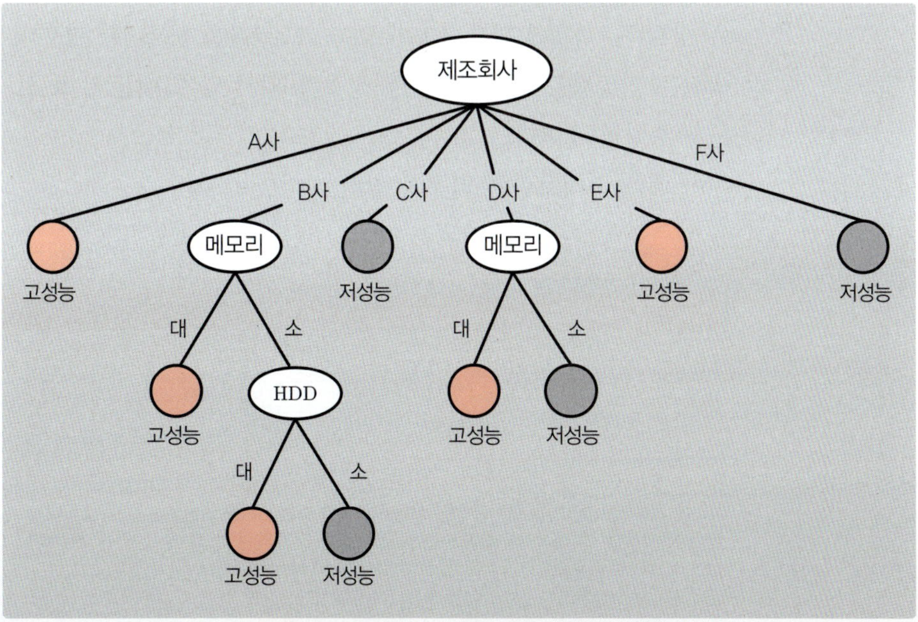

[그림 11.4] 결정트리 "퍼스널 컴퓨터의 예2"

히 분류하고 단순한 결정트리가 좋은 것으로 간주된다[42].

그리고 단순한 결정트리는 사람에게도 알기 쉽다는 장점이 있다.

보다 단순한 결정트리의 생성을 위해서 ID3에서는 생성되는 결정트리의 복잡도를 **평균정보량**(entropy)[43]을 이용한 지표로 판별하고 있다.

평균정보량을 $H(X)$라고 하면 평균정보량은 다음 식으로 나타낼 수 있다.

$$H(X) = -\sum_{i=1}^{n} P(X_i) log_2 P(X_i) \tag{11.1}$$

여기서 $P(X_i)$는 사상 X_i의 존재확률을 나타내고, 평균정보량은 확률 $P(X_i)$만으로 구할 수 있으며, 그 값이 클수록 정보로서 애매성이 크다는 것을 의미한다.

이 평균정보량을 이용하여 결정트리의 복잡도를 측정한다고 하면 복잡한 결정트리일수록 애매성이 높게 되어 평균정보량이 커지게 된다.

여기서 표 11.3으로 주어지는 훈련 사례로부터 결정트리를 작성하는 것을 생각해보자.

표 11.3에서 "성능평가"에 대해 어떤 속성이 관여하고 있는지를 고려하지 않은 상태(즉, 속성에 관한 정보가 없고 개념분류를 하기에는 정보가 없는 가장 애매한 상태)는 성능평가의 상대값밖에 정보가 되지 않기 때문에 표 11.4에 나타내는 정보가 주어질 뿐이다.

이 때 평균정보량은 다음과 같이 된다[44].

[표 11.4] 다른 속성의 영향을 고려하지 않은 성능평가

고성능	저성능	합계
5	5	10

[42]이것은 **오컴의 면도날**(Ockham's razor 혹은 Occam's razor) "가설을 채용할 때는 둘 이상의 가설(이 경우에는 결정트리에 해당) 중에서 가장 단순한 것을 채용해야 한다"라는 원리를 바탕으로 하고 있기 때문이다. 주어진 데이터보다 복잡한 가설에서는 그 데이터의 설명이 곤란하게 된다는 것이 직관적으로 알 수 있기 때문이다. "오컴의 면도날"이라는 명칭은 14세기 영국의 철학자 오컴(William of Ockham)에서 유래하고 있다.

[43]평균정보량을 **엔트로피**(entropy)라고 한다.

[44]$log_x y$는 자연대수 log_e를 이용하여 나타내면, $log_x y = \frac{log_e y}{log_e x}$ 가 된다.

$$H(X) = -\frac{5}{10} log_2 \frac{5}{10} - \frac{5}{10} log_2 \frac{5}{10} = 1.00 \text{ [비트]}$$

다음으로 각 속성값을 고려했을 때의 평균정보량을 구한다. "성능평가"에 대해 속성 "HDD 용량"(이하 "HDD")이 관여하고 있다는 것을 알고 그 상태는 표 11.5에 나타내는 것과 같이 된다.

[표 11.5] 속성 "HDD"를 고려한 성능평가

HDD	고성능	저성능	합계
대	4	1	5
중	0	2	2
소	1	2	3
합계	5	5	10

속성 "HDD"의 정보를 얻은 상태에서 "성능평가"를 얻게 되기 때문에 식 (11.1)에서 $P(X_i)$는 조건부 확률이 된다.

예를 들어 속성 "HDD"의 속성값이 "대"일 경우,

$$P(\text{고성능} \mid \text{HDD} = \text{대}) = \frac{P(\text{고성능} \wedge \text{HDD=대})}{P(\text{HDD=대})} = \frac{4}{5}$$

$$P(\text{저성능} \mid \text{HDD} = \text{대}) = \frac{P(\text{저성능} \wedge \text{HDD=대})}{P(\text{HDD=대})} = \frac{1}{5}$$

이 된다. 게다가 이 때 평균정보량은 다음과 같이 계산된다.

$$H(X \mid \text{HDD} = \text{대}) = -\frac{4}{5} log_2 \frac{4}{5} - \frac{1}{5} log_2 \frac{1}{5} = 0.72 \text{ [비트]}$$

마찬가지로, 각각의 속성값에 대한 평균정보량을 구하면 다음과 같이 된다.

$$H(X \mid \text{HDD} = \text{중}) = -\frac{0}{2} log_2 \frac{0}{2} - \frac{2}{2} log_2 \frac{2}{2} = 0.00 \text{ [비트]}$$

$$H(X \mid \mathrm{HDD} = \text{소}) = -\frac{1}{3}log_2\frac{1}{3} - \frac{3}{3}log_2\frac{2}{3} = 0.92 \text{ [비트]}$$

가 된다. 따라서 속성 "HDD"가 주어졌을 때의 정보량은 위에서 구한 평균정보량의 기대값으로 주어짐으로써,

$$H(X \mid \mathrm{HDD}) = \frac{5}{10}H(X \mid \mathrm{HDD} = \text{대}) + \frac{2}{10}H(X \mid \mathrm{HDD} = \text{중}) + \frac{3}{10}H(X \mid \mathrm{HDD} = \text{소}) = 0.64 \text{ [비트]}$$

가 된다. 여기서 속성 "HDD"에 관한 정보를 얻음으로써, 앞에서 구한 "성능평가"만의 정보를 바탕으로 하는 $H(X)$의 값으로 분류하기 위해 필요한 정보를 어느 정도 얻을 수 있었는지를 알기 위해 $H(X)$에서 $H(X \mid \mathrm{HDD})$를 빼 줌으로써 정보이득[45] $G(X, \mathrm{HDD})$를 구하면 다음과 같이 된다.

$$G(X, \mathrm{HDD}) = H(X) - H(X \mid \mathrm{HDD}) = 1.00 - 0.64 = 0.36 \text{ [비트]}$$

이 값은 속성 "HDD"를 바탕으로 분류함으로써 감소하는 애매성의 양(평균정보량)을 나타내고 있다.

같은 방법으로 "성능평가"에 대한 속성 "CPU 속도"(이하 "CPU")의 정보이득을 구한다. "성능평가"에 대해 속성 "CPU"가 관여하고 있는 상태는 표 11.6에 나타낸 것과 같다.

[표 11.6] 속성 "CPU"를 고려한 성능평가

CPU	고성능	저성능	합계
빠름	3	1	4
느림	2	4	6
합계	5	5	10

[45] 정보이득(information gain)이란 엔트로피가 높은 상태(즉, 애매성이 큰 상태)에서 엔트로피의 감소량

이 때의 평균정보량은

$$H(X \mid \text{CPU}=\text{빠름}) = -\frac{3}{4}log_2\frac{3}{4} - \frac{1}{4}log_2\frac{1}{4} = 0.81 \text{ [비트]}$$

$$H(X \mid \text{CPU}=\text{느림}) = -\frac{2}{6}log_2\frac{2}{6} - \frac{4}{6}log_2\frac{4}{6} = 0.92 \text{ [비트]}$$

가 된다. 따라서 속성 "CPU"가 주어졌을 때의 정보량은 위에서 구한 평균정보량의 기대치로 주어짐으로써 다음과 같이 된다.

$$H(X \mid \text{CPU}) = \frac{4}{10}H(X \mid \text{CPU}=\text{빠름}) + \frac{6}{10}H(X \mid \text{CPU}=\text{느림}) = 0.88\text{[비트]}$$

따라서 정보이득 $G(X, \text{CPU})$는 다음에 나타내는 것과 같이 된다.

$$G(X, \text{CPU}) = H(X) - H(X \mid \text{CPU}) = 1.00 - 0.88 = 0.12 \text{ [비트]}$$

다음으로 "성능평가"에 대한 속성 "메모리 용량"(이하 "메모리")가 관여하고 있는 상태는 표 11.7에 나타낸 것과 같다.

[표 11.7] 속성 "메모리"를 고려한 성능평가

메모리	고성능	저성능	합계
대	3	0	3
소	2	5	7
합계	5	5	10

이 때의 평균정보량은

$$H(X \mid \text{메모리}=\text{대}) = -\frac{3}{3}log_2\frac{3}{3} - \frac{0}{3}log_2\frac{0}{3} = 0.00 \text{ [비트]}$$

$$H(X \mid \text{메모리}=\text{소}) = -\frac{2}{7}log_2\frac{2}{7} - \frac{2}{7}log_2\frac{2}{7} = 0.86 \text{ [비트]}$$

가 된다. 따라서 속성 "메모리"가 주어졌을 때의 정보량은 위에서 구한 평균정보량의 기대치는

$$H(X \mid \text{메모리}) = \frac{3}{10}H(X \mid \text{메모리} = \text{대}) + \frac{7}{10}H(X \mid \text{메모리} = \text{소}) = 0.60[\text{비트}]$$

따라서 정보이득 $G(X, \text{메모리})$는 다음에 나타내는 것과 같이 된다.

$$G(X,\ \text{메모리}) = H(X) - H(X \mid \text{메모리}) = 1.00 - 0.60 = 0.40\ [\text{비트}]$$

다음으로 "성능평가"에 대한 속성 "제조회사"가 관여하고 있는 상태는 표 11.8에 나타낸 것과 같다.

[표 11.8] 속성 "제조회사"를 고려한 성능평가

제조회사	고성능	저성능	합계
A사	1	0	1
B사	2	1	3
C사	0	1	1
D사	1	1	2
E사	1	0	1
F사	0	2	2
합계	5	5	10

이 때의 평균정보량은

$$H(X \mid \text{제조회사} = \text{A사}) = -\frac{1}{1}log_2\frac{1}{1} - \frac{0}{1}log_2\frac{1}{1} = 0.00\ [\text{비트}]$$

$$H(X \mid \text{제조회사} = \text{B사}) = -\frac{2}{3}log_2\frac{2}{3} - \frac{1}{3}log_2\frac{1}{3} = 0.92\ [\text{비트}]$$

$$H(X \mid \text{제조회사} = \text{C사}) = -\frac{0}{1}log_2\frac{0}{1} - \frac{1}{1}log_2\frac{1}{1} = 0.00\ [\text{비트}]$$

$$H(X \mid \text{제조회사} = \text{D사}) = -\frac{1}{2}log_2\frac{1}{2} - \frac{1}{2}log_2\frac{1}{2} = 1.00\ [\text{비트}]$$

$$H(X \mid \text{제조회사} = \text{E사}) = -\frac{1}{1}log_2\frac{1}{1} - \frac{0}{1}log_2\frac{0}{1} = 0.00 \ [\text{비트}]$$

$$H(X \mid \text{제조회사} = \text{F사}) = -\frac{0}{2}log_2\frac{0}{2} - \frac{2}{2}log_2\frac{2}{2} = 0.00 \ [\text{비트}]$$

가 된다. 따라서 속성 "제조회사" 가 주어졌을 때의 정보량은 위에서 구한 평균정보량의 기대치는

$$\begin{aligned} H(X \mid \text{제조회사}) &= \frac{1}{10}H(X \mid \text{제조회사} = \text{A사}) + \frac{3}{10}H(X \mid \text{제조회사} = \text{B사}) \\ &+ \frac{1}{10}H(X \mid \text{제조회사}=\text{C사}) + \frac{2}{10}H(X \mid \text{제조회사} = \text{D사}) \\ &+ \frac{1}{10}H(X \mid \text{제조회사} = \text{E사}) + \frac{2}{10}H(X \mid \text{제조회사} = \text{F사}) \\ &= 0.48 \ [\text{비트}] \end{aligned}$$

따라서 정보이득 $G(X, \text{제조회사})$는 다음에 나타내는 것과 같이 된다.

$$G(X, \text{제조회사}) = H(X) - H(X \mid \text{제조회사}) = 1.00 - 0.48 = 0.52 \ [\text{비트}]$$

이상의 결과로부터 각 속성에 대한 정보이득의 대소관계를 정리하면 다음과 같이 된다.

$$G(X, \text{제조회사}) > G(X, \text{메모리}) > G(X, \text{HDD}) > G(X, \text{CPU})$$

보다 단순한 결정트리를 만들기 위해서는 애매성이 적은 상태, 즉 높은 정보이득을 얻을 수 있는 속성으로 클래스 분류를 수행하는 것이 좋다. 위의 정보이득의 대소관계로 볼 때, 이번 예에서는 결정트리를 만들 때 결정트리의 루트에 "제조회사" 속성을 이용하여 클래스 분류를 하는 것이 좋다. 이 분류에 의해 작성되는 결정트리가 그림 11.4에 해당한다. 그리고 역으로 가장 복잡한 결정트리가 될 가능성이 큰 것은 정보이득이 가장 낮은 값을 루트로 가져온 결정트리이며 이번 예에서는 그림 11.3에 해당한다.

■ ID3 알고리즘

ID3 알고리즘을 아래에 정리한다. 데이터의 속성을 나타내는 변수(독립변수로 다룬다)를 $a_i(1 \le i \le n)$라고 하고, 그 속성값을 $v_j(1 \le j \le m)$라고 하자. 데이터 집합을 X라고 하고, 종합평가가 되는 클래스의 집합을 D라고 할 때, 그 클래스의 값 $k(k \in D)$가 발생할 확률을 $P_k(X)$로 나타낸다고 한다.

step1. 루트노드 R을 만들고 데이터 집합 전부를 R에 소속시키다.

step2. R에 소속된 데이터 집합이 모두 같은 클래스 k_0에 속한다고 판정되면, R은 k_0에 카테고리 분할이 된 것으로 처리를 종료한다. 그렇지 않은 경우에는 step 3으로 진행한다.

step3. 데이터 집합 X에 대한 평균정보량을 구한다.

$$H(X) = -\sum_{k \in D} P_k(X) log_2 P_k(X)$$

step4. X를 독립변수 $a_i(1 \le i \le n)$의 값 $v_j(1 \le j \le m)$에 맞춰서 분할한 것을 X_{ij}로 한다.

step5. 분할한 X_{ij}의 평균정보량을 구한다(이로써 각 속성의 속성값마다 종합평가에 관한 평균정보량을 구한다).

$$H(X_{ij}) = -\sum_{k \in D} P_k(X_{ij}) log_2 P_k(X_{ij})$$

step6. 독립변수 a_i(속성 i에 해당)의 정보이득을 구한다.

$$H(X_i) = H(X) - \sum_{j=1}^{m} H(X_{ij}) \times \frac{|X_{ij}|}{|X|}$$

step7. $H(X_i)$가 최대가 되는 독립변수를 a_γ라고 하면, R을 a_γ로 나타내는 속성으로 분류를 수행하고, R의 자식노드가 되는 R_j를 작성하여 각각의 자식노드에 속성 γ, 속성값 j를 취하는 데이터 집합 $H_{\gamma j}$를 분할한다.

step8. $R=R_j$, $H=H_{\gamma j}$로 하고 step 2로 돌아가서 자식노드에 대해서도 재귀적으로 처리를 시행한다.

11.4 강화학습

강화학습은 학습자가 행위를 수행한 결과를 환경이 평가하고, 거기에 적절한 **보수**(reward)를 줌으로써 학습자가 최적의 행동을 선택해 나가는 것과 같이 그

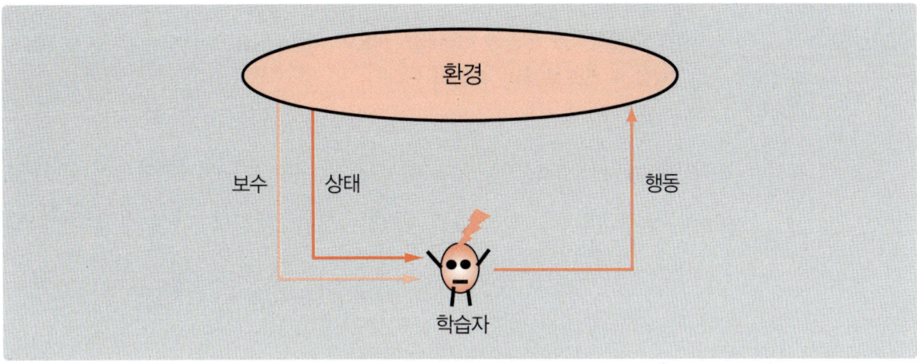

[그림 11.5] 강화학습 개념

방침을 학습하는 방법이다. 변화하는 환경에 적응하면서 수행한 행동에 대해 얻게 된 보수의 좋고 나쁨으로 그 후의 행동을 학습해 나가는 것에서 로봇의 행동 학습 등에 널리 이용된다. 그림 11.5에 강화학습의 개요를 나타낸다.

관측되는 환경의 모든 상태를 집합 S, 모든 행동을 집합 A라고 하자. 어떤 상태 $s \in S$로부터 어떤 행동을 취할 것인지의 **방침**(policy)[46]을 π라고 하면, 방침 π를 통해서 행동 $a \in A$가 정해지는 것으로부터 방침은 상태 $s \in S$로부터 행동 $a \in A$로의 사상 $s \xrightarrow{\pi} a$로 나타낼 수 있다.

강화학습에서 방침에는 다음에 나타내는 것과 같은 것이 있다.

- 랜덤법(random method) : 상태 s에서 행동의 선택 가지가 N개 존재하는 경우, 각 행동을 $\frac{1}{N}$로 선택한다.
- 욕심쟁이 방법(greedy method) : 각 상태에서 그 때의 최적으로 생각되는 행동을 선택한다. 즉, 언덕 오르기를 가리킨다.
- ε-욕심쟁이 방법(ε-greedy method) : 랜덤법과 욕심쟁이 방법을 확률 ε로 나눠서 수행한다. 확률 ε로 랜덤법을 수행하고 확률 (1-ε)로 욕심쟁이 방법을 수행한다.
- 볼쯔만법(Boltzmann method) : 모의 담금질법(각주: 12.3.3절의 각주 참조)을 이용하고, 방침은 파라미터 T를 가지는 $\exp(\frac{Q(s,a)}{T})$의 확률에 비례하여 변화된다. T의 값을 작아지게 함으로써 학습 초기에는 랜덤법처럼 선택한 행동이 그때의 최적이 되지는 않더라도 해의 발견 가능성을 넓

46 "정책"이라고도 한다.

히도록 맹목적인 행동을 선택하는 학습이 되고, 학습 후반에는 욕심쟁이 방법처럼 착실한 행동을 선택할 수 있도록 하는 학습이 된다.

위에 나타낸 다양한 방침에서도 알 수 있듯이 방침 π는 확률로 표현된다. 시각 t에서 상태 s일 때 행동 a를 발생시키는 방침을 다음과 같이 나타낸다고 하자.

$$\pi(s,a) = P\{a_t = a \mid s_t = s\} \tag{11.2}$$

강화학습에서는 환경의 상태천이는 **마코프 결정과정**(Markov decision process)[47]으로 모델화된다. 따라서 환경의 상태천이는 어느 시각 t일 때 환경의 상태 s와 그 때의 행동 a로부터 시각 $t+1$일 때 환경의 상태 s'가 확률적으로 결정됨으로써 다음과 같이 표현된다.

$$P(s_t,\ a_t,\ s_{t+1}) = P\{s_{t+1} = s' \mid s_t = s,\ a_t = a\} \tag{11.3}$$

환경이 학습자에게 주는 보수 r는 **보수함수**(reward function) $r(s,a)$로 나타낸다. 강화학습에서는 스칼라값으로 나타내는 보수가 주어진다. 학습자는 보수로 얻어지는 이익에 따라서 최종적으로 나중에 얻을 것으로 예측되는 누적 보수량이 최대가 되도록 스스로의 행동을 학습해 간다.

시각 t에서 학습자가 환경으로부터 받는 보수를 r_t라고 하면 시각 t보다 나중(시각 $t+1$ 이후)에 받는 누적 보수 R_t는 다음과 같이 나타낸다.

$$R_t = \sum_{k=0}^{\infty} \gamma^k r_{t+k+1} \tag{11.4}$$

위 식에서 γ는 **할인율**(discount rate)이라고 하는 $0 \le \gamma \le 1$의 값을 가지는 변수이다. 이것은, 학습자가 시각 $t+1$ 이후 계속 이익이 높아지도록 행동하는 것에 대해 미래의 보수의 불확정성을 고려하여 상태가 천이될 때마다 주어지는 보수를 깎아서 누적 계산하기 위해 도입되고 있다. γ값이 0에 가까울수록 장래에 얻

[47]마코프 과정이란 하나 앞의 상황에 의해 다음 확률변수가 결정되는 확률과정을 나타낸다.

을 수 있는 이익의 가치를 고려하지 않게 되고, r=0에서는 학습자는 직후에 얻을 수 있는 보수를 최대화하도록 행동하는 것을 의미한다.

시각 t, 상태 s에서 방침 π에 따를 때 상태의 가치를 $V_\pi(s)$라고 하고, 시각 t+1이후 이득의 누적계산 보수의 기대값을 $E_\pi(R_t)$라고 하면, $V_\pi(s)$는 다음과 같이 나타낼 수 있다.

$$V_\pi(\text{s}) = E_\pi\{R_t \mid s_t = s\} = E_\pi\{\sum_{k=0}^{\infty} \gamma^k r_{t+k+1} \mid s_t = s\} \qquad (11.5)$$

$V_\pi(s)$는 상태 s의 함수로 표현되므로 **상태가치함수**(state-value function)라고 한다. 한편, 상태 s일 때 행동 a를 일으켜, 이후 방침 π에 따라서 진행했을 때의 누적 보수의 평가치를 $Q_\pi(s,a)$로 나타낸다. 이것을 **행동가치함수**(action-value function)라고 한다.

즉, 상태가치함수는 미로를 푸는 문제와 같이 천이해 가는 상태만 안다면 장래에 얻게 되는 보수를 미리 알 수 있는 경우에 효율적으로 가치를 평가하는 가치함수이고, 행동가치함수는 상태만으로는 장래에 얻을 수 있는 보수를 미리 알 수가 없어서 상태 s하에서 최대 가치를 끌어내는 행동 a를 선택해 갈 때의 가치를 평가하는 가치함수이다.

그리고 보수 이득을 최대로 하는 방침 π^*하에서 얻을 수 있는 최적행동가치함수 $Q_{\pi^*}(s,a)$를 Q**값**(Q-value)이라고 한다. Q값은 다음 식과 같이 나타낸다.

$$Q_{\pi^*}(s,a) = Q^*(s,\ a) = \max_\pi Q_\pi(s,\ a)(\forall s \in S,\ \ \forall a \in A) \qquad (11.6)$$

강화학습에서는 학습자가 환경으로부터 보수를 받으면서 시행착오를 반복하여 행동할 때, 이와 같은 Q값을 추정하면서 행동을 결정한다.

11.4.1 Q학습

Q값을 추정하는 것을 Q**학습법**(Q-learning)이라고 한다. 시각 t의 상태 s_t에서 행동 a_t에 의해 상태 s_{t+1}로 천이하여 보수 r_{t+1}을 받았다고 하면, 시각 t에서의

최적행동가치함수 $Q^*(s_t,a_t)$는 다음과 같이 재귀식으로 나타낼 수 있다.

$$Q^*(s_t,\ a_t)=r_{t+1}+\gamma \max_{a_{t+1}\in A} Q^*(s_{t+1},\ a_{t+1}) \tag{11.7}$$

시각 t에서 시각 $t+1$의 상태로 천이할 때, 이상적으로는 식 (11.7)과 같이 학습해 가지만, 항상 이상적으로 학습해 간다고 할 수 없기 때문에, 여기서 **학습률**(learning ratio)로 $\alpha(0\leq\alpha\leq 1)$를 도입한다. 학습률 α는 시각 t에서 시각 $t+1$로의 Q값의 학습만큼에 해당한다. 그림 11.6에 시각 t에서의 $Q(s_t,a_t)$값이 갱신되는 이미지 그림을 나타낸다.

그림 11.6의 관계를 식으로 나타내면 다음 식 (11.8)과 같이 된다. 여기서 식 (11.8)에서 "←"는 "갱신"을 의미하고 있다.

$$Q(s_t,a_t)\leftarrow Q(s_t,a_t)+\alpha(r_{t+1}+\gamma \max_{a_{t+1}\in A} Q^*(s_{t+1},\ a_{t+1})-Q(s_t,a_t) \tag{11.8}$$

위 식에서 $r_{t+1}+\gamma max_{a_{t+1}\in A}Q^*(s_{t+1},a_{t+1})-Q(s_t,a_t)$ 부분은 상태 s_t에서 행동 a_t를 취했을 때, 상태 s_{t+1}에서 기대되는 누적 보수량의 증가분에 해당한다. 식 (11.8)을 변형함으로써 다음 식 (11.9)가 도출된다.

$$Q(s_t,\ a_t)\leftarrow(1-\alpha)Q(s_t,a_t)+\alpha(r_{t+1}+\gamma \max_{a_{t+1}\in A} Q^*(s_{t+1},\ a_{t+1}) \tag{11.9}$$

이와 같이 하여 $Q^*(s_t,a_t)$에 가까이 다가간다.

Q학습의 알고리즘을 다음에 나타낸다.

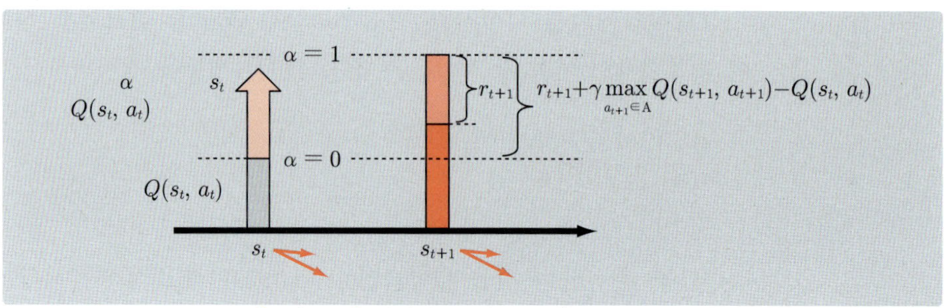

[그림 11.6] 최적행동가치함수 $Q^*(s_t,a_t)$의 산출

step.1 시각 t=0로 하고 Q값을 초기화한다.
step.2 Q값이 충분히 수렴하여 수렴조건을 만족하면 처리를 종료한다. 그렇지 않으면 step.3으로 진행한다.
step.3 현재 상태 s_t를 관측한다.
step.4 방침 π에 따라서 행동 a_t를 선택하여 실행한다.
step.5 환경으로부터 보수 r_{t+1}을 받는다.
step.6 천이 후의 상태 s_{t+1}을 관측한다.
step.7 식 (11.8)에 따라서 $Q(s_t,a_t)$의 값을 갱신한다.
step.8 시각을 $t=t$+1로 하고 step.2로 돌아간다.

Q학습에서는 학습자가 임의의 방침에 따라서 행동하는 조건 하에서 학습률 α가 다음에 보이는 두 식을 만족하는 경우, 최적행동가치 Q^*값에 수렴하는 것을 이론적으로 도출하고 있다.

$$\sum_{i=0}^{\infty}\alpha(t) \rightarrow \infty, \quad \sum_{i=0}^{\infty}\alpha(t)^2 < \infty \qquad (11.10)$$

Q학습에서는 최적행동가치 Q^*(Q값)을 구하는 것이 가능하다는 것을 이론적으로 보증하고 있지만, 관측 상태를 ∞까지 구하는 것이 가능하다는 조건 하에 두고 있어 학습 중간 단계에서 최적의 Q값을 구하는 것은 어렵다. 실제로는 효율적인 학습을 수행하기 위해서 Q값을 결정하는 방침이나 학습률 등의 조정이 크게 관여한다.

연습문제

문제 1 "지도 학습", "자율 학습", "강화 학습"이란 각각 어떤 것인지를 설명하시오.

문제 2 후보소거 알고리즘에서 정례와 반례에 따라 수행하는 처리의 내용에 대해 설명하는 것과 함께 왜 이와 같은 처리를 수행하면 개념학습을 가능하게 하는지에 대해서도 설명하시오.

문제 3 표 11.9에 서 "한국차"의 개념을 후보소거 알고리즘을 사용하여 구할 때의 학습결과를 나타내시오.

문제 4 ID3이란 어떤 학습법인지 설명하시오.

문제 5 표 11.10과 같은 자동차의 종합평가에 관한 훈려네가 주어져 있다고 하자. 이 때 ID3에 기반하여 각 속성에 대한 정보이득을 구하여 보다 단순한 결정트리가 되는 것을 구하시오.

문제 6 강화학습에서 상태가치함수와 행동가치함수를 각각 설명하시오.

문제 7 Q학습이란 어떤 학습인지 설명하시오.

문제 8 Q값을 구하는 다음 식(식(11.9))이 어떻게 도출되는지를 설명하시오.

$$Q(s_t,\ a_t) \leftarrow (1-\alpha)Q(s_t,a_t) + \alpha(r_{t+1} + \gamma \max_{a_{t+1}\in A} Q^*(s_{t+1},\ a_{t+1})$$

[표 11.9]

사례	속성			분류
	배기량	연비	부리의 유무	
자동차1	중	좋음	소	한국차
자동차2	대	보통	대	미국차
자동차3	중	좋음	대	한국차
자동차4	대	보통	대	독일차

[표 11.10]

사례	내장	연비	배기량	제조회사	클래스
자동차1	나쁨	좋음	소	S사	고성능
자동차2	좋음	나쁨	소	D사	저성능
자동차3	보통	나쁨	소	T사	저성능
자동차4	나쁨	좋음	소	H사	저성능
자동차5	좋음	좋음	대	N사	고성능
자동차6	나쁨	나쁨	소	N사	저성능
자동차7	좋음	나쁨	대	M사	고성능
자동차8	좋음	나쁨	대	T사	고성능
자동차9	보통	나쁨	소	H사	저성능
자동차10	좋음	좋음	소	T사	고성능

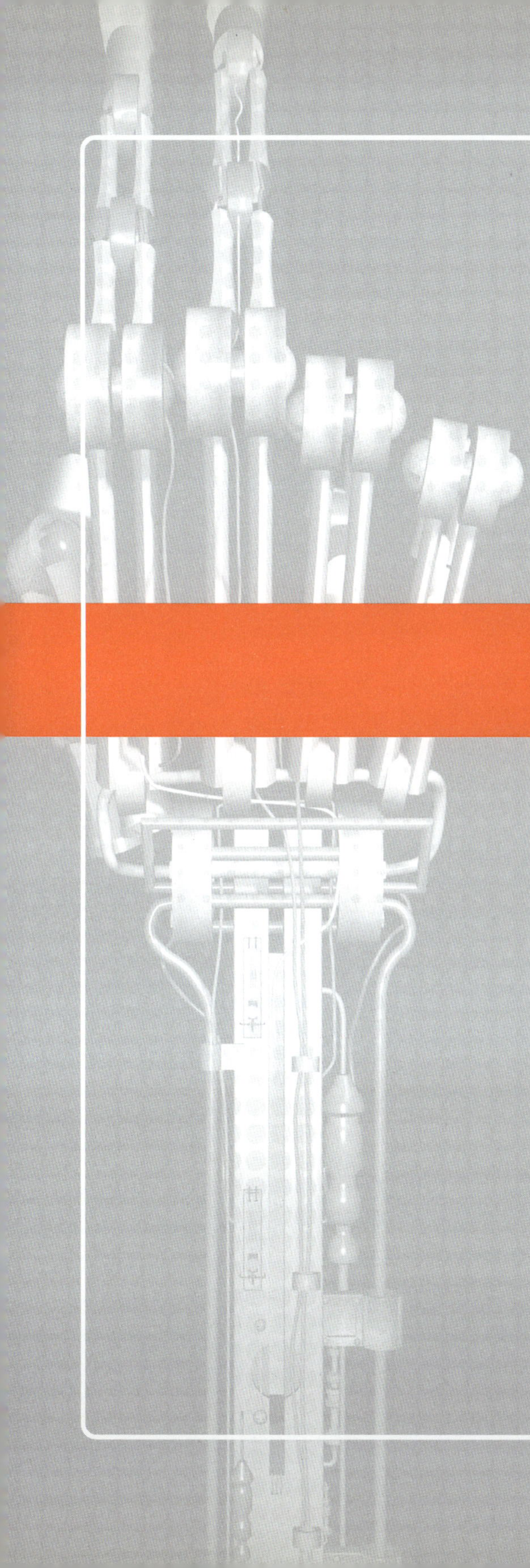

Chapter 12

뉴럴 네트워크

뉴럴 네트워크란 인간의 뇌에서 일어나고 있는 정보처리를 모방한 정보처리 모델이다. 이 장에서는 대표적인 뉴럴 네트워크 모델인 퍼셉트론, 호프필드 네트워크, 볼쯔만 머신 등의 정보처리 메커니즘에 대해 설명한다.

12.1 뉴런의 모델화

인간의 뉴런(**신경세포**: neuron)은 1000억개 정도 있으며 뇌 안에서의 정보전달에서 중심적인 역할을 담당하고 있다. 그림 12.1에 뉴런의 모형을 나타내고 있다.

세포체로부터 막대기 모양의 축색 돌기가 뻗어 나와 그 끝의 말단 버튼(축색말단)이라는 부위가 근처의 세포체로부터 나와 있는 수상돌기와 시냅스 결합을 함으로써 하나의 뉴런에서 다른 뉴런으로 신호를 전달한다. 이 때 각 뉴런은 시냅스 결합된 다른 뉴런으로부터 미약한 전기 신호를 받아서 그 총합이 어떤 **역치**(threshold)를 넘으면 흥분 상태("발화"라고 함)가 되어 신호를 축색으로 전달한다. 축색에 전달된 전기신호는 말단 버튼을 통해서 다른 뉴런으로 전기신호를 전달하는 식으로 반복한다. 뉴런 간의 결합 수는 평균 1000 정도이며, 많을 경우 수 십만 정도가 된다고 한다. 신경세포가 만들어내는 복잡한 신호 전달이 인간의 고도의 정보처리 메커니즘을 담당하고 있다. 인공지능에서의 **뉴럴 네트워크**

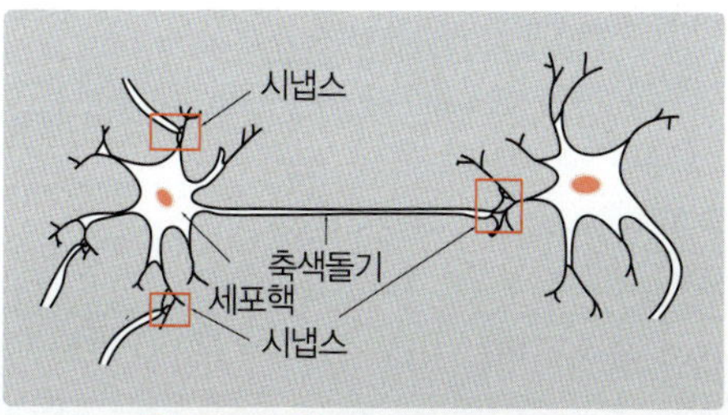

[그림 12.1] 신경세포(모형도)

(neural network)[48]란 이러한 인간 뇌에서의 신호 전달 방식을 모방한 수식 모델을 가리킨다.

■ 뉴런 모델

1943년에 맥쿨로치(W. McCulloch)와 피츠(W. Pitts)가 뉴런의 특징을 수식으로 모델화한 것을 뉴럴 네트워크 연구의 시작으로 본다[41]. 그 모델의 특징을 아래에 나타낸다.

- 다입력/다출력: 하나의 뉴런에서의 입력은 다입력이며, 거기에서의 출력은 다출력이다. 다입력 신호 각각에 **시냅스 가중치**(synaptic weight)를 걸어서 전파한다. 이 시냅스 가중치를 주어진 입력 데이터와 출력 데이터에 적합하도록 조정해 가는 과정을 학습이라고 본다.
- 비선형적 행동: 각 뉴런은 다수의 다른 뉴런으로부터 신호를 받고, 그 받은 신호의 총합이 역치를 넘으면 발화(혹은 "흥분")한다.

위 특징들로부터 뉴럴 네트워크에서의 뉴런은 그림 12.2와 같이 모델화된다. 그리고 모델에서 뉴런의 단위를 **유닛**(unit)이라고 한다.

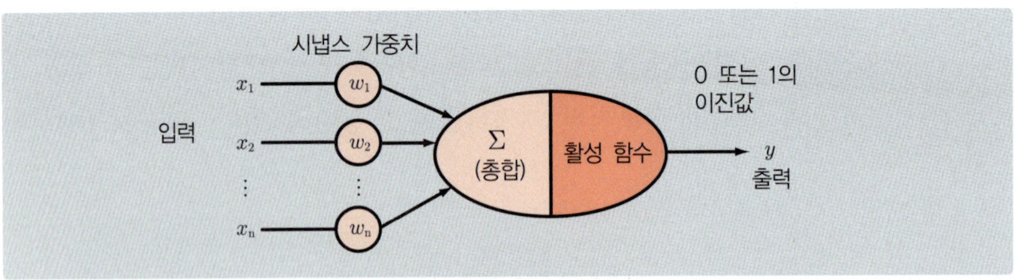

[그림 12.2] 뉴런의 모델

[48]이 책에서는 "뉴럴 네트워크"라는 용어를 공학적 입장에서 설명하고 있으며, 뇌과학 분야에서 생리학적 의미로서의 용어 사용과 구별하기 위해 "인공 뉴럴 네트워크"의 의미로서 사용하고 있다.

이 모델에서 뉴런으로 전파되는 정보는 다음 수식으로 정식화된다.

$$\text{뉴런으로의 입력의 총합} = \sum_{i=1}^{n} w_i x_i \tag{12.1}$$

다른 뉴런으로부터 전파되는 입력 정보의 총합은 **활성화함수**(activation function)라는 비선형함수에 의해 값의 변환이 이루어진 다음에 출력된다. 이 때 입력의 총합에서 역치를 뺀 값이 양수이면 1을 출력하고, 음수이면 0을 출력하는 이진 출력을 가진다. 활성화함수를 f, 출력값을 y, 역치를 θ라고 하면 다음과 같이 정식화된다.

$$y = f\left(\sum_{i=1}^{n} x_i w_i - \theta \right) \tag{12.2}$$

식 (12.2)에서 $-\theta = x_0 w_0$라고 하고, x_0는 항상 1인 입력을 가진 유닛이라고 하면, 역치도 $-\theta$의 시냅스 가중치를 가진 유닛으로 대처할 수 있기 때문에 식 (12.3)과 같이 변형시킬 수 있다. 이 식을 보면 알 수 있듯이 모든 정보가 시냅스 가중치와 입력 데이터에 의해 표현될 수 있는 형태가 된다. 따라서 역치를 학습할 때에도 시냅스 가중치의 학습으로 취급할 수 있다.

$$y = f\left(\sum_{i=0}^{n} x_i w_i \right) \tag{12.3}$$

이때 사용하는 비선형 함수에는 그림 12.3에 나타내는 것처럼 여러 종류가 있지만, 그 대부분이 역치와의 균형을 생각해서 값이 어느 범위 안에 들어오도록 포화 특성을 가지는 것이 특징이다.

이 뉴런 모델을 이용하여 뉴럴 네트워크를 구성하고 이용하기 위해 고려해야 할 점을 아래에 나타낸다.

(1) 각 뉴런이 결합했을 때의 전체 네트워크 모델

(2) 뉴런 간의 결합 강도의 결정 방법

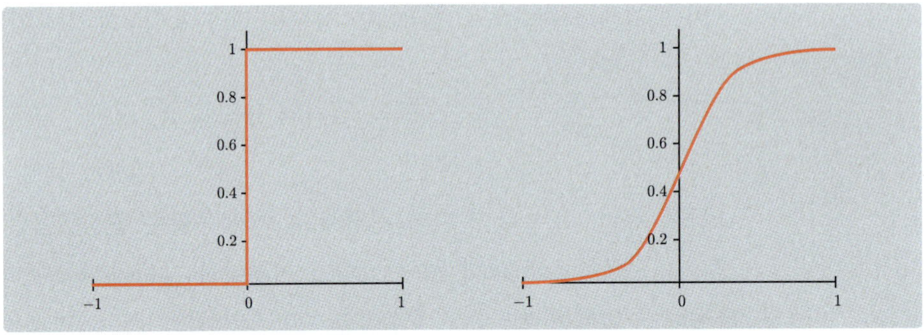

[그림 12.3] 여러 가지 출력함수(좌: 헤비사이드 함수, 우: 시그모이드 함수)

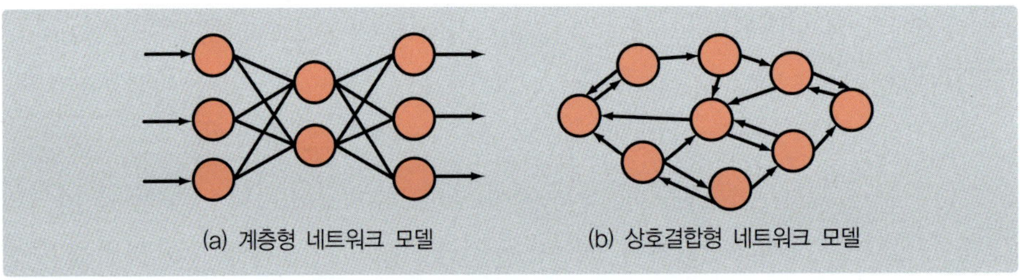

[그림 12.4] 기본적인 네트워크 모델

위의 (1)에 관한 뉴럴 네트워크의 네트워크 모델은 그림 12.4에 나타낸 (a) **계층형 네트워크 모델**(hierarchical network model)과 (b) **상호결합형 네트워크 모델**(cross-coupled network model) 두 가지의 기본적인 구조가 존재한다.

계층적 네트워크 모델은 뉴론 모델인 유닛이 많이 모여서 구성되는 층을 기본으로 하고, 이 층을 **입력층**(input layer), **중간층**(hidden layer)부터 **출력층**(output layer)까지 다단계의 계층을 구성하는 네트워크 모델이다. 유닛끼리는 층 사이의 정보 전달은 있지만 같은 층 내의 결합은 존재하지 않는다. 일반적으로 입력 데이터는 입력층에서 출력층으로 한방향으로 전달된다.

한편, 상호결합형 네트워크 모델은 일반적으로 데이터 전달이 양방향으로 이루어지는 특징을 가지고 있다. 또한 입력층, 출력층이 존재하지 않고 모든 유닛은 자신을 제외한 다른 모든 유닛과 결합하고 있다.

위의 (2)에 관해서는 다음 절 이후에 상세히 설명한다.

12.2 계층형 네트워크

12.2.1 퍼셉트론

퍼셉트론(perceptron)은 1958년에 로젠브래트(F. Rosemblatt)가 제안한 최초의 뉴럴 네트워크 모델이다. 입력층, 중간층, 출력층의 3개층으로 구성된 계층형 네트워크 모델로 이루어져 있으며, 각 층은 복수의 유닛으로 되어 있다. 층간 결합에는 시냅스 가중치가 부여되어 있다. 그림 12.5에 퍼셉트론의 네트워크 구조를 나타낸다.

퍼셉트론은 지도 학습을 수행한다. 입력 데이터를 주고 출력된 결과를 훈련 데이터와 비교하고, 그 차를 바탕으로 시냅스 가중치와 역치를 수정하여 훈련 데이터와 같은 출력이 나올 수 있도록 한다. 즉 입력 데이터를 주고 출력 결과를 봄으로써 미리 주어진 정답에 가까운 해를 출력하도록 시냅스 가중치를 변경해 나가는 것을 반복함으로써 모델을 최적화해 나가는 방식의 학습을 한다. 그래서

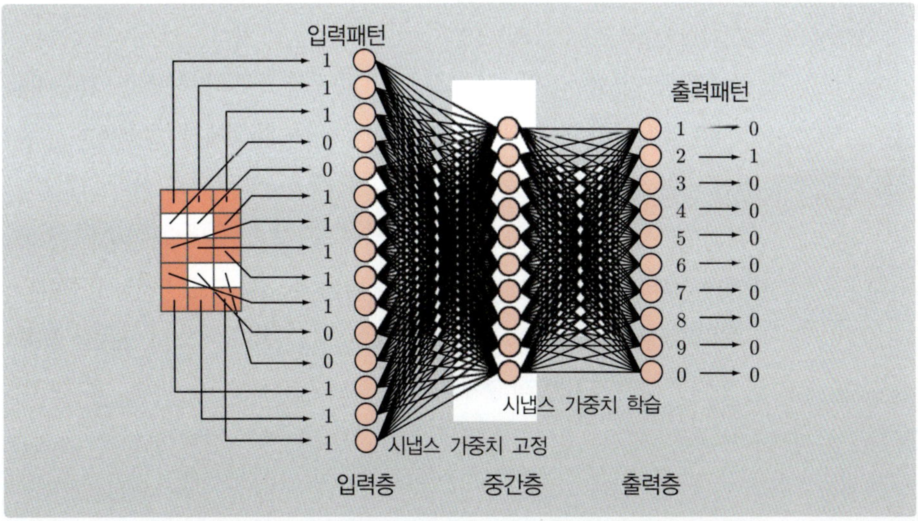

[그림 12.5] 퍼셉트론의 네트워크 구조 (숫자 '2'의 학습예)

퍼셉트론에 의한 학습은 **오류 수정 학습**(error-correction learning)이라고 부른다.

아래에 퍼셉트론의 특징을 정리한다.

■ **퍼셉트론의 특징 :**

- 입력층(혹은 **S층**(Sensory layer)), 중간층(혹은 **A층**(Association layer)), 출력층(혹은 **R층**(Response layer))의 3개층으로 된 계층형 네트워크.
- 출력층에서는 계단함수를 활성함수로 이용하고 있으며 출력값은 다음에 나타내는 것과 같이 된다.

$$f(x) = \begin{cases} 1 & (x \geq 0) \\ 0 & (x < 0) \end{cases} \qquad (12.4)$$

- 학습능력을 가지고 있는 것은 중간층과 출력층 간의 결합뿐이다. 즉, 입력층과 중간층 간의 시냅스 가중치는 고정되어 있다.
- 오류 수정형 학습을 수행한다.

12.2.2 퍼셉트론의 시냅스 가중치의 갱신

퍼셉트론에서 입력층으로부터 중간층으로의 시냅스 가중치는 고정되어 있기 때문에, 중간층에서 출력층으로의 정보전달에만 주목한다. 중간층의 유닛 i의 출력을 $x_i^A(t)$, 출력층의 유닛 j의 출력을 $x_j^R(t)$라고 한다. (그림 12.6 참조)

여기서 시각 t에서 중간층과 출력층 간의 시냅스 가중치를 $w_{ij}(t)$라고 하면, 시각 t+1의 $w_{ij}(t+1)$을 다음에 나타내는 식 (12.5)에 따라 수정한다. 여기서 y_j는 유닛 j에서 출력될 것으로 기대되는 정답 데이터로서 **훈련 신호**(training signal)라고 한다. 그리고 η는 학습계수이다.

$$w_{ij}(t+1) = w_{ij}(t) + \eta\left(y_j - x_j^R(t)\right) \cdot x_i^A(t) \qquad (12.5)$$

식 (12.5)에서 알 수 있는 것처럼 시각 t+1의 시냅스 가중치는 유닛 j가 가지

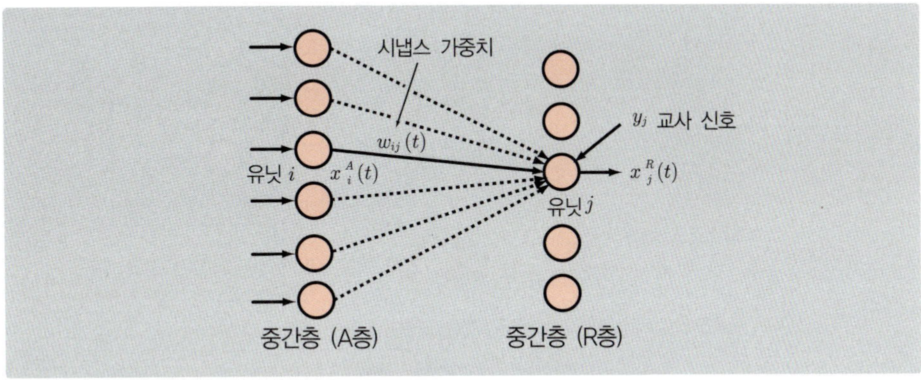

[그림 12.6] 중간층과 출력층에 관한 모델

는 훈련 신호와 시각 t에 유닛 j가 출력하는 차이값(즉, 정답데이터에 대한 오차에 상응한다)에 의해 수정된다.

좀 더 자세히 식 (12.5)를 보면, 훈련 신호 y_i가 1, 그리고 유닛 j의 출력 $x_j^R(t)$가 1이었을 때는 시각 t+1의 시냅스 가중치는 시각 t일 때와 같은 값이 된다. 한편, 훈련신호 y_j가 1이고, 유닛 j의 출력 $x_j^R(t)$가 0일 때는 시각 t+1의 시냅스 가중치는 시각 t의 시냅스 가중치에 대해 훈련 신호와 출력 $x_j^R(t)$의 차에 비례한 값이 수정량으로 더해져서 $x_j^R(t+1)$로부터의 출력이 1이 되도록 수정된다. 이것을 여러 가지 입력 데이터에 대하여 반복함으로써 훈련 신호를 출력하도록 시냅스 가중치를 수정하여 학습해 나간다.

12.2.3 백프로퍼게이션 네트워크

퍼셉트론에 의한 학습에서는 중간층과 출력층 간의 시냅스 가중치의 학습이 주로 이루어졌다. 이에 반해, 1986년에 럼멜하트(D. Rumelhart) 등에 의해 제안된 계층형 뉴럴 네트워크의 발전형인 **백프로퍼게이션 네트워크**(**오차역전파**(逆傳播) **네트워크**: Error backpropagation network)에서는 다층 네트워크 전체의 학습으로 확장되어, 모든 층 간의 시냅스 가중치가 학습된다[49]. 백프로퍼게이션 네트워크는 그림 12.7에 나타낸 것처럼 입력층에 입력된 입력 데이터는 출력층으로 전파되어

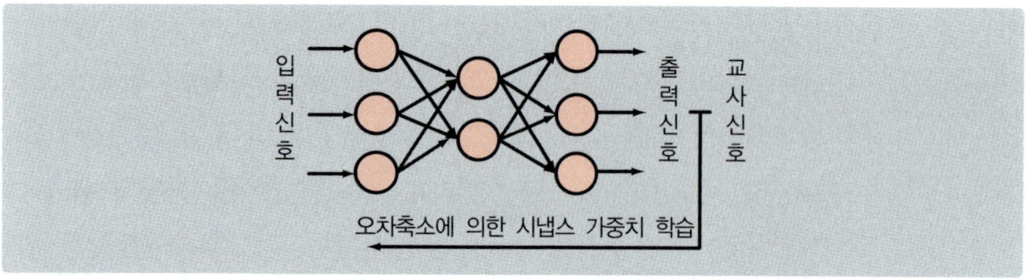

[그림 12.7] 백프로퍼게이션 네트워크의 구조

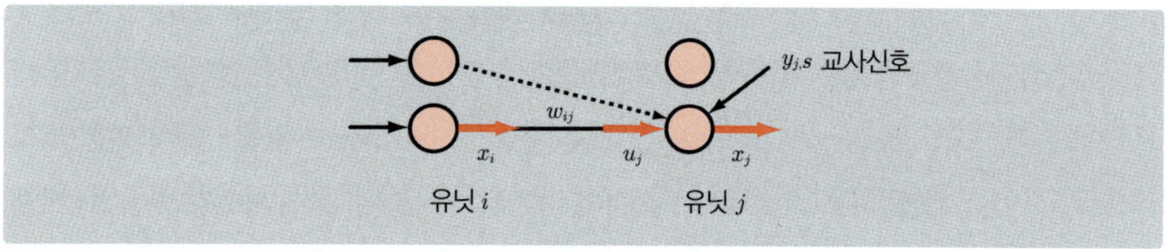

[그림 12.8] 유닛 i에서 j로의 정보 전파 모델

훈련 신호와 출력 신호의 오차가 산출된다. 그 오차를 줄이도록 출력층에서 입력층으로 시냅스 가중치의 수정 학습이 이루어진다.

다음에 백프로퍼게이션에 의한 학습(오차 역전파 학습)을 설명하기 전에 기본적인 학습 도구인 **일반화 델타 규칙**(general delta learning rule)에 대해 설명한다. 그림 12.8에 나타낸 것처럼 유닛 i의 출력을 x_i, 유닛 i와 유닛 j 간의 시냅스 가중치를 w_{ij}, 유닛 j로의 입력의 총합을 u_j, 유닛 j의 출력을 x_j라고 할 때[50], 다음 식이 성립한다.

$$u_j = \sum_i w_{ij} x_i \tag{12.6}$$

$$x_j = f(u_j) \tag{12.7}$$

단, 역치는 식 (12.2)에서 (12.3)으로 변형되어 시냅스 가중치의 하나로 포함되

[49]좀 더 자세히 설명하면, 퍼셉트론에서는 비선형 분산 문제를 풀 수가 없다. 이것을 해결하기 위해서 백프로퍼게이션 알고리즘이 제안되었다. 비선형 분산 문제에 관한 상세한 설명은 참고문헌[21]을 참조하기 바란다.

[50]이 모델에서는 시간 개념은 도입되지 않는다.

어 있다. 또한 활성함수에는 식 (12.8)에 나타낸 시그모이드 함수(그림 12.3 참조)를 사용함으로써, 퍼셉트론 때와 같은 1 혹은 0의 이산값을 취하지 않고 연속값을 취할 수 있어서 활성함수를 포함하는 수식을 미분할 수 있게 된다.

$$f(x) = \frac{1}{1+e^{-x}} \tag{12.8}$$

훈련 신호와 출력 신호의 오차 E는 식 (12.9)와 같이 제곱 오차의 합으로 구할 수 있다. 여기서 y_i는 훈련 신호("희망 출력"이라고도 함)이다.

$$E = \frac{1}{2}\sum_j (x_j - y_j)^2 \tag{12.9}$$

식 (12.9)에 나타낸 오차 함수를 최소(극소)로 하기 위한[51] 시냅스 가중치 w_{ij}의 수정량을 구하기 위해서는 이 오차 함수에 대해 w_{ij}에 의한 변화량을 알면 된다. 식 (12.9)는 식 (12.6)과 식 (12.7)을 통해 w_{ij}에 의해 정의되는 식이기 때문에, 식 (12.9)를 시냅스 가중치 w_{ij}로 편미분하여 오차 함수에 대한 시냅스 가중치에 의한 변화의 기울기를 구한다. 다음으로 임의의 시냅스 가중치의 값으로부터 오차 함수가 극소가 되도록 그 값을 변화시키는 양을 산출하기 위해 $\partial E/\partial w_{ij}$에 비례하는 양($\Delta w_{ij}$)을 수정량으로 구한다(식(12.10)). 여기서 η는 양의 계수가 된다.

$$\Delta w_{ij} = -\eta \frac{\partial E}{\partial w_{ij}} \tag{12.10}$$

위에서 수행한 것처럼 평가 함수(이 경우에는 오차 함수)를 그 파라미터(이 경우에는 시냅스 가중치 w_{ij})로 미분하여 그 값에 비례하는 양만큼 변화시킴으로써 오차가 가장 작게 되는 방향으로 파라미터를 변경하는 방법을 **경사 하강법**(gradient decent method)이라고 한다.

---

[51] 오차의 제곱을 최소로 하는 방법을 최소 평균 제곱 오차법(least mean square method)라고 한다.

경사 하강법

경사 하강법이란 어떤 초기값으로부터 반복적으로 값을 수정해감으로써 최적의 파라미터를 획득하는, 반복 최적화 방법의 기본적인 방법이다.

w를 파라미터, t를 시간, η를 한 번 반복할 때 w를 얼마나 수정할 것인지를 나타내는 학습 계수라고 하면, 경사 하강법을 이용한 파라미터 w의 시각 t+1에서의 갱신은 다음과 같이 된다.

$$w_{t+1} = w_t - \eta \left. \frac{\partial f(w)}{\partial w} \right|_{w=w_t}$$

$\left. \frac{\partial f(w)}{\partial w} \right|_{w=w_t}$는 $w = w_t$에서의 평가 함수의 파라미터 w에 대한 미분값이 된다.

경사 하강법에서는 파라미터의 값을 평가 함수의 미분값과 반대 방향으로 조금씩 변화시킴으로써 천천히 파라미터가 최적화되도록 접근시켜 가는 방법이다. 학습 계수 η의 값이 너무 크면 최적 파라미터로 수렴하지 않고 진동이나 발산이 일어나고, 너무 작으면 좀처럼 최적 파라미터로 수렴하지 않게 된다. 따라서 적절한 학습 계수의 설정이 중요하게 된다.

식 (12.10)에서 $\frac{\partial E}{\partial w_{ij}}$를 편미분에 의한 합성 함수로 나타내면 다음과 같이 나타낼 수 있다.

$$\frac{\partial E}{\partial w_{ij}} = \frac{\partial E}{\partial x_j} \frac{\partial x_j}{\partial u_j} \frac{\partial u_j}{\partial w_{ij}} \tag{12.11}$$

그리고 식 (12.6), 식 (12.7)을 각각 편미분함으로써 다음 식이 도출된다.

$$\frac{\partial u_j}{\partial w_{ij}} = x_i \tag{12.12}$$

$$\frac{\partial x_j}{\partial u_j} = f'(u_j) \tag{12.13}$$

따라서, 식 (12.10)은 다음과 같이 나타낼 수 있다.

$$\Delta w_{ij} = -\eta \frac{\partial E}{\partial x_j} f'(u_j) x_i \tag{12.14}$$

여기서 시냅스 가중치의 수정량이 요구되는데, 식 (12.14)를 보면 우변에 $\partial E/\partial x_j$가 있음을 알 수 있다. 현재 고려하고 있는 모델은 훈련 신호를 직접 얻을 수 있다는 전제 모델(즉, 네트워크 모델의 출력층을 설정한 모델)이라는 점에서 $\partial E/\partial x_j$의 값은 식 (12.9)를 x_j로 편미분함으로써 쉽게 구할 수 있다(식 (12.15)).

$$\frac{\partial E}{\partial x_j} = (x_j - y_j) \tag{12.15}$$

이것을 식 (12.14)에 대입함으로써 다음의 식이 도출된다.

$$\Delta w_{ij} = -\eta (x_j - y_j) f'(u_j) x_i \tag{12.16}$$

이것을 **델타 규칙**(delta learning rule)이라고 부른다. 델타 규칙은 뉴럴 네트워크 모델에서 훈련 신호가 직접 관측된다고 설정한 중간층과 출력층의 두 층간에서의 시냅스 가중치의 갱신을 대상으로 하고 있으며, 훈련 신호와 출력 신호의 차(델타)를 최소화하기 위한 시냅스 가중치 수정의 기본량을 나타내고 있다. 여기서 유닛 j를 몇 개의 중간층을 가진 다층 뉴럴 네트워크에서의 중간층의 하나라고 하면, 오차 E는 최종층에서의 출력 신호와 훈련 신호의 차(평균 제곱 오차)가 아니기 때문에, 실제로는 출력층에서 유닛 j에 이르기까지의 다층 유닛으로부터 발생하는 오차를 고려하지 않으면 이 값은 쉽게 구할 수 없다.

그래서 유닛 j가 포함된 층의 다음 층의 유닛 k의 $\partial \mathrm{E}/\partial x_k$를 이용하면 다음 식을 도출할 수 있다.

$$\frac{\partial E}{\partial x_j} = \sum_k \frac{\partial E}{\partial x_k} \frac{\partial x_k}{\partial u_k} \frac{\partial u_k}{\partial x_j} \tag{12.17}$$

이 식의 의미는 유닛 j로부터의 정보가 유닛 k에서 만들어지는 오차E에 대해 어느 정도의 영향을 주었는지를 나타내는 것이다. 또한 식 (12.6), 식 (12.7)을 유닛 j에서 유닛 k로의 정보 전달로 바꿈으로써,

$$\frac{\partial E}{\partial x_j} = \sum_k \frac{\partial E}{\partial x_k} f'(u_k) w_{jk} \qquad (12.18)$$

이 된다. 이와 같이 출력층에 의해 얻어지는 훈련 신호와 출력 신호의 오차가 앞의 층으로 전파되어감으로써 시냅스 가중치를 수정 학습하게 된다. 이것이 백프로퍼게이션(오차 역전파)이라고 하는 이유이다. 또한 이와 같은 중간층 간의 시냅스 가중치의 갱신을 수행할 수 있도록 한 델타 규칙을 **일반화 델타 규칙**(general delta learning rule)이라고 한다.

다음에 백프로퍼게이션 네트워크의 특징을 정리한다.

■ **백프로퍼게이션 네트워크의 특징 :**

- 오차 전파법에 의해 다층의 시냅스 가중치를 학습한다.
- 활성함수로 시그모이드 함수를 채용하고 있다.

12.3 상호결합형 네트워크

12.3.1 호프필드 네트워크

호프필드 네트워크(Hoffield network)는 1982년에 물리학자인 호프필드(J. Hoffield)에 의해 제안된 뉴럴 네트워크이다. 호프필드는 물리학의 아이디어인 **에너지 함수**(energy function)을 뉴럴 네트워크에 도입함으로써, 당시에 해를 구하기 어려웠던 **조합 최적화 문제**(combinational optimization problem)[52]을 뉴럴 네트워크로 풀 수

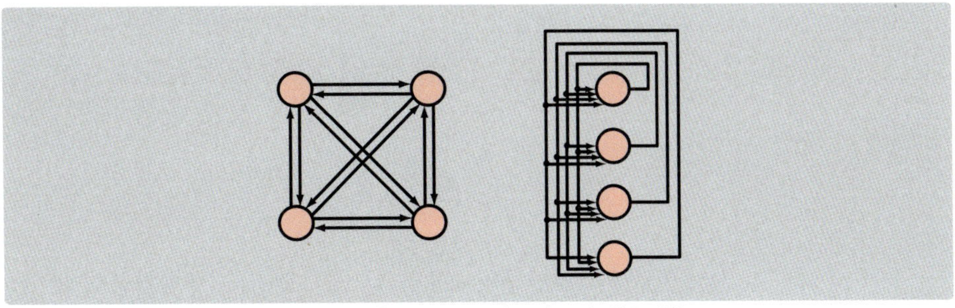

[그림 12.9] 호프필드 네트워크의 상호결합

있음을 보였다. 호프필드 네트워크는 유닛끼리 모두 결합되어 있는 상호결합형 네트워크이며, 네트워크의 구조가 대칭적이라는 것이 특징이다(그림 12.9 참조). 이 그림에서 오른쪽의 네트워크와 왼쪽의 네트워크는 등가이며, 호프필드 네트워크는 입력층과 출력층의 구별이 없기 때문에 통상적으로 그림의 오른쪽 네트워크 모델과 같이 피드백 루프를 포함하는 한 층의 네트워크 구조로 모델화된다. 또한 상호결합형 네트워크에서는 일반적으로 "입력층", "출력층"이라는 단어 대신에 "입력부", "출력부"라는 단어가 사용된다.

호프필드 네트워크는 네트워크의 에너지가 최소가 되도록 상태 변화를 반복한다. 네트워크 구조에 피드백 루프가 포함되어 있기 때문에, 상태 변화를 반복하는 동안에 네트워크는 주어진 초기 상태에 의존하여 어떤 안정된 평형 상태에 도달한다. 네트워크 유닛의 상태를 바탕으로 식 (12.22)에 나타내는 에너지 함수를 이용하여 네트워크 전체의 에너지를 계산하고, 이것이 최소가 되도록 네트워크의 상태가 변화하여 안정되었을 때가 네트워크의 출력이 된다.

시각 t에서 유닛 j의 상태를 $u_j(t)$, 출력을 $x(t)$, 유닛 j의 역치를 θ_j, 유닛 i와 유닛 j 간의 시냅스 가중치를 w_{ij}(단, 상호결합에 의해 $w_{ij}=w_{ji}$, 그리고 $i=j$일 때는 자기회기가 되어 가중치로서의 의미가 없기 때문에 $w_{ij}=w_{ji}=0$)라고 할 때, 시각 $t+1$에서의 유닛 j의 출력 $x_j(t+1)$과 시각 t에서의 유닛 j의 상태 $u_j(t)$는 다음과 같다고 한다.

---

[52]조합 최적화 문제에 관해서는 13.1절에 자세히 설명함.

$$x_j(t+1) = \begin{cases} 1 & (u_j(t) > 0) \\ x_j(t) & (u_j(t) = 0) \\ 0 & (u_j(t) < 0) \end{cases} \tag{12.19}$$

$$u_j(t) = \sum_i w_{ij} x_i(t) - \theta_j \tag{12.20}$$

식 (12.20)은, 시각 t에서의 유닛 j의 상태는 상호결합되어 있는 유닛 i의 시각 t에서의 출력에 유닛 간의 시냅스 가중치를 곱한 것의 총합에서 유닛 j가 가진 역치를 뺀 것임을 의미한다. 식 (12.19)와 (12.20)의 이해를 쉽게 하기 위해 그림 12.10에 상호결합에서 유닛 i의 상태와 출력 함수를 나타낸다.

다음으로 네트워크 전체가 가지는 에너지를 나타내는 에너지 함수에 관해서 설명한다. 물리학에서는 운동 에너지로 대표되는 것처럼 많은 에너지는 물리량의 적분을 취하여 나타내기 때문에, 물리량의 제곱에 계수를 곱한 것으로 나타낼 수 있다. 이와 마찬가지로 호프필드 네트워크에서 이용되는 에너지 함수는,

- 물리량 → 유닛의 상태값
- 계수 → 시냅스 가중치

라고 생각하여 유닛 i, 유닛 j 간의 에너지는 다음과 같이 나타낼 수 있다.

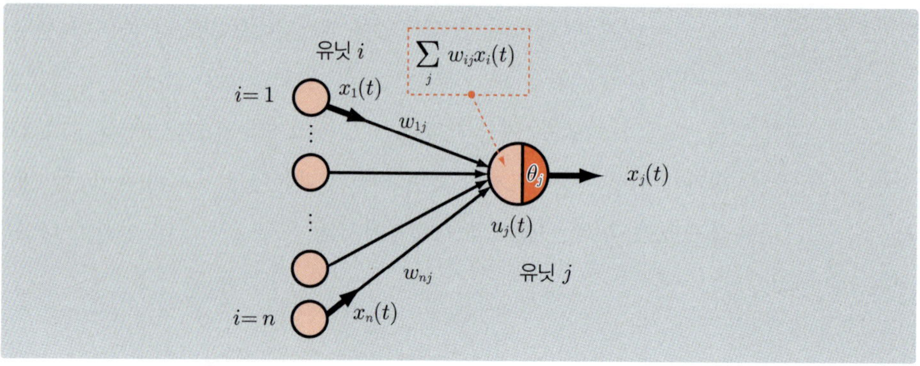

[그림 12.10] 상호결합에서 유닛 i의 상태와 출력 함수

$$E=-\frac{1}{2}\sum_{i}\sum_{j}w_{ij}x_ix_j \tag{12.21}$$

여기서 식 (12.21)에 음의 부호가 붙어 있는 것은 네트워크 전체의 에너지가 시간에 따라 감소해가는 것에 대응하기 위한 것이다.

또한 모든 유닛 간의 에너지의 총합에서 각 유닛이 가지는 역치 에너지를 고려하여 얻어지는 함수를 호프필드 네트워크의 에너지 함수라고 하고, 결과로 식 (12.22)와 같이 나타낸다.

$$E=-\frac{1}{2}\sum_{i}\sum_{j}w_{ij}x_ix_j+\sum_{j}\theta_jx_j \tag{12.22}$$

호프필드 네트워크는 상태변화를 하기 때문에 네트워크 전체의 에너지가 감소하여 안정상태에 도달한다. 이것을 유닛의 상태 변화에 대해 에너지 함수가 항상 감소하는 것을 증명하여 나타낸다.

이 식을 특정 유닛 k에 관한 항과 그 외의 항으로 나눠서 고쳐 쓰면 다음과 같이 된다.

$$E=-\frac{1}{2}\sum_{i\neq k}\sum_{j\neq k}w_{ij}x_ix_j+\sum_{j\neq k}\theta_jx_j-\frac{1}{2}x_k\sum_{i}w_{ik}x_i-\frac{1}{2}x_k\sum_{j}w_{jk}x_j+\theta_kx_k \tag{12.23}$$

다음으로 시각 t부터 t+1에 대한 유닛 k의 에너지 함수의 변화량 ΔE_k를 구한다. 호프필드 네트워크에서는 유닛의 상태변화는 비동기적이며 한 번에 임의의 유닛 하나만의 상태변화를 허용하기 때문에 유닛 k밖에 변화하지 않는다고 가정하면, 유닛 k 이외의 항목을 제외한 항으로 구성된 다음 식을 도출할 수 있다.

$$\Delta E_k=-\frac{1}{2}\left(\sum_{i}w_{ik}x_i+\sum_{j}w_{jk}x_j\right)\Delta x_k+\theta_k\Delta x_k \tag{12.24}$$

이것으로부터

$$\Delta E_k = -\frac{1}{2}\left(\sum_i w_{ik}x_i - \theta_k\right)\Delta x_k - \frac{1}{2}\left(\sum_j w_{jk}x_j - \theta_k\right)\Delta x_k \qquad (12.25)$$

가 도출되어, 식 (12.20)에 의해 다음과 같이 변형할 수 있다.

$$\Delta E_k = -\frac{1}{2}u_k(t)\Delta x_k - \frac{1}{2}u_k(t)\Delta x_k = -u_k(t)\Delta x_k \qquad (12.26)$$

이 식을 기본으로 하여 식 (12.19)에 나타낸 상태변화 규칙을 바탕으로 유닛 k의 에너지 변화량 ΔE_k를 구한다. 시각 t부터 t+1에 대해 유닛 k의 상태량 x_k가 0에서 1로 변화했을 때는 $\Delta x_k > 0$이고, $u_k(t) > 0$인 것으로부터 $\Delta E_k < 0$임을 알 수 있다. 한편, 시각 t부터 t+1에 대해 유닛 k의 상태량 x_k가 1에서 0으로 변화했을 때는 $\Delta x_k < 0$이고, $u_k(t) < 0$인 것으로부터 $\Delta E_k > 0$임을 알 수 있다. 또한 $\Delta x_k=0$일 때는 $\Delta E_k = 0$가 되어 유닛 k의 모든 상태변화에 대해,

$$\Delta E_k \leq 0 \qquad (12.27)$$

가 성립한다.

이것으로부터 호프필드 네트워크에서는 상태가 변화할 때마다 네트워크 전체의 에너지가 현상을 유지하거나 감소해가는 것을 알 수 있다.

에너지 함수 E는 대칭적인 상호결합에서는 최소값이 존재한다는 것이 증명될 수 있음을 알고 있다. 실제로는 에너지 함수에는 국소 최소값이 존재하여 네트워크의 에너지는 끊임없이 감소하는 방향으로 상태를 변화시켜 가기 때문에 진짜 최소값에 도달하기 전에 국소 최소값에서 안정되어버리게 된다.

호프필드 네트워크에서는 시냅스 가중치를 조정하여 이 평형 상태를 어떤 상기시키고 싶은 패턴의 기억으로 설정하여, 그 패턴의 일부를 입력 패턴으로 초기 상태를 설정하여 상태를 변천시킴으로써 일부 정보로부터 전체 정보를 상기시키는 것이 가능하다는 특징이 있다. 이로부터 호프필드 네트워크는 **자기연상 기억**(autoassociative memory)이라고 부른다.

12.3.2 연상 기억

호프필드 네트워크가 가지는 **연상 기억**(associative memory)에 대해 설명한다. 네트워크에 패턴을 기억시킨다는 것은 유닛 전체가 그 패턴을 취할 때 네트워크 전체의 에너지가 최소(극소)임을 의미한다. 식 (12.22)에 나타낸 네트워크의 에너지 함수에서 제 2항의 역치 θ를 0으로 하면, 네트워크의 에너지 E는 다음에 나타내는 식 (12.28)로 나타낼 수 있다.

$$E = -\frac{1}{2} \sum_{i} \sum_{j} w_{ij} x_i x_j \qquad (12.28)$$

여기서 유닛이 가지는 상태량을 {0,1}이 아니라 {-1,1}로 하면[53], 상태량의 제곱은 반드시 양의 값이 되는 것으로부터 이 식을 최소로 하기 위해서는 E가 식 (12.29)에 나타내는 것처럼 w_{ij}를 설정하면 된다.

$$E = -\frac{1}{2} \sum_{i} \sum_{j} w_{ij} x_i x_j = -\frac{1}{2} \sum_{i} \sum_{j} (x_i)^2 (x_j)^2 \qquad (12.29)$$

이로부터 모든 패턴에서 시냅스 가중치는 다음 식으로 표현할 수 있다.

$$w_{ij} = x_i x_j \qquad (12.30)$$

■ 연상 기억의 행렬 계산

호프필드 네트워크의 이미지를 구체적으로 행렬 계산을 이용하여 나타낸다. 기억하고 싶은 패턴으로 다음 행렬 X를 생각한다.

[53]여기까지 호프필드 네트워크에서는 상태량을 {0,1}로 설명해왔으나 상태량을 {−1,1}로 함으로써 연상 기억 등의 설명이 쉽게 되기 때문에 여기서는 처음부터 상태량을 {−1,1}로 한다.

$$X = \begin{bmatrix} x_1 \\ x_2 \\ x_3 \\ x_4 \end{bmatrix} \tag{12.31}$$

X는 네 개의 유닛을 가지고 있으므로 호프필드 네트워크로서 식 (12.32)에 나타나는 4행 4열의 시냅스 가중치 W에 상당하는 대칭행렬을 만든다. X^T는 행렬 X의 전치행렬이다.

$$W = XX^T = \begin{bmatrix} x_1 \\ x_2 \\ x_3 \\ x_4 \end{bmatrix} [x_1 \quad x_2 \quad x_3 \quad x_4] = \begin{bmatrix} x_1x_1 & x_1x_2 & x_1x_3 & x_1x_4 \\ x_2x_1 & x_2x_2 & x_2x_3 & x_2x_4 \\ x_3x_1 & x_3x_2 & x_3x_3 & x_3x_4 \\ x_4x_1 & x_4x_2 & x_4x_3 & x_4x_4 \end{bmatrix} \tag{12.32}$$

상호결합에 의해 n개의 유닛을 가진 네트워크에서는 n행 n열의 행렬로서 표현된다. 그리고 유닛 결합 간에 대칭성이 성립하여 시냅스 가중치는 동치가 된다. 자기 자신의 유닛에 대한 결합은 없으므로 (12.33)에 나타낸 것처럼 대각성분은 0인 대칭행렬에 의해 기억 패턴을 모델화할 수 있다.

$$\begin{bmatrix} 0 & w_{12} & \cdots & w_{1n} \\ w_{21} & 0 & \cdots & w_{2n} \\ \vdots & \vdots & \cdots & \vdots \\ w_{n1} & w_{n2} & \cdots & 0 \end{bmatrix} \tag{12.33}$$

다음에 나타내는 행렬 A를 기억시키고 싶은 패턴이라고 하고 호프필드 네트워크의 모델을 구축하면,

$$A=\begin{bmatrix} -1 \\ 1 \\ 1 \\ 1 \end{bmatrix} \tag{12.34}$$

A는 네 개의 유닛을 가지고 있으므로 호프필드 네트워크로 4행 4열의 시냅스 가중치 W_A에 상당하는 대칭행렬을 만든다. A^T는 행렬 A의 전치행렬이다.

$$W_A=AA^T=\begin{bmatrix} -1 \\ 1 \\ 1 \\ 1 \end{bmatrix}[-1\ 1\ 1\ 1]=\begin{bmatrix} 1 & -1 & -1 & -1 \\ -1 & 1 & 1 & 1 \\ -1 & 1 & 1 & 1 \\ -1 & 1 & 1 & 1 \end{bmatrix} \tag{12.35}$$

다음으로 대각성분이 0이므로 행렬 W_A는 다음과 같이 된다.

$$W_A=\begin{bmatrix} 0 & -1 & -1 & -1 \\ -1 & 0 & 1 & 1 \\ -1 & 1 & 0 & 1 \\ -1 & 1 & 1 & 0 \end{bmatrix} \tag{12.36}$$

이에 따라 행렬 A의 패턴을 기억한 호프필드 네트워크 모델이 구성되었다.

여기서 이 모델에 대해 행렬 A의 패턴에 가까운 정보로 행렬 A의 2열 성분을 1에서 −1로 변경한 행렬 A'를 입력 정보로 넣어 보자. 이 때 상기되는 출력을 Y라고 하고, $sgn(\cdot)$을 0 이상의 값을 취할 때 1을 출력하고, 0 보다 작은 값을 취할 때 −1을 출력하는 함수라고 하면,

$$Y = sgn(WA') = sgn\left(\begin{bmatrix} 0 & -1 & -1 & -1 \\ -1 & 0 & 1 & 1 \\ -1 & 1 & 0 & 1 \\ -1 & 1 & 1 & 0 \end{bmatrix}\begin{bmatrix} -1 \\ -1 \\ 1 \\ 1 \end{bmatrix}\right)$$

$$= sgn\left(\begin{bmatrix} -1 \\ 3 \\ 1 \\ 1 \end{bmatrix}\right) = \begin{bmatrix} -1 \\ 1 \\ 1 \\ 1 \end{bmatrix} = A \qquad (12.37)$$

가 되어, 패턴 A'로부터 패턴 A가 상기되고 있음을 확인할 수 있다.

다음에 호프필드 네트워크의 특징을 나열한다.

■ **호프필드 네트워크의 특징 :**

- 활성함수는 계단 함수이다.
- 자신에 대한 결합이 없으므로 시냅스 가중치는 0이 된다.
- 유닛 간의 상호결합이 완전히 대칭이 되어 있다. 따라서 유닛의 상호참조에서 각각의 시냅스 가중치의 값은 동치가 된다.
- 네트워크에 에너지 함수가 도입되어 있다.

12.3.3 볼쯔만 머신

볼쯔만 머신(Boltzmann machine)은 호프필드 네트워크를 개량한 것이다. 호프필드 네트워크의 에너지 함수는 국소 최소값이 존재하고 실제 최소값에 도달하는 것이 곤란했다. 그러나 볼쯔만 머신의 출력은 식 (12.20)에 보이는 것처럼 상태량의 부호에 따라 정해지는 것이 아니라, 식 (12.38)에 나타내는 확률식에 의해 유닛이 취하는 상태량이 정해진다. 이에 따라 국소 최소값에 빠진 경우에도 최소값에 도달할 가능성을 증가시킨다. 식 (12.38)에서 i_i는 유닛 i에 대한 입력이며, $T(T \geq 0)$는 네트워크가 가지는 온도를 나타낸다.

$$p_i = \frac{1}{1 + exp(-i_i/T)} \qquad (12.38)$$

확률 p_i의 값에 따라 유닛의 상태가 0인지 1인지 결정된다. 볼쯔만 머신에서는 온도 T에 의해 네트워크 전체의 행동이 변화된다.

온도를 도입하는 의미는 **모의 담금질**(simulated annealing)[54]이라는 방법을 이용하여 온도에 의해 네트워크의 행동을 제어하기 위한 것이다. 호프필드 네트워크에서는 에너지 함수가 감소하는 방향으로밖에 네트워크가 동작하지 않았지만, 볼쯔만 머신에서는 온도의 상태에 따라 에너지 함수가 증가하는 경우도 있다.

이 방법을 이용하여 볼쯔만 네트워크에서는 초기 상태변화에서 고온에서 네트워크를 가동시킴으로써 네트워크의 에너지가 높아지는 방향으로도 상태를 변화시켜 국소 최소값에 빠지는 것을 방지한다. 저온에서 네트워크를 가동시킴으로써, 네트워크의 에너지 변화가 작아져 안정상태로 수렴하는 방향으로 향하기 때문에 온도를 서서히 내려서 최종적인 해를 구한다.

볼쯔만 머신은 호프필드 네트워크와 마찬가지로 조합 최적화 문제를 푸는 데 유용하고, 호프필드 네트워크의 문제점이었던 국소 최소값에 빠지는 것을 피해 정답율을 높인다.

볼쯔만 머신의 특징을 다음에 나열한다.

■ **볼쯔만 머신의 특징 :**

- 호프필드 네트워크의 성능을 향상시킨다.
- 네트워크의 상태변화가 확률적이다.
- 모의 담금질에 의해 최적해를 구한다.

[54] "담금질"이란 금속공학에서의 방법으로써, 금속재료의 온도를 고온으로 가열하여 서서히 온도를 내려가는 것을 가리킨다. 고온에서 활성화된 금속의 원자는 온도를 천천히 내림으로써 원자가 규칙적으로 나열되어 금속을 가장 안정된 상태로 만들 수 있게 된다.

연습문제

문제 1 뉴럴 네트워크에서 뉴론의 모델을 도시하시오.

문제 2 뉴럴 네트워크의 기본적인 두 가지 모델을 나열하시오.

문제 3 퍼셉트론의 특징을 나열하시오.

문제 4 퍼셉트론에서 오류정정형 학습에 의해 시냅스 가중치가 어떻게 갱신되는지에 대해 설명하시오.

문제 5 백프로퍼게이션 알고리즘의 기본 학습 부분인 델타 규칙에 대해 설명하시오.

문제 6 일반화 델타 규칙에 대해 설명하시오.

문제 7 백프로퍼게이션 네트워크의 특징을 나열하시오.

문제 8 호프필드 네트워크의 특징을 설명하시오.

문제 9 호프필드 네트워크가 가지는 연상기억을 행렬 계산을 이용하여 확인하시오.

문제 10 볼쯔만 머신에서 이용되는 모의담금질이란 어떤 목적을 위해 이용되는지 설명하시오.

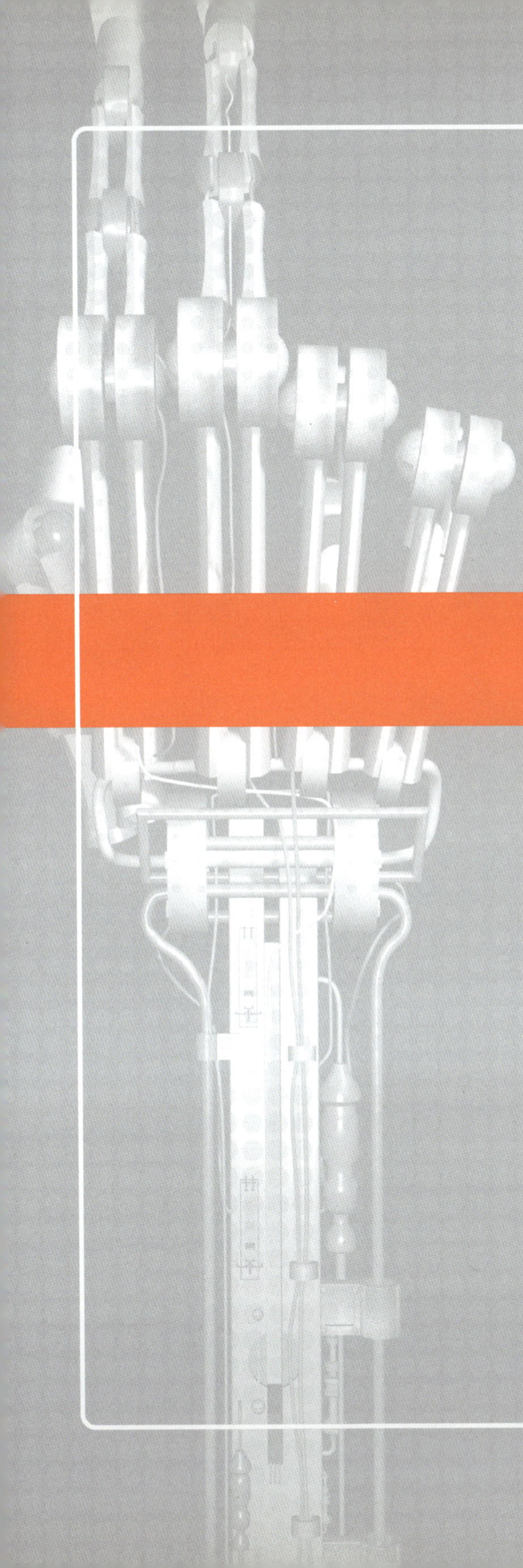

Chapter 13

유전자 알고리즘

환경에 적응하여 진화하는 생물의 역동성을 모방하여 전산처리의 알고리즘에 도입하려는 **진화 연산**(evolutionary computation)을 대표하는 알고리즘에 **유전자 알고리즘**(genetic algorithm: 이하 GA)이 있다.

GA는 생물이 환경에 적응하면서 종을 보존하고 진화를 수행하는 유전자의 교배 과정을 조합 최적화 문제 해결에서의 준최적해를 발견하는 알고리즘으로 선택한 것이다.

13.1 조합 최적화 문제

조합 최적화 문제(combinatorial optimization problem)란 복수의 사물을 조합하여 선택할 때, 어떤 제약조건에서 최적의 조합을 선택하는 문제를 말한다. 해가 존재한다는 것을 사전에 알고 있다면, 통상적으로 탐색공간을 샅샅이 조사하여 그 중에서 최적해를 발견하는 수순을 취한다. 그러나 조합의 총 수가 커지면 모든 조합을 조사하여 최적의 조합을 발견하는 것은 이론적으로는 가능할지라도 실시간으로 발견하는 것은 불가능한 경우가 많다. 특히 문제의 조합이 지수함수적으로 증가하는 경우에는 실시간으로 해결하는 것이 곤란하게 된다. 이 경우에 엄밀한 최적해를 구하는 것이 아니라, 실시간 안에 발견할 수 있는 준최적해로 최적해를 대신하는 방법을 취하는 것이 실용적이다.

GA에서는 조합 최적화 문제를 염색체 교배를 모방한 조합 문제로 표현하여, 교차를 시행해 세대를 거쳐가는 개체(염색체)의 진화과정을 최적해 발견의 탐색과정으로 간주한다. GA의 우수한 점으로, 랜덤으로 선택된 개체를 조합함으로써 해를 발견하는 것을 기본으로 하고 있기 때문에 평가함수의 연속성에 제약되지 않고 이산적인 탐색공간에서 해를 발견할 수 있다는 것을 들 수 있다. 그리고 진화의 과정은 평가치가 좋은 개체를 다음 세대에 남긴다는 것이기 때문에, 기본적으로 언덕 오르기 탐색과 같은 탐색 방침을 가지고 있다고 생각할 수 있다. 언덕 오르기탐색의 문제점은 탐색공간이 봉우리가 많은 공간일 경우에 국소해에 빠져서 최적해를 발견하지 못하게 되는 것이었다. GA에서는 이것을 피하기 위하여 부모 개체의 교차에 의해 자식 개체를 생성한 후에 돌연변이라는 수순을 이행하여 자식 개체가 부모 개체의 성질에 빠지는 것을 피하고 있다. 이것은 탐색공간 안에서 완전히 다른 장소에 교차 대상인 개체를 출현시키는 것이 되어, 이에 따라 국소해 근방에서 탈출할 수 있도록 하고 있다.

13.2 코딩

생물이 진화하는 것은 개체가 환경으로부터 영향을 받아, 그 영향이 유전자에 미치게 됨으로써 다음 세대에 태어나는 개체가 그 환경에 대해 더 잘 적응하는 형태가 되기 때문이다. GA에서는 이와 같이 유전자에 의해 발견된 개체를 **표현형**(phonotype)이라고 하고, 유전자를 표현하는 것을 **유전자형**(genotype)이라고 부른다. GA에서는 표현형을 유전자형으로 표현하여 그것을 이용하여 계산을 수행한다.

이와 같이 표현형을 유전자형으로 표현하는 방법을 **코딩**(coding)(혹은 인코딩

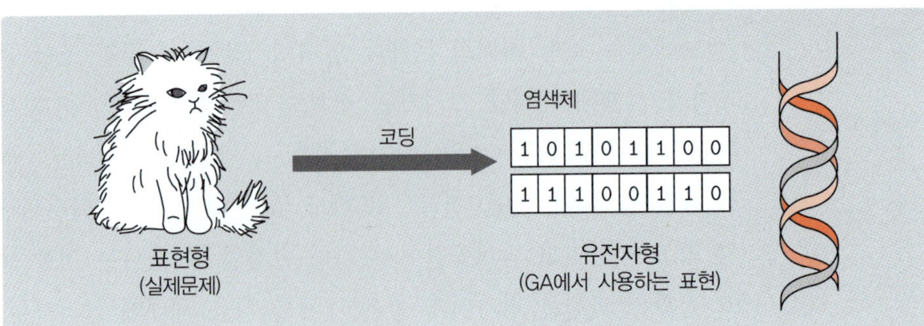

[그림 13.1] 표현형과 유전자형

(encoding))이라고 한다. 구체적으로는 그림 13.1에 나타내는 것처럼 **염색체**(chromosom)에 대해 **유전자**(gene)를 염색체 상에서 유전자가 배치되는 장소인 **유전자좌**(locus)에 배치하는 것을 가리킨다. GA를 사용할 때는 이 코딩 작업이 매우 중요하여, 표현형을 적절히 반영하지 않는 등의 코딩 상의 오류가 존재할 경우 교차나 돌연변이 등의 GA 조작을 수행할 때 적절한 해를 얻을 수 없을 수도 있기 때문에 주의가 필요하다.

13.3 처리의 흐름과 기본 조작

기본적인 GA 처리의 흐름을 그림 13.2에 나타낸다.

그리고 이 그림의 처리 흐름을 다음에 설명한다.

처리의 큰 흐름은 처음에 교차를 이행하기 위한 유전자(초기집단)을 랜덤으로 준비한다. 그 중에서 부모가 될 개체를 선택하여 특정 교차율 하에서 교차를 수

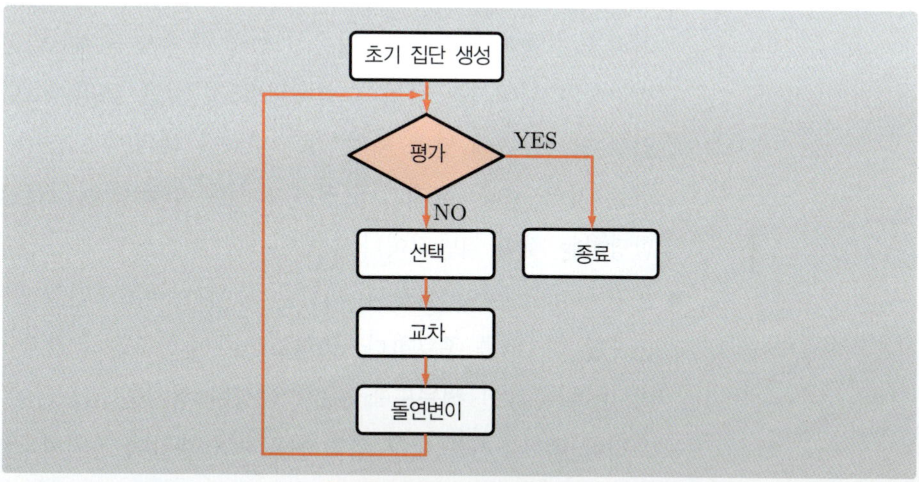

[그림 13.2] GA 처리의 흐름

행하고 특정 돌연변이율에 따라 돌연변이를 일으켜 부모의 성질에 빠지지 않는 자식 개체의 집단을 생성한다. 이 집단이 사전에 설정한 평가 조건을 만족할 때까지 처리를 반복한다.

step 1. (초기집단 생성) 랜덤으로 결정된 유전자를 가진 N개의 개체로부터 초기개체집단을 생성한다.
step 2. (평가) 개체의 적응도를 구하여 실용해로 간주할 수 있는 것이 있으면 그것을 해로 하고 처리를 종료한다. 그 외 경우에는 step 3로 진행한다.
step 3. (선택) 적응도를 바탕으로 중복을 허용해서 N개의 다음 세대 개체후보를 선택한다.
step 4. (교차) 개체를 두 개씩 랜덤으로 조합하여 부모로 하고, 그것들의 유전자를 교차시켜 두 개의 자식 개체를 만들어 그것을 부모 개체와 바꿔 넣는다. 단, 교차의 발생확률은 특정한 교차율에 의해 지정한다.
step 5. (돌연변이) step 4에서 얻은 각 개체에 대해 돌연변이율을 지정하여 돌연변이를 일으킨다. setp 2로 진행한다.

다음에 처리 흐름 중에 나타나는 각 부분에 대해 설명한다.

- 초기집단(initial population) : 초기집단이란 최초 세대의 부모 개체군으로써, 다시 말해 GA의 초기값에 해당한다. 그리고 그 자체도 해의 후보 집단이며 그 해를 더 최적화하는 것이 GA의 처리가 된다. GA 처리에서는 부모 개체의 성질로부터 멀리 떨어지지 않는 다음 세대를 만들어 가는 처리를 수행하기 때문에, 많은 가능성 중에서 최적이라고 생각되는 해를 발견하기 위해서는 금방 수렴해버릴 것 같은 해의 후보로부터 시작하지 않고 탐색공간에 널리 퍼져 있는 다양한 해의 후보를 초기집단으로 선택하는 것이 좋다. 그래서 코딩하기 전에 염색체 상의 유전자를 랜덤으로 할당하는 것이 일반적이다.
- 평가(evaluation) :산출된 개체군 중에서 종료조건을 만족하는 것(해)이 존재할 때 GA를 종료한다. 종료조건은 출현하는 유전자에 대해 평가함수가 취하는 값인 **적응도**(fitness)가 설정된 역치를 넘는가에 의해 판정된다. 그러나 종료조건을 너무 엄격하게 하면 계산이 좀처럼 끝나지 않는다. 그리고 최적해를 모르기 때문에 역치를 설정하는 것이 곤란한 경우가 일반

적이기 때문에 교차하는 세대 수의 최대값을 사전에 설정하여 그것을 종료조건으로 하는 경우가 많다.

- 선택(selection) :교차 대상이 되는 부모 개체를 선택하는 조작으로써, 여러 가지 선택 방식(13.4절 참조)에 따라 다음 세대에 남기는 자식 개체가 선택된다. 여러 가지 선택 방식 중에서도 영역 보존 방식은 다른 선택 방식과 동시에 이용되어 빈번하게 적용된다.
- 교차(crossover) :유전자의 재조합으로 새로운 개체를 발생시키는 조작. 선택으로 결정된 개체군으로부터 **특정 교차율**(crossover rate)을 기반으로 부모를 선택하여 부모집단을 만든다. 그 중에서 랜덤으로 부모 쌍을 만들어 각각에 대해 교차 조작을 적용한다(13.5 절 참조).

  이렇게 얻은 자식 개체군은 부모 개체군과 다르게 된다. 이러한 세대 교체 모델을 **이산 세대교체 모델**(discrete generation alternation model)이라고 한다. 그리고 부모세대의 개체군과 교차로 얻은 개체군 양쪽에서 다음 세대의 개체군을 선택하는 모델을 **연속 세대교체 모델**(continuous generation alternation model)이라고 한다. 전자는 부모세대보다도 좋은 적응도를 가진 개체가 출현한다는 보장이 없는 반면, 후자는 개체의 다양성이 부족하여 적응도에 큰 변화가 따르지 않는다는 단점을 가진다. 일반적으로는 이산 세대교체 모델을 기본으로 하여 적응도 값이 높은 전 세대의 개체를 다음 세대에 이어가는 엘리트 보존전략(나중에 설명)이 다른 선택방식에 추가되어 사용되는 경우가 많다. 그리고 교차로 만들어진 다음 세대의 개체 수는 부모와 같은 수가 되도록 하여 해의 후보를 일정한 수로 보존하는 방법이 일반적이다.
- 돌연변이(mutation) : 유전자의 특정 부분을 변경하는 조작(그림 13.3). 돌연변이를 처리 안에 넣는 이유는 교차에 의해 생성된 개체군은 당연히 부모의 성질을 이어받고 있기 때문에 교차의 방향성에 치우침이 나타날 가능성이 있기 때문이다. 그래서 해로 얻어지는 것이 국소해가 되어 최적해가 구해질 수 없게 되어버리는 경우가 있다. 이것을 피하기 위해 돌연변

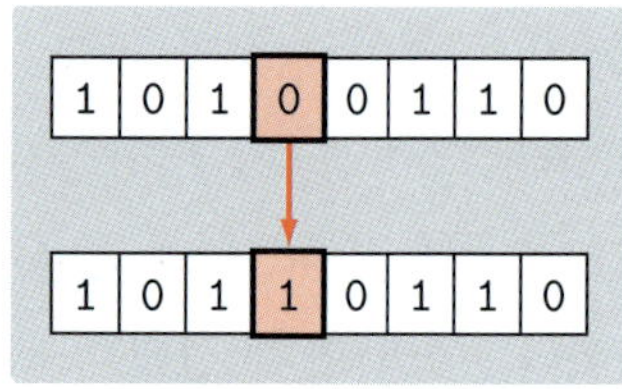

[그림 13.3] 돌연변이

이는 염색체 상의 어떤 유전자를 일정한 **돌연변이율**(mutation rate)로 다른 대립 유전자로 바꿔치기를 함으로써 부모의 교차만으로는 생성할 수 없는 자식을 생성해서 개체군의 다양성을 유지한다. 이것은 탐색공간 안에서 광범위한 영역으로부터 가능한 한 최적해를 발견하는 조작을 지원한다.

13.4 여러 가지 선택방식

다음에 여러 가지 선택방식을 나타낸다.

- 룰렛 선택방식(roulette wheel selection) : **적응도 비례 선택방식**(fitness proportionate selection)이라고도 부르며, 가장 기본적인 선택방식으로 일컬어진다. 각 개체의 적합도에 맞춰서 선택확률을 바꿔서 그 확률에 따라 다음 세대가 될 개체를 남긴다. 이것은 룰렛판을 선택하기 쉽도록 면적을 나눠서 선택을 수행하는 것과 비슷하다. 그래서 "룰렛" 선택방식이라고 부른다. 개체 수를 n, 어떤 개체 i의 적합도를 f_i라고 하면, 어떤 개체 i가 선택되는 확률 P_i는 다음과 같이 나타난다.

$$P_i = \frac{f(i)}{\sum_{i=1}^{n} f(i)}$$

- 랭킹 선택방식(rank selection) : 룰렛 선택방식이라면 적합도에 큰 차가 있을 경우, 항상 적응도가 큰 개체만 남게 되어 다른 개체가 선택될 가능성이 극단적으로 적어질 가능성이 있다. 그래서 적응도의 순위(랭킹)를 바탕으로 하여 선택하는 개체 수를 사전에 정해두는 방식이 고안되었다. 이 방식에서는 적응도의 순위만 문제가 되고 적응도 자체의 값은 고려되지 않는다.
- 기대값 선택방식(expected-value selection) : 각 개체의 적응도에서 기대값을 구해, 기대값에 의해 다음 세대에 남길 개체 수를 결정하는 방식이다. 룰렛 선택처럼 난수를 사용한 확률적 선택방식에 의한 선택의 치우침을 피하는 방식.
- 엘리트 보존방식(elitism) : 글자 그대로의 의미로, 엘리트로 간주되는 적응도가 높은 개체를 그대로 다음 세대에 남기는 방식. 엘리트인 개체는 교차나 돌연변이에 의한 변형을 하지 않고 그대로 다음 세대에 남긴다.
- 토너먼트 선택방식(tournament selection) : 랜덤으로 토너먼트 조를 짜서 그 중에서 이겨서 남은 것(적응도가 높은 것)을 선택하여, 필요한 개체 수가 될 때까지 반복한다.

교차 대상이 되는 부모 개체의 선택은 교차하는 위치가 다르면 다른 자식 개체가 출현하기 때문에 반복하는 처리 중에 가끔씩 이전에 처리한 같은 부모 개체가 교차 대상이 되더라도 문제가 없다. 단, 같은 부모 개체로부터는 같은 자식 개체가 출현할 가능성이 높게 되므로 기본적으로 동일한 개체를 선택하는 것은 피한다.

13.5 여러 가지 교차방식

다음에 여러 가지 **교차방식**(crossover method)(혹은 **교차연산자**(crossover operator))을 설명한다.

- 일점 교차(1 point crossover) : 유전자의 교차점이 되는 한 점을 랜덤으로 선택하여 그 점 다음의 코드를 교환한다(그림 13.4).

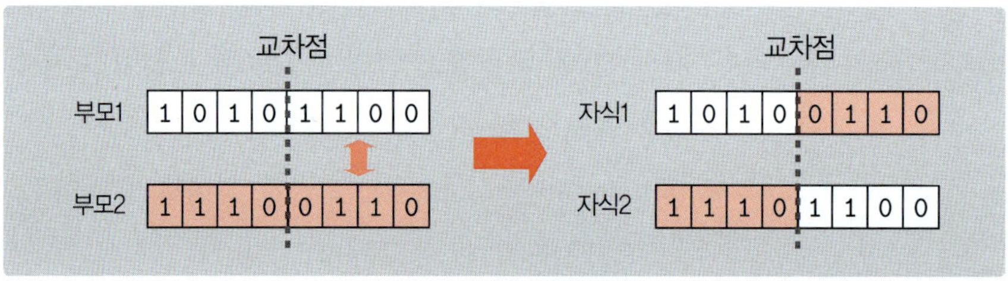

[그림 13.4] 일점 교차

- 다점 교차(multi-point crossover) : 교차점이 다수 존재하여 그 교차점에 끼어있는 코드를 교환한다(그림 13.5).

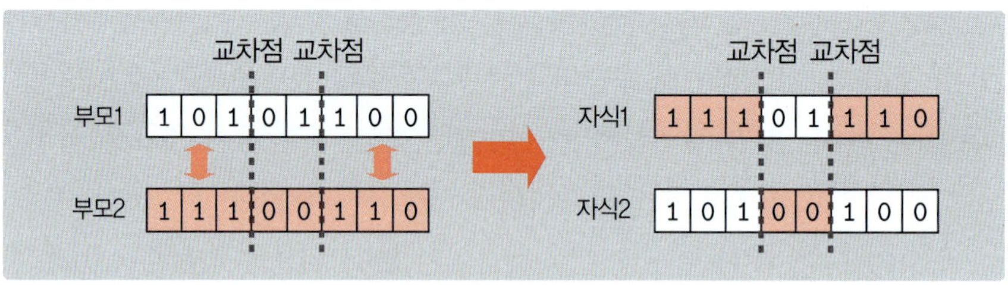

[그림 13.5] 다점 교차

- 균등 교차(uniform crossover) : 마스크 패턴(교차 위치를 정한 표)을 미리 준비해 둔다. 두 개의 부모 개체(부모1과 부모2)를 대상으로 마스크의 비트가 1이면 부모1의 값을, 비트가 0이면 부모2의 값을 자식1에 복사한다. 그리고 자식2에 대해서는 그와 반대로 복사하는 조작을 수행한다(그림 13.6).

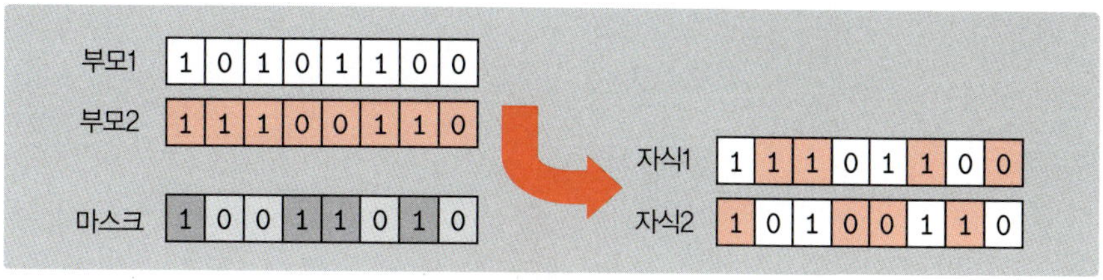

[그림 13.6] 균등 교차

13.6 GA를 사용한 시뮬레이션

GA를 사용하여 최적화 문제를 푸는 예로써 배낭 문제(knapsack problem)를 들 수 있다. 배낭 문제란,

> 어느 정해진 크기의 배낭 안에 가격과 무게가 다른 복수의 물건을 넣으려고 했을 때, 배낭을 가져갈 제한 중량 이내로 배낭의 내용물이 가장 비싼 가치가 되도록 하려면 어떤 조합으로 물건을 넣어야 좋은가?

라는 문제다.

물건의 수를 N개, 각 물건의 가치를 v_1, v_2, $\cdots$, v_N이라 하고, 중량을 w_1, w_2, $\cdots$, w_N, 배낭의 제한 중량을 r, 배낭 총합 가치를 V라고 하자. 배낭을 채우는 것을 1, 채우지 않는 것을 0으로 하는 결정 변수 $x_i (i = 1, 2, \cdots, N)$를 이용한다고 하자. 이로부터 배낭 문제는 다음과 같이 정식화할 수 있다.

- 목적함수

$$\max_{x_i} V = \sum_{i=1}^{N} v_i x_i \qquad (13.1)$$

가치	4	5	3	4
무게	3 kg	4 kg	2 kg	3 kg

[그림 13.7] 배낭 문제의 이미지

- 제약식

$$\sum_{i=1}^{N} w_i x_i \leq r \qquad (13.2)$$

$$x_i \in \{0,\ 1\} \qquad (13.3)$$

물건이 N개 있다고 하면, 배낭에 채울 물건의 모든 조합은 2^N이 되어 최적의 조합을 그 중에서 순서대로 찾아나간다는 것은 너무나 시간이 많이 걸린다. 그래서 이 문제를 **단순 GA**(simple genetic algorithm)를 이용하여 푸는 것을 생각해보자. 단순 GA란 유전자의 표현형식이 1과 0이고, 선택 방식으로 룰렛 선택방식, 교차법으로는 일점 교차인 일반적인 방법을 채용한 유전자 알고리즘이다. 물건

[그림 13.8] 배낭 문제 코딩

[표 13.1] 물건 번호에 대한 가치와 무게

물건번호	1	2	3	4	5	6	7	8	9	10
가치	10	8	4	10	5	6	8	8	9	7
무게	2	3	2	9	3	4	5	6	6	3

하나하나를 염색체의 유전자좌라고 간주하면, 어떤 물건이 염색체 안에 포함되는 경우에는 1, 포함되지 않을 경우에는 0으로 유전자형을 코딩할 수 있다. 그림 13.8에 물건이 10개 있을 때의 코딩 양상을 나타낸다.

여기서 물건을 10개라고 하고 그 가치와 무게를 표 13.1에 나타내는 것과 같이 설정하여 시뮬레이션을 수행한다고 하자.

선택한 물건 가치의 합계를 적응도라고 하고, 배낭에 채워넣을 중량 제한인 15kg을 제약 조건이라고 하자. 이 제약 조건을 넘어버린 유전자에는 패널티로 (가치/무게의 제곱)으로 주어지는 낮은 값의 적응도를 부여하기로 한다[55]. 그리고 교차법으로 일점 교차를 이용하여 세대 수를 100으로 하고, 교차 모델로 이산 세대교체 모델을 적용하여 다음 세대의 개체 총수를 부모 개체 총수와 같은 수인 40으로 한다. 거기다가 엘리트 보존전략을 적용하여 부모 세대에서 적응도가 최고값인 부모 개체와 자식 세대에서 적응도가 최소값의 개체를 교환한다. 교차율을 1.0, 돌연변이율을 0.02, 0.05, 0.1, 0.2, 0.3으로 하여 시뮬레이션을 수행한 결과를 그림 13.9에 나타낸다.

이 배낭 문제에서 최적해는 유전자가 {1, 1, 1, 0, 0, 0, 1, 0, 0, 1}의 값을 가질 때의 적응도가 "37"이 된다. 그림 13.9로부터 돌연변이율이 0.02인 경우가 최적해에 가까운 값을 구할 수 있음을 알 수 있다.

일반적으로 GA의 시뮬레이션에서는 선택방식, 교차법 등의 방식, 그리고 교차율, 돌연변이율의 파라미터 등에 대해 최적의 것을 선택하기 위한 명확한 방침이 존재하지 않는다. 그래서 그것들을 적당히 변경해서 결과를 비교하여 문제

[55]이와 같이 제약조건을 만족하지 않고 낮은 적응도 값을 부여받은 개체를 치사유전자(lethal gene)라고 한다.

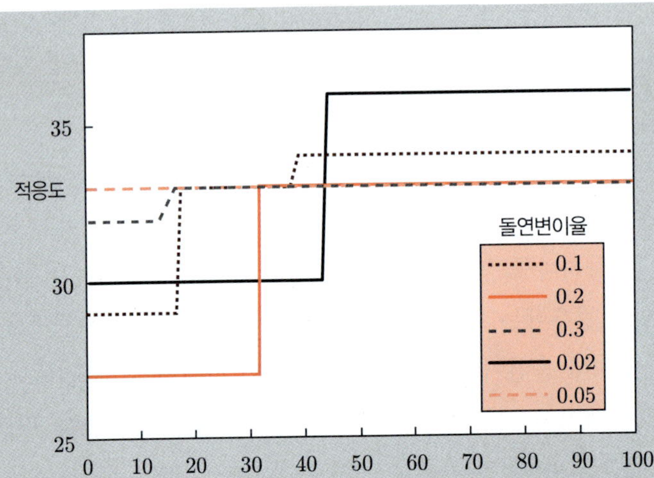

교차 : 일점 교차
세대수 : 100
교차 모델 : 이산세대교대 모델
개체 총수 : 40 (다음세대의 개체수를 부모세대의 개체총수와 같게 함)
선택방식 : 유닛 보존 전략
목적함수 : 식 (13.1)
제약식 : 식 (13.2)
교차율 : 1.0
돌연변이율 : 0.02, 0.05, 0.1, 0.2, 0.3

[그림 13.9] GA를 사용한 배낭 문제 시뮬레이션 결과

마다 적절한 방침을 동시에 뽑아낼 필요도 있다.

GA의 특징을 다음에 정리한다.

- **장점 :**
  - 문제를 적절히 모델화(코딩)할 수 있다면 여러 가지 문제에 적용가능하다.
  - 최적해는 발견할 수 없어도 최적해에 가까운 준최적해를 실시간으로 발견할 수 있다.
- **단점 :**
  - 선택방식, 교차법, 파라미터 설정 등에서 명확한 지침이 존재하지 않고 시행착오에 의한 결정에 의존하는 경우가 많다.

연습문제

문제 1 GA는 어떤 문제에 적용될 수 있는지 설명하시오.

문제 2 GA 알고리즘에 대해 설명하시오.

문제 3 GA 알고리즘에서 돌연변이의 역할을 설명하시오.

문제 4 조합 최적화에 의해 문제해결이 가능한 예를 들어서 유전자로의 코딩을 나타내시오.

문제 5 돌연변이율 값의 대소에 의해 교차에는 어떤 영향이 나타나는지 설명하시오.

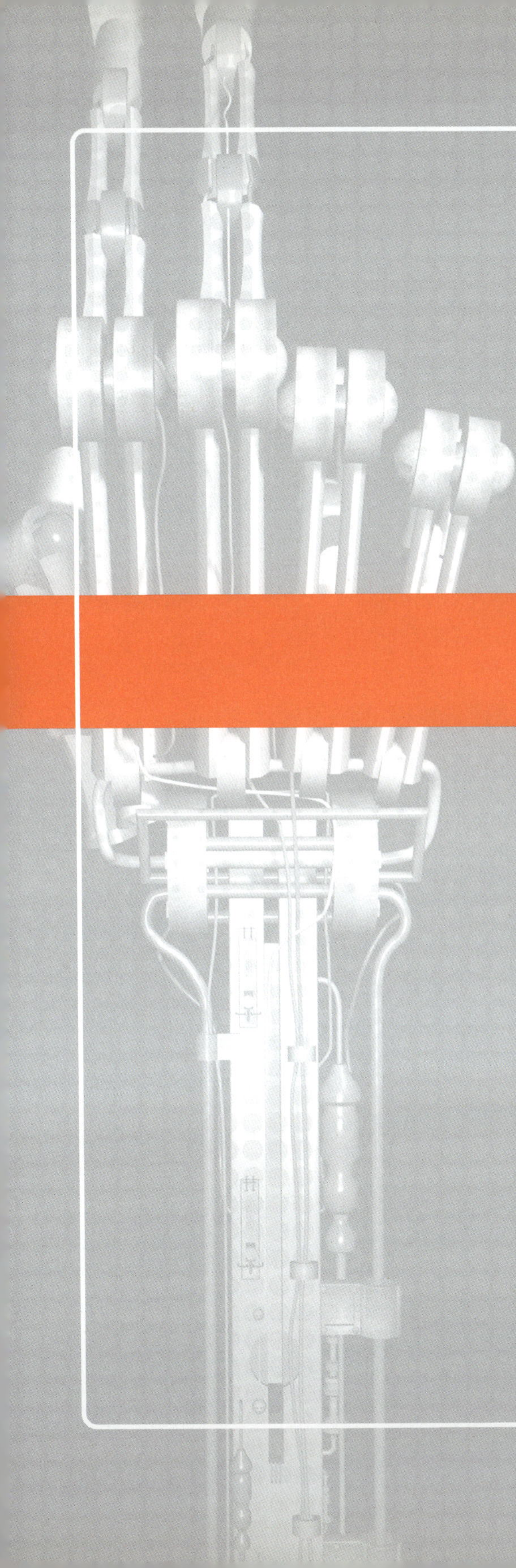

Chapter 14

에이전트

1990년대에 들어서 **분산 인공지능**(distributed artificial intelligence)이라는 기술이 주목받게 되어, 현재는 인공지능 연구의 큰 기둥 중 하나가 되어 있다. 이 기술의 발단이 된 아이디어는 1985년에 민스키가 출판한 "마음의 사회(The Society of Mind)"[51]라는 책에서 "마음"에 관한 여러 가지 현상을 에이전트라는 구성요소의 상호작용으로 설명한 것으로부터라고 말한다.

14.1 에이전트란

에이전트(agent)란 영어를 한국어로 번역하면 "대리인", "동작주" 등으로 해석된다. 각각의 의미는 다음과 같이 나타낼 수 있다.

- 대리인 : 여행대리점처럼 여행자를 대신해서 여행 계획을 세우는 등 전문적 지식이나 기술을 가지지 않은 사람의 대리가 되어 그 사람의 작업을 대행하는 직업을 가진 사람을 의미한다.
- 동작주 : 스스로의 의지 하에 행동을 일으키는 주체를 의미한다.

인공지능 기술에서는 인간의 활동을 모방한 인공 시스템을 가리키고, 인간의 내면적인 측면인 "마음"은 각자 독자적인 전문성을 가진 복수의 에이전트의 상호작용에 의해 발생되는 현상으로 설명된다. 그리고 인간이 외적인 환경과의 상호작용으로 만들어내는 "사회"는 한사람 한사람의 인간을 각각의 에이전트로 간주하여 그 에이전트들 간의 상호작용으로 발생되는 현상이라고 하는 견해를 보인다.

에이전트 기술은 소프트웨어 시스템 개발에서 인간과 소프트웨어 간의 상호작용에 의인화적인 요소를 도입한 인터페이스 구축과 소프트웨어 간의 협조를 가져오는 네트워크 기술이 융합하여 성립된다.

각각의 에이전트는 하나의 프로그램 단위로 표현되지만, 기존 시스템처럼 단독 프로그램으로 동작하지 않고 제각각 의인화적인 특징을 가지고 상호작용을 일으켜 협조작업을 수행함으로써 특정한 목적의 일을 달성한다.

에이전트 동작의 특징으로는 다음에 나타내는 것들을 들 수 있다.

- 대리성(agency) :클라이언트로부터 권한을 양도받아서 클라이언트 대신에 목적한 작업을 달성한다.
- 자율성(autonomy) : 주어진 환경에 대해서 자기가 가진 목적을 달성하기 위한 의사결정을 수행하여 그것에 따라 행동한다.
- 협조성(sociality) : 어떤 목적을 달성하기 위해 전문성이 다른 에이전트가 서로 협조하여 작업한다.
- 지속성(continuity) : 목적 달성을 위한 의도를 지속적으로 유지한다.
- 지적성(intelligence) : 상황에 따라 자기가 가진 지식을 유연하게 변화시켜 나간다.
- 반응성(reactivity) : 환경 변화에 대응해서 행동을 결정한다.
- 이동성(mobility) : 네트워크 상에서 이동하여 다른 에이전트와 협조작업을 수행한다.
- 자발성(pro-activeness) : 목적 달성을 위해 자발적으로 행동한다.

14.2 에이전트의 역할과 종류

에이전트에는 위에서 기술한 특징을 갖춘 여러 가지 종류의 것들이 존재한다. 클라이언트와 에이전트, 혹은 에이전트끼리 사이버 공간에서의 상호작용을 나타낸 것을 그림 14.1에 보여준다.

각 클라이언트에게는 자기 비서와 같은 역할을 담당하는 **개인 에이전트**(per-

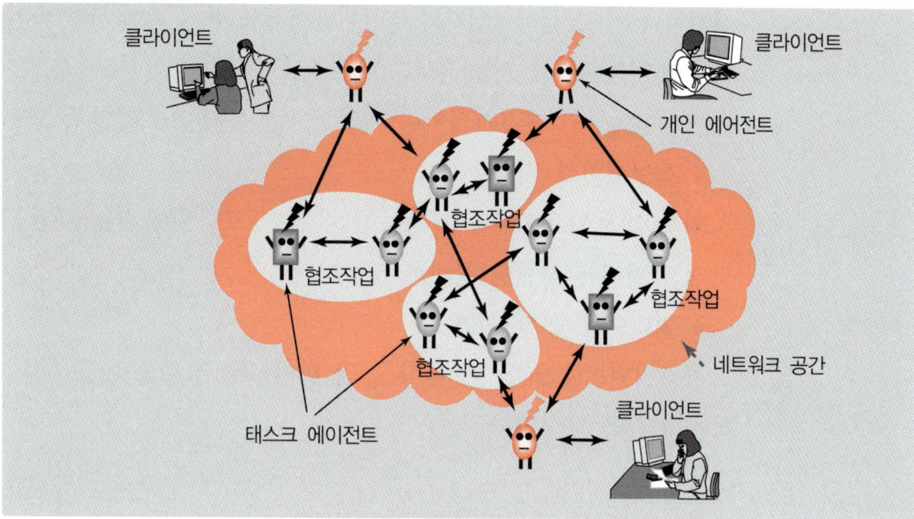

[그림 14.1] 에이전트 시스템의 개관

sonal agent)("**비서 에이전트**(secretary agent)"라고도 한다)가 존재하고, 그 개인 에이전트가 클라이언트로부터 받은 태스크를 완수하기 위하여 사이버공간에서 태스크를 해결할 수 있는 전문성을 가진 **태스크 에이전트**(task agent)에게 의뢰한다. 태스크 에이전트는 태스크의 내용에 따라 다른 태스크 에이전트와 협조하여 그 태스크를 달성한다.

이와 같이 각 에이전트는 주어진 태스크를 해결하기 위한 전문성을 가지고 있다. 개인 에이전트에서 분류되는 인터페이스 에이전트와 태스크 에이전트 간의 상호작용에 의해 태스크를 수행하는 멀티 에이전트 시스템에 대해 다음에 설명한다[56].

14.2.1 인터페이스 에이전트

인터페이스 에이전트(interface agent)란 클라이언트에게 직접 접촉하는 에이전트를

[56]에이전트의 종류에 관해서는 기능에 따라 다양한 것들이 존재한다. 참고문헌[14]에 상세한 설명이 기록되어 있다.

가리키며, 주로 클라이언트와 커뮤니케이션을 하기 위해 다음의 기능을 가진다[14].

◆ **개인정보관리 기능**

클라이언트의 배경지식이나 개인정보를 유저 프로파일로 보유하고 관리한다.

◆ **정보개인화 기능**

외부 정보원으로부터의 정보를 유저 프로파일에 따라 취사선택하여 상황에 맞게 유저에게 적절한 형태로 제공한다.

◆ **멀티모달 대화 기능**

클라이언트에게 음성, 영상 등의 멀티모달 정보를 이용하여 인터렉션을 수행하는 기능을 제공한다.

14.2.2 멀티 에이전트 시스템

멀티 에이전트 시스템(multi-agent system)은 인간사회에서 하나의 프로젝트를 수행하기 위하여 서로 다른 전문성을 가진 복수의 사람이 관여하여 작업하는 것과 마찬가지로, 각각 전문성을 가진 복수의 태스크 에이전트가 서로 협조함으로써 주어진 태스크의 해결을 수행하는 구조를 가리킨다.

멀티 에이전트 시스템을 가동하기 위해서는 각 에이전트에게 태스크의 일부를 분배하여 각각 세부문제를 해결한 후에 최종적인 해로써 그 결과를 다시 종합할 필요가 있다. 이와 같은 일을 실행하기 위해서는 에이전트의 상태에 맞춰 동적으로 태스크를 분배하고, 협조할 작업을 수행하기 위한 통신수단이 필요하게 된다. **계약망 프로토콜**(contract network protocol)은 이와 같은 태스크를 실행하기 위한 에이전트 간의 통신 프로토콜이다.

계약망 프로토콜을 사용한 처리는 크게 나누면 다음 4개의 프로세스로 된다(그림 14.2 참조).

(a) 태스크 통지(task announcement)

할당할 태스크를 가진 에이전트는 **매니저**(manager)가 되어 다른 에이전트에 대해

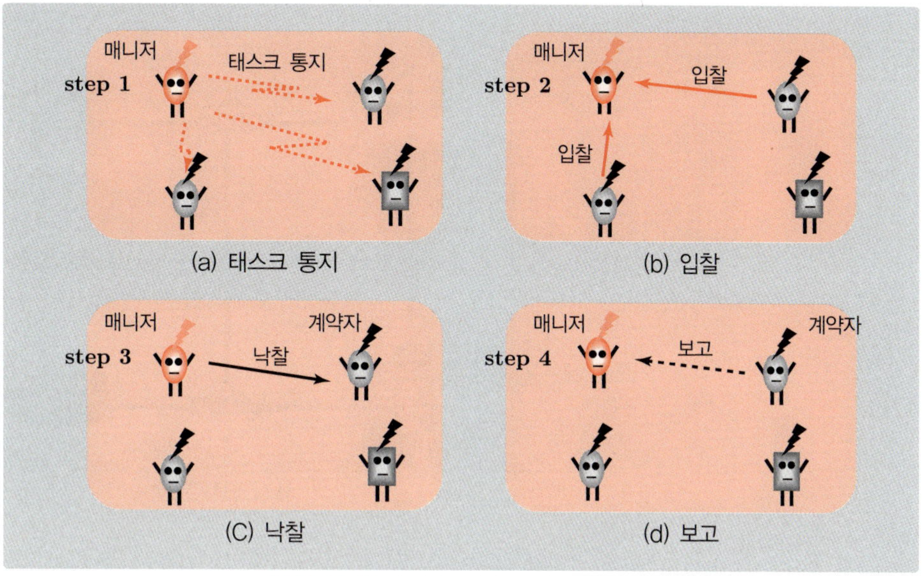

[그림 14.2] 계약망 프로토콜에 의한 처리

태스크 통지(태스크의 내용, 사양, 입찰기한 등에 관한 정보를 포함한다)를 수행한다.

(b) 입찰(bid)

태스크 통지를 받은 에이전트는 통지의 내용이 자기가 처리할 수 있는지 알아보고, 자기가 처리를 맡고 싶을 경우, 입찰의 메시지를 매니저 에이전트에게 보낸다.

(c) 낙찰(award)

매니저 에이전트는 받은 입찰 메시지 중에서 태스크를 처리하는데 가장 적당한 에이전트에 대해 낙찰 메시지를 보낸다.

(b) 보고(report)

낙찰을 받은 에이전트는 **계약자**(contractor)가 되어 태스크를 실행하고 실행결과를 매니저 에이전트에게 보낸다.

계약망 프로토콜을 사용한 멀티 에이전트 시스템의 한 예로서 택시의 배차문제를 생각해보자.

지금 집에서 관광명소인 피사의 사탑으로 5명을 보내고 싶다는 의뢰가 택시

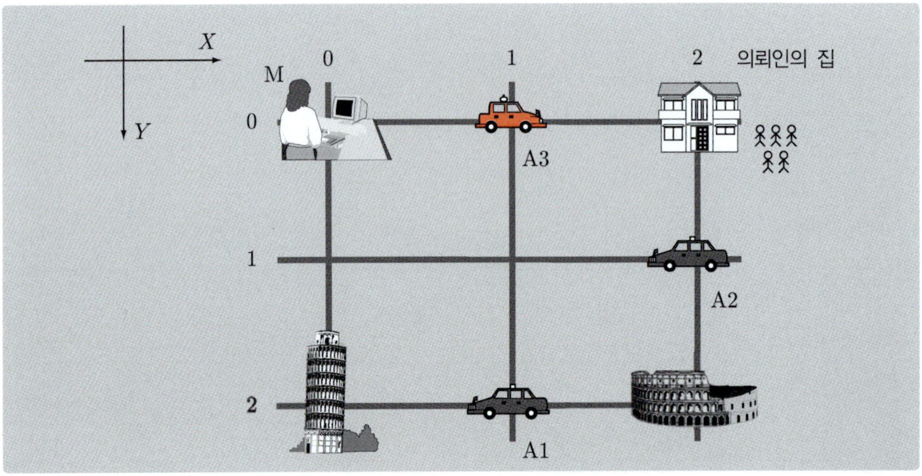

[그림 14.3] 택시 배차 문제

회사 M에 들어왔다고 한다. 의뢰인의 집은 그림 14.3의 좌표 (2,0)에 있고[57], 관광명소 피사의 사탑은 좌표 (0,2)에 있다. 그리고 현재 좌표 (1,2), 좌표 (2,1)에는 각각 6인승 대형택시 A1, A2가 도로를 순회하고 있고, 좌표 (1,0)에는 4인승 소형택시 A3가 순회하고 있다. 이때 택시회사로서는 빨리 의뢰인 쪽으로 가서 5명을 태워서 관광명소 피사의 사탑으로 가려고 한다.

처음에 택시회사 M으로부터 도로를 순회하고 있는 택시로 태스크 통지가 이루어진다(그림 14.4).

태스크의 통지를 받은 택시는 자격 사양의 조건을 체크하여 대형택시(이 문제의 경우, 5명 승차 이상으로 함)만 해당함을 발견한다. 따라서 택시 A1, A2 두 대가 자격에 해당하여 그림 14.5와 같이 입찰을 한다.

입찰 기한이 지나간 다음, 그림 14.6과 같이 입찰한 두 대 중에 의뢰인의 집에 가까운 택시 A2에게 일을 의뢰한다(낙찰).

의뢰받은 일이 완료된 후, 그림 14.7과 같이 택시 A2는 택시회사에 일이 완료되었음을 보고한다(보고).

[57] X좌표를 수평을, Y좌표를 수직을 나타낸다.

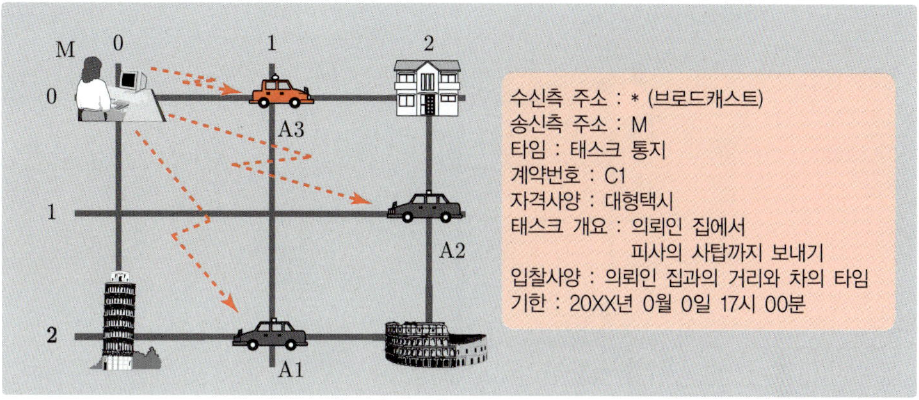

[그림 14.4] 태스크의 통지

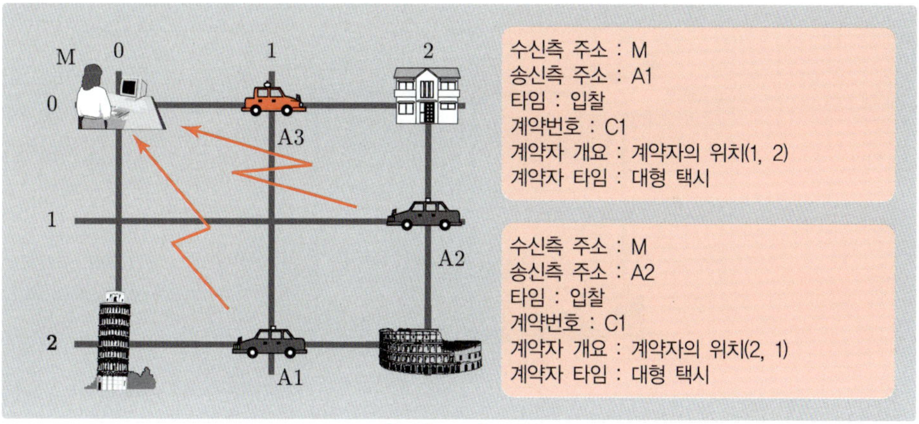

[그림 14.5] 입찰

위에 기술한 예에서는 계약망 프로토콜을 이용하여 하나의 일을 에이전트에게 의뢰한 것이지만, 일반적으로는 매니저가 된 에이전트는 계약망 프로토콜을 이용하여 복수의 에이전트에게 하나의 일을 세부 문제로 분할하여 분배하고, 각 에이전트가 해결한 세부 문제의 해를 매니저에게 보고하여, 매니저는 그 해들을 종합하여 최종적으로 하나의 문제의 해를 얻는다. 그리고 일을 분배받은 에이전트는 자체적으로 매니저가 되는 것도 가능하여 계층적인 태스크 할당에 의한 문제해결을 시도하는 것도 가능하다.

또한, 계약망 프로토콜의 큰 특징으로 **상호선택**(mutual selection)의 구조를 들 수

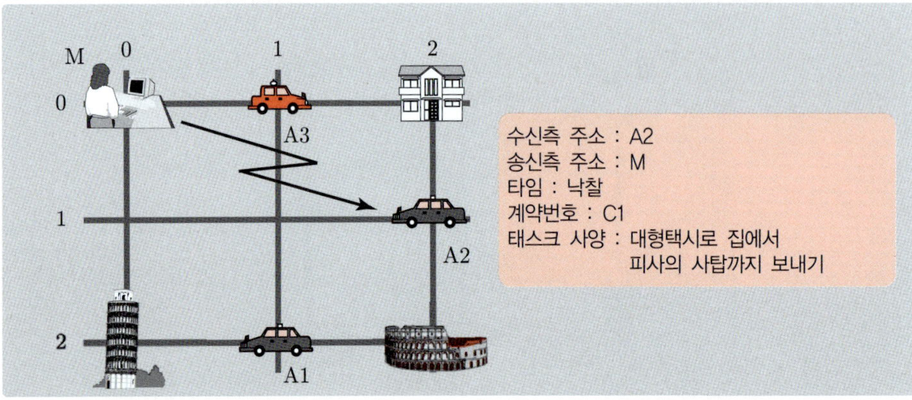

[그림 14.6] 낙찰

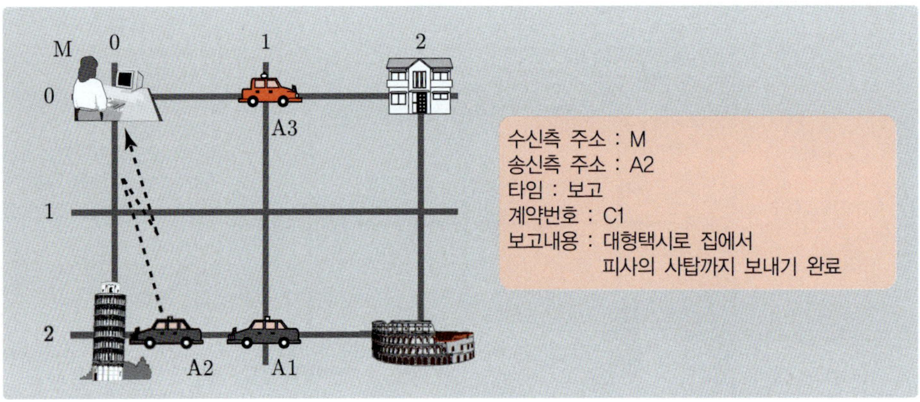

[그림 14.7] 보고

있다. 계약망 프로토콜에서는 에이전트 간의 통신에서 자격사양, 태스크 개요, 입찰사양 등의 정보를 교환하는 것이 기본적인 통신 내용으로 되어 있기 때문에 매니저와 에이전트는 동등하게 적절한 상대에게 일을 의뢰 혹은 청부할 수 있다.

14.3 에이전트 간 통신

각 에이전트가 서로 통신을 수행하여 처리내용을 전달하고 서로 협조하기 위해서는 공통의 통신언어를 가질 필요가 있다. 그 공통의 통신언어를 **에이전트 간 통신언어**(ACL : Agent Communication Language)라고 한다. 대표적인 에이전트 간 통신언어로 KQML[38]과 FIPA-ACL[52]이 있다. 에이전트 간 통신언어에 의한 메시지는 인간의 통신수단을 예를 들어 보면 전자메일과 같은 것에 상당하며 소프트웨어인 에이전트가 그 내용을 이해할 수 있도록 내용의 형식화가 되어 있다. 기본적으로 에이전트 간 통신언어는 어휘, 메시지 내용, 메시지 행위의 세 가지 레벨로 구성되어 있다. 다음에 각 내용을 나타낸다.

- 어휘 : 통신 메시지에 포함된 어휘가 어떤 대상물이나 관계를 가리키고 있는지를 에이전트끼리 공통으로 인식할 수 있는 어휘체계가 필요하게 된다. 예를 들어, 열차의 좌석 예약에서 여행회사 A에서는 출발지를 "출발역"이라고 하고, 여행회사 B에서는 그대로 "출발지"라고 부른다고 하면, 에이전트는 그 두 가지를 다른 것으로 인식하게 된다. 이 때문에 에이전트 간에 공통의 어휘체계로서 온톨로지가 필요하게 된다.
- 메시지 내용(구문과 의미) : 공통 어휘체계를 이용하는 것을 바탕으로, 그 어휘를 도입한 구문과 의미의 기술에 의해 메시지 내용을 표현한다. 그 표현의 대표적인 것으로 **KIF**(Knowledge Interchange Format)[54]라는, 일차 술어 논리를 확장하여 집합, 술어 논리, 논리연산 등을 기술할 수 있도록 한 지식교환을 위한 표현형식이 있다.

  KIF는 표 14.1에 나타내는 것과 같은 LISP형의 표현형식으로 되어 있다[58].

[58] LISP란 List Processing의 약어로, 프로그래밍 언어의 하나이다. 인공지능 시스템을 구축할 때 빈번하게 사용되는 고급언어의 하나이다.

[표 14.1] KIF의 표기

항/논리식의 표기	KIF
$x + y$	(+ ?x ?y)
$\{p, q, r\}$	(setof p q r)
$\{ x \mid \mathrm{car}(x) \wedge \text{made-in-korea}(x)\}$	(setofall ?x (and (car ?x)(made-in-korea ?x)))
$p(a,b)$	(p a b)
$\exists x\ \forall y\ (actress(x) \wedge love(y,x))$	(exists ?x (forall ?y (and (actress ?x)(love ?y ?x))))

- 메시지 행위(에이전트의 의도) : 통신에 의해 통신대상이 되는 다른 에이전트에게 어떤 행위를 일으키게 하는가(즉, 어떤 의도를 전달하는가)라는 메시지 행위도 메시지 내용과 함께 통신된다. 그 대표적인 것으로 **KQML**(Knowledge Query and Manipulation Language)[38]이 제안되어 있다. 이것은 오스틴(J. L. Austin)의 **발화행위 이론**(speech act theory)[53]에 기반하여 제안된 것이다. 인간 사이의 회화는 단순한 메시지의 교환이 아니라 그것과 함께 어떤 행위가 발생한다는 것으로써, 행위를 발생시키는 발화마다의 타입(예를 들어, "의뢰", "질문", "약속" 등)으로 분류된다.

오스틴의 발화행위 이론에서는 인간의 발화에 의한 행위는 다음과 같이 분석되고 있다.

- 발화행위(locutionary act) : 청자를 향해 말을 하는 행위 그 자체.
- 발화내행위(illocutionary act) : 발화행위에 의해 수행되는 행위.
  예 : "질문", "의뢰" 등.
- 발화매개 행위(perlocutionary act) : 발화내 행위의 결과로써 청자에게 어떤 영향을 미치는 행위.
  예 : 인간들 간의 회화에서는 "질문"은 때에 따라서는 물어보는 것이 아니라 "협조"나 "의뢰"를 의미한다. 즉, 원래의 발화가 가진 수행어가 아니라 다른 수행어에 의해 달성되는 행위를 촉구한다.

이 발화행위 이론에 기반하여 에이전트 통신에서 메시지 행위로 30여 종류 타입의 메시지 행위(**수행어**(preformative word)에 의해 나타난다)를 정의하고 있다. 표 14.2에 일부를 나타낸다[59].

[표 14.2] KQML에서 수행어와 분류

내용 분류	수행어
정보전달	tell, deny, untell 등
질문	ask-if, ask-all, stream-all, reply, evaluate 등
의뢰	achieve, unachieve 등
생성기 관계	standby, ready, next, discard 등
통지	subscribe, monitor 등
네트워크 처리	register, unregister 등
중개 처리	broker-one, recommend-one, recruit-one 등

KQML의 메시지는 위에서 기술한 메시지 행위를 나타내는 수행어를 중심으로 파라미터가 부여된 형태로 기술된다. KQML의 파라미터는 표 14.3에 나타낸다.

[표 14.3] KQML의 파라미터

파라미터	의 미
: sender	수행어의 송신측
: receiver	수행어의 수신측
: reply-with	송신측이 회신을 구하고 있는지를 나타냄
: in-reply-to	회신에 사용하는 라벨
: content	수행어를 이용한 내용의 표시
: language	사용언어
: ontology	사용어휘체계
: force	수행어가 부정되고 있는지를 지정

KQML을 이용한 에이전트 간 통신의 예[60]를 표 14.4에 나타낸다. 에이전트 A(:

[59]자세한 것은 참고문헌[14],[38]을 참조.

[60]이 예는 참고문헌[38]에 기반하고 있다.

[표 14.4] KQML을 이용한 에이전트 간 통신 예

1	에이전트 A → 에이전트 B
	내용: 식의 평가를 요구하여 응답하도록 요구
	(evaluate :language KIF :ontology motors :reply-with q1 :content (val (torque motor1)(sim-time 5)) :sender agent A :receiver agent B)
2	에이전트 B ? 에이전트 A
	내용: q1 (:reply-with에 의한 식별자)에 대한 회신
	(reply :language KIF :ontology motors :in-reply-to q1 :content (scalar 12 kgf) :sender agent B :receiver agent A)

sender agent A)로부터 에이전트 B(: receiver agent B)로의 메시지 내용은, 메시지 내용 표현으로 KIF(: language KIF)를 이용하고, 메시지 내용이 대상이 되는 온톨로지로 motors(: ontology motors)를 사용하고, 내용(: content (val (torque motor1)(sim-time 5)))의 평가(evaluate)를 에이전트 B에게 의뢰한다. 이 때, 메시지에 붙어있는 식별자는 q1이 된다(: reply-with q1). 에이전트 B(: sender agent B)로부터 에이전트 A(: receiver agent A)로의 메시지 내용은, 식별자 q1(: in-reply-to q1)에 대한 회신(reply)이며, 평가결과 내용으로 :content(scalar 12 kgf)를 되돌려 주고 있다. 그리고 사용하는 메시지 내용 표현과 온톨로지는 에이전트 A로부터 에이전트 B로의 통신에서 사용한 것과 같은 KIF와 motors(: ontology motors)이다.

에이전트 간 통신에서 전형적인 통신의 예를 메시지 행위(수행어)의 대응관계로 표 14.5에 나타낸다.

에이전트 간 통신언어에서 어휘는 메시지 내용을 기술할 때 이용되고, 메시지 내용은 메시지 행위의 내용을 기술할 때 이용된다. 기술된 메시지 행위는 네트워크 통신 프로토콜을 이용하여 발송되기 때문에 에이전트 간 통신언어의 계층관계는 그림 14.8과 같이 된다.

[표 14.5] KQML 통신에서 전형적인 수행어의 대응

클라이언트측 (질문측)	통신내용	서버측 (회신측)	통신내용
evaluate	내용 의뢰와 회신 요구	replay, sorry	평가의뢰에 대해 회신함(reply). 혹은 의뢰내용은 이해하고 있으나 회신할 수 없음(sorry).
ask-if	내용이 수신측의 지식베이스에 포함되어 있는지 문의	tell, untell, sorry	내용이 송신측의 지식베이스에 포함되어 있음/포함되어 있지 않음을 통지함(tell/untell). 더 상세한 정보는 회신할 수 없음을 통지함(sorry).
ask-about	수신측의 지식베이스에 포함되어 있는 모든 진술의 제시를 의뢰		
ask-one	질문에 대한 수신측의 회신 중 하나를 요구		
ask-all	질문에 대한 수신측의 회신 전부를 요구		
stream-about	ask-about과 같은 기능인데, 회신을 하나씩 함	tell, sorry, eos	내용은 송신측 지식베이스에 포함됨을 통지함(tell). 더 상세한 정보는 회신할 수 없음을 통지함(sorry). 일련의 회신에서 마지막임을 통지함(eos).
stream-all	ask-all과 같은 기능인데, 회신을 하나씩 함		
achieve	메시지의 내용이 참이 되도록 의뢰함	tell	내용은 송신측 지식베이스에 포함됨을 통지함(tell).
unachieve	메시지의 내용이 거짓이 되도록 의뢰함	untell	내용은 송신측의 지식베이스에 포함되지 않음을 통지함(untell).
standby	송신측이 수신측에게 수행어에 대한 회신 준비를 요구함	ready, tell	송신측은 앞서 보낸 수행어로의 회신 준비가 되어 있음을 나타냄(ready). 내용은 송신측 지식베이스에 포함됨을 통지함(tell).
next	송신측이 앞서 보낸 수행어에 대해 다음 회신을 요구함		
discard	송신측이 더 이상 회신이 필요없다고 통지함		
subscribe	송신측이 수행어로의 회신의 갱신을 요구함	tell, untell	내용은 송신측 지식베이스에 포함됨/포함되지 않음을 통지함(tell/untell).

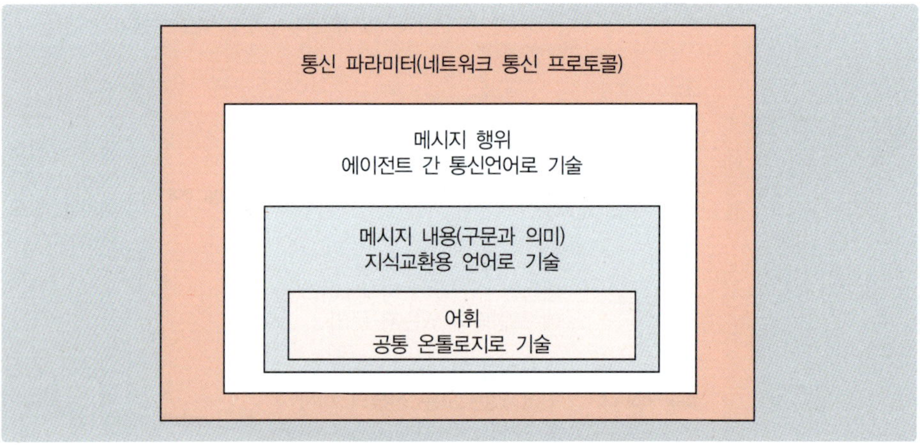

[그림 14.8] 에이전트 간 통신언어의 계층 관계

◆ **상호운용성(interoperability)**

다른 소프트웨어와 정보나 서비스를 교환할 수 없었던 기존 소프트웨어를 에이전트화하여 에이전트 간 통신언어로 **상호운용**(interoperation)을 가능하게 한다.

기존 소프트웨어를 에이전트화하는 대표적인 세 가지 방법으로 다음과 같은 것들이 있다.

◆ **변환기(transducer)에 의한 에이전트화**

기존 소프트웨어와 에이전트 간에 입출력을 변화하는 인터페이스를 만든다. 이것은 기존 소프트웨어의 동작만 알고 있으면 되기 때문에 소스코드를 변경할 수 없을 때 유용한 수단이다.

◆ **래퍼(wrapper)에 의한 에이전트화**

기존 소프트웨어에 에이전트와의 통신 프로그램을 집어넣는 방법. 기존 소프트웨어의 소스코드에 직접 액세스함으로써 변환기를 이용하는 것보다 효율적인 통신이 실현될 수 있다.

◆ **재작성(rewrite)에 의한 에이전트화**

기존 소프트웨어 자체를 다시 작성한다. 위의 두 방법을 넘어서는 처리능력을 실현할 수 있지만 개발 비용이 커지게 된다.

14.3.1 에이전트 아키텍처

시스템 전체가 커져서 통신대상이 되는 에이전트의 수가 증가하면 어떤 에이전트에게 통신을 해야 하는지 등, 에이전트 간의 통신관리가 복잡하게 된다. 따라서 에이전트 간 통신에 **조력자**(facilitator)라는 에이전트 간 통신관리를 전문으로 하는 에이전트를 개입시켜 시스템 전체 통신의 효율화를 노린다. 이와 같은 아키텍처를 **연방 아키텍처**(federation architecture)[39], [40]라고 부른다(그림 14.9).

조력자를 이용한 에이전트 간 통신에는 다음과 같은 것이 있다.

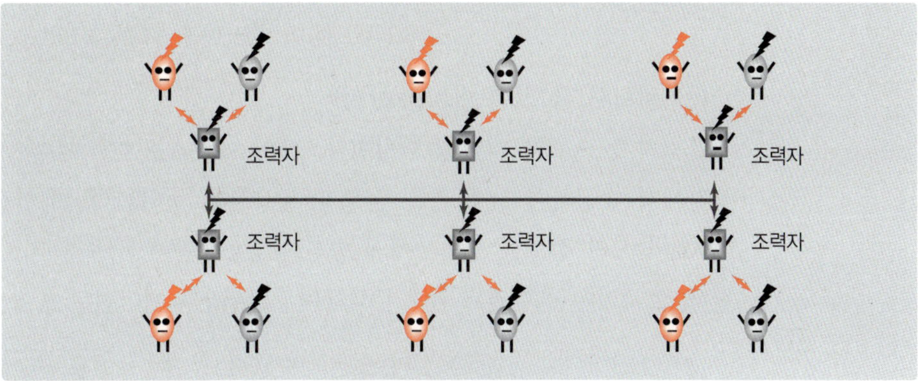

[그림 14.9] 연방 아키텍처

(a) 직접통신(Point-to-Point형)

조력자를 이용하지 않는 일반 에이전트 간 통신. 즉, 서로 존재를 알고 있는 에이전트 사이에서의 통신. 에이전트 A로부터 ask(x)의 메시지가 에이전트 B에게 송신되어, 에이전트 B로부터 에이전트 A로 회신 메시지 tell(x)가 회신된다.

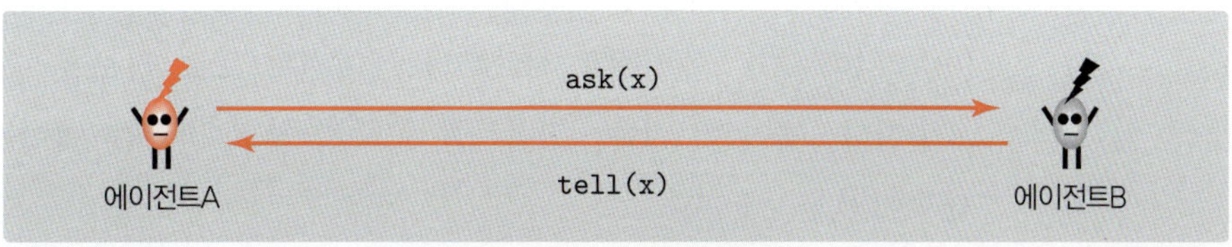

[그림 14.10] 직접 통신

(b) 정보 중개 통신(subscribe형)

조력자가 정보 매개를 수행하는 타입의 통신. 에이전트 A는 subscribe(ask(x))를 조력자에게 보낸다. 에이전트 B는 tell(x)를 조력자에게 보내어, 조력자는 x의 정보를 에이전트 A에게 송신한다. 이것은 복수의 에이전트가 동일한 정보(이 경우, 에이전트 B의 정보 x)를 필요로 할 때 유용한 통신형태가 된다.

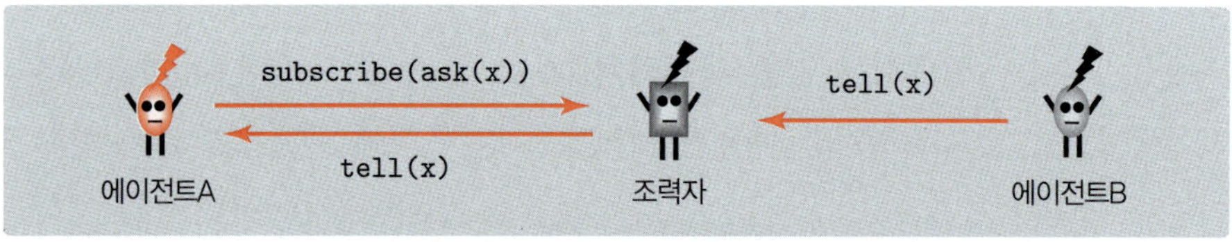

[그림 14.11] 정보 매개 통신

(c) 메시지 중개 통신(broker형)

조력자가 브로커 역할을 담당한다. 에이전트 A는 broker(ask(x))의 정보를 조력자에게 송신하여 x에 관한 정보가 필요함을 전달한다. 에이전트 B는 advertise(ask(x))의 정보를 조력자에게 송신하여 x에 관한 정보를 가지고 있음을 전달한다. 조력자는 에이전트 B에 문의하여 그 결과를 에이전트 A에게 전달한다.

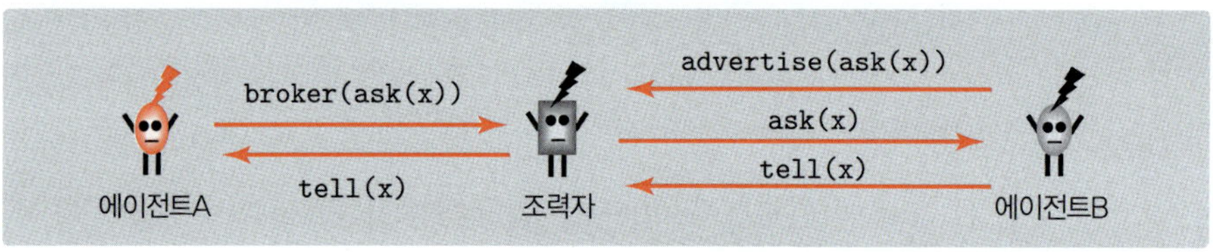

[그림 14.12] 메시지 중개 통신

(d) 메시지 전송 통신(recruit형)

broker형과 유사한 통신형태이다. 조력자는 에이전트 A로부터 요구를 받으면 (recruit(ask(x)), 에이전트 B로부터 에이전트 A로 정보를 송신하도록 ask(x)로 요구한다. 에이전트 B는 조력자를 통하지 않고 결과를 에이전트 A에게 전송한다 tell(x).

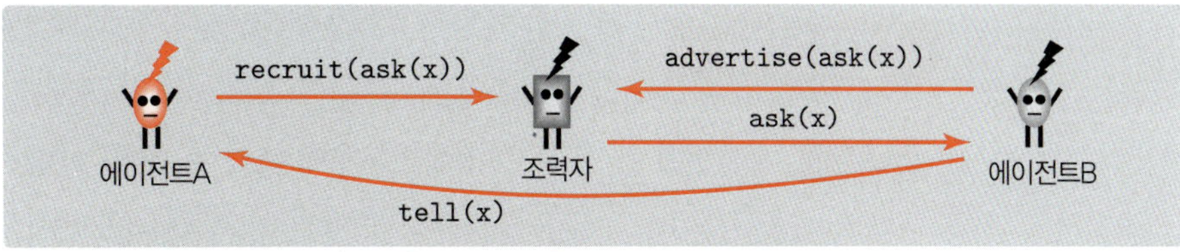

[그림 14.13] 메시지 전송 통신

(e) 에이전트 소개 통신(recommend형)

broker형과 유사한 통신형태이다. 조력자는 정보를 요구하고 있는 에이전트 A에 대해 직접 정보를 제공하지 않고 정보를 보유하고 있는 에이전트 B를 소개한다.

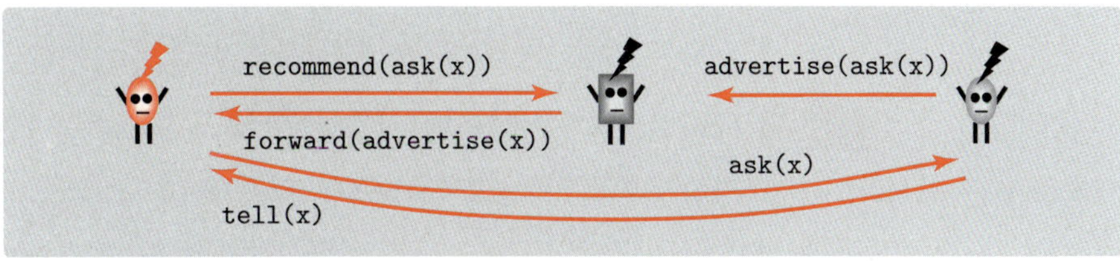

[그림 14.14] 에이전트 소개 통신

◆ 에이전트 기술의 응용

에이전트 기술을 도입함으로써 각 모듈을 다른 모듈과 독립시켜 개발하는 것이 가능해져 시스템의 개발효율이 높아진다. 구체적으로는 경매에서 자동 거래, 멀티모달 인터페이스[61]의 개발 등 다양한 응용분야에서 에이전트 기술은 중심적인 역할을 담당하고 있다. 특히, 로보캅 프로젝트[55]는 2050년까지 휴머노이드 로봇의 축구팀이 세계 챔피언 인간팀에게 이기는 것을 목표로 시작하여, 현재 대상을 축구뿐만 아니라 대규모 재해 구조를 전략적으로 수행하는 로보캅 구조대나 가정 내에서 인간과 로봇의 공동 작업을 지원하는 로보캅 홈 등, 여러 가지 프로젝트가 진행되고 있어 에이전트 기술 개발과 응용에 힘을 쏟고 있다.

[61] 음성이나 영상, 텍스트 등 복수의 미디어를 이용하여 사람과 커뮤니케이션을 하기 위한 인터페이스.

연습문제

문제 1 에이전트의 동작 특징을 들어서 각각에 대해 설명하시오.

문제 2 인터페이스 에이전트와 멀티 에이전트 시스템이란 어떤 시스템인지 각각 설명하시오.

문제 3 계약망 프로토콜이란 무엇인지 설명하시오. 그리고 그것을 이용한 처리에는 어떤 것이 있는지 들어서 각각에 대해 설명하시오.

문제 4 에이전트 기술에 의한 상호운용성(interoperability)이란 어떤 것인지 설명하시오.

문제 5 에이전트 아키텍처에서 조력자가 담당하는 역할에 대해 설명하시오.

연습문제 정답

제 1 장

문제 1 p.2에서 "튜링 테스트" 항목을 참조하여 해답하시오.

문제 2 p.2에서 "튜링 테스트" 항목을 참조하여 해답하시오.

문제 3 유한한 정보처리 능력밖에 갖고 있지 않는 인공지능은 대상세계에 존재하는 모든 문제를 처리할 수 없다. (상세한 것은 p.4 참조)

제 2 장

문제 1 2.1절 참조.

문제 2 2.1절 참조.

문제 3 2.1절 참조.

문제 4 미로에 아래 그림 왼쪽과 같이 번호를 붙인다고 하자. 이것을 기반으로 얻어지는 탐색트리는 아래 그림 오른쪽과 같이 된다.

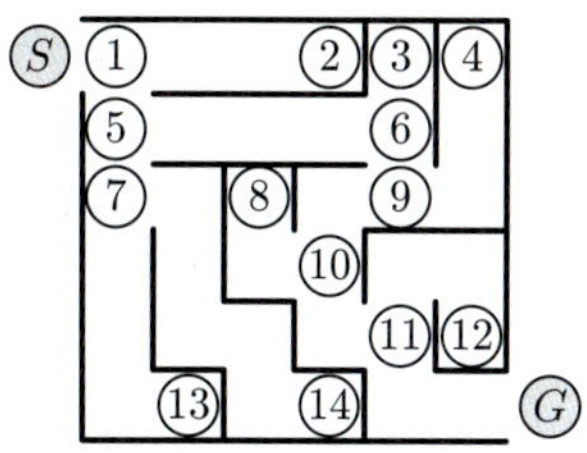

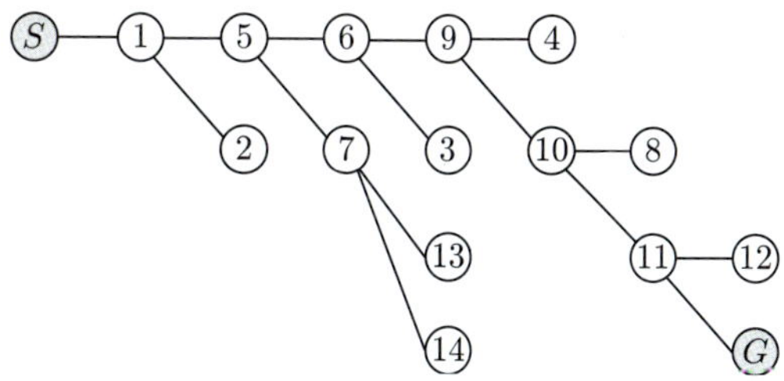

문제 5 2.2.2절을 참조하여 모두 써낸다. 연산사가 24개가 되는 것을 확인한다.

제 3 장

문제 1 3.1절, 3.2절 참조.

문제 2 3.1절 참조.

문제 3 각각 다음과 같이 된다.

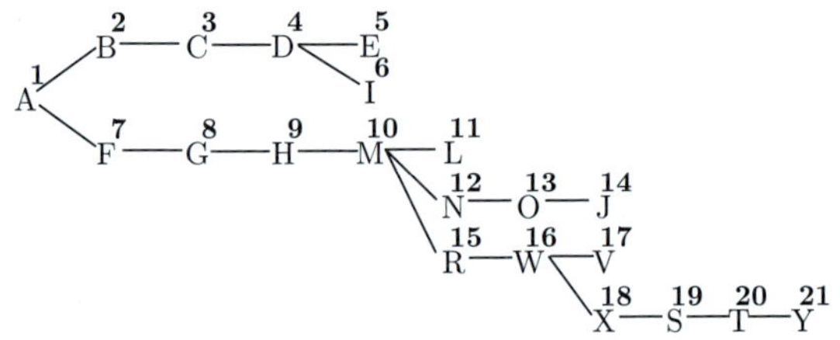

깊이 우선 탐색에 의한 탐색 경로

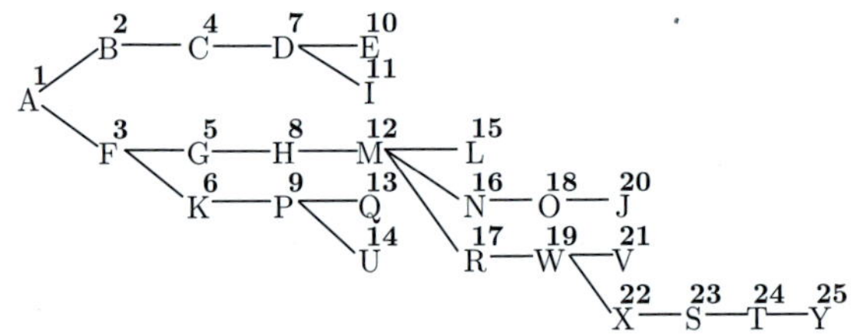

너비 우선 탐색에 의한 탐색 경로

문제 4 3.2.1절 참조.

문제 5 최적 탐색에서는 사전에 탐색 경로의 비용을 알고 있는 등에 의해 목적하는 곳까지의 최적 경로를 발견할 수 있다. 반면 최고 탐색에서는 휴리스틱 함수를 이용하여 최고라고 생각되는 경로를 탐색하면서 목적하는 곳까지의 경로를 발견한다.

문제 6 3.2.4절 참조.

문제 7 (a) A*알고리즘에서는 평가함수에서 $h'(p) \leq h(p)$ 함수가 성립하고 있을 때 반드시 최적해가 얻어진다는 것을 보증하고 있기 때문에, 이 경우 벽이 없다고 가정하고 $h'(p)$를 설정함으로써 그 조건을 만족하고 있다.

(b) 다음에 나타내는 것처럼 된다.

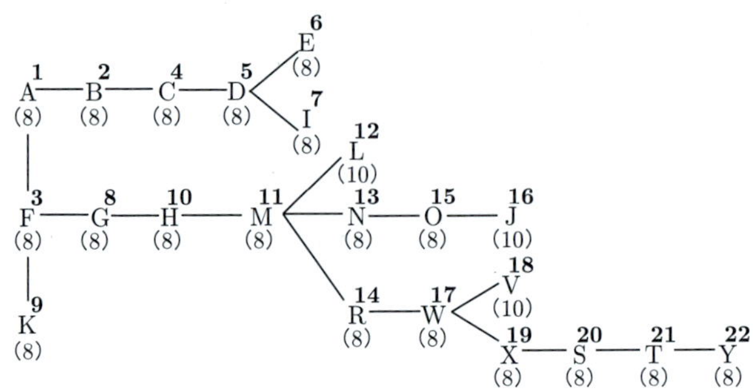

제 4 장

문제 1 그림 4.4 참조.

문제 2 $2^4-1=15$회, 원반의 이동 과정은 각자 생각해서 해답하시오.

문제 3 4.2절 참조.

문제 4 다음과 같이 된다.

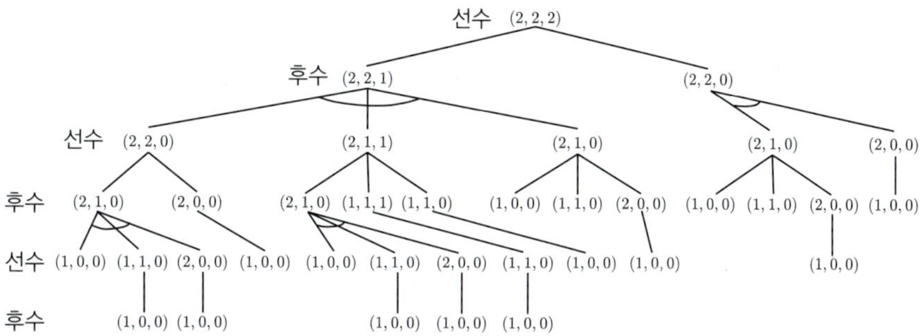

문제 5 4.2.1절 참조.

문제 6 4.2.2절 참조.

문제 7 (a) 패스는 A → B → G → O로 된다. 국면의 평가값은 다음 그림 안에 나타낸다.

(b) β자르기가 되는 것은 R, α자르기가 되는 것은 U, V, J.

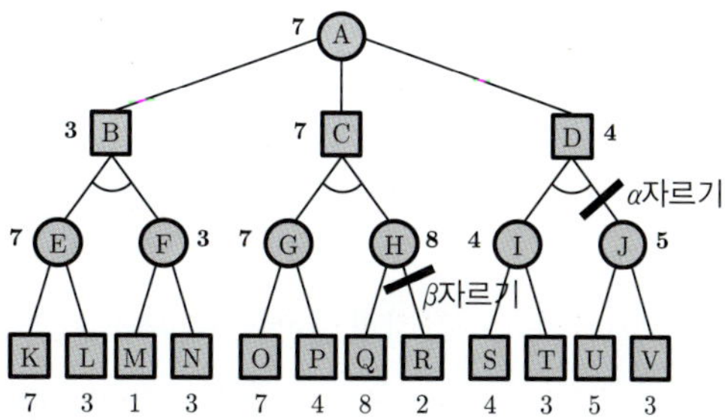

제 5 장

문제 1 (a) $(\neg p \vee q) \wedge (p \vee \neg q) \wedge (p \vee \neg r)$ (b) $(\neg p \vee r) \wedge (p \vee \neg q) \wedge (r \vee \neg q)$

문제 2 (a) $(\neg p \wedge \neg q) \vee (\neg p \wedge \neg r) \vee (r \wedge q)$ (b) $\neg p \vee q \vee (q \wedge \neg p) \vee q$

문제 3 진리표를 작성하여 주어진 논리식의 진리값이 모두 참이 되어 있는 것을 확인한다. 논리식의 동치 변환에 대해서는 5.1.3절을 참조하여 해답하시오.

문제 4 5.1.7절 참조.

문제 5 (a) 영이는 대학생이다. (대학생(영이))

(b) 사람은 두 개의 눈을 가지고 있다. ($\forall x$(사람(x)→눈의수(2)))

(c) 다친 사람은 달리지 못한다. ($\forall x$(사람(x)∧다치다(x)→¬달리다(x)))

(d) 모든 사람이 인정하는 상이 있다.

($\exists y \forall x$(모든사람(x)∧상(x)∧인정하다(x, y)))

문제 6 (a) $\exists x_1 \forall x_2 \forall x_3 \forall x_4\ [(\neg P(x_1,x_2) \vee P(x_3,x_4) \vee R(x_3,x_4)) \wedge (\neg Q(x_2) \vee P(x_3,x_4) \vee R(x3,x4\ ))]$

(b) $\exists x_1 \exists x_2 \forall x_3 \forall x_4 \forall x_5 \forall x_6 \forall x_7 [P(x_1,x_2) \wedge (\neg P(x_3,x_5) \vee Q(x_4,x_5)) \wedge \neg Q(x_6,x_7)]$

제 6 장

문제 1 6.2절 참조.

문제 2 (a) $\forall x_1 \forall y_1([\neg P(x_1) \vee Q(x_1,\mathrm{f}(x_1)), \neg P(a) \vee \neg R(g(y_1))])$

절집합 표현 : $\{\neg P(x_1) \vee Q(x_1 f(x_1)), \neg P(a) \vee \neg R(g(y_1))\}$

(b) $\forall x_1 \forall y_1([\neg P(x_1 f(x_1)) \vee Q(x_1)] \wedge [\neg P(a,y_1) \vee \neg R(g(y_1))])$

절집합 표현 : $\{\neg P(x_1 f(x_1)) \vee Q(x_1), \neg P(a,y_1) \vee \neg R(g(y_1))\}$

(c) $\forall x_1 \forall y_1([\neg P(x_1 f(x_1)) \vee Q(x_1)] \wedge [\neg P(a,y_1) \wedge \neg R(g(y_1))])$

절집합 표현 : $\{\neg P(x_1 f(x_1)) \vee Q(x_1), P(a,y_1), \neg R(g(y_1))\}$

문제 3 절$\{\neg P \vee \neg Q \vee R,\ \neg P \vee Q,\ P,\ \neg Q \vee \neg R\}$로부터 도출 트리를 이용하여 공백 절을 도출하면 된다.

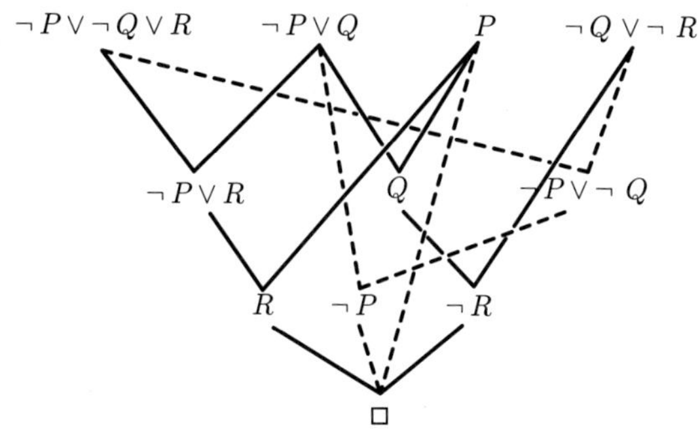

문제 4 다음과 같은 도출 트리가 얻어진다.

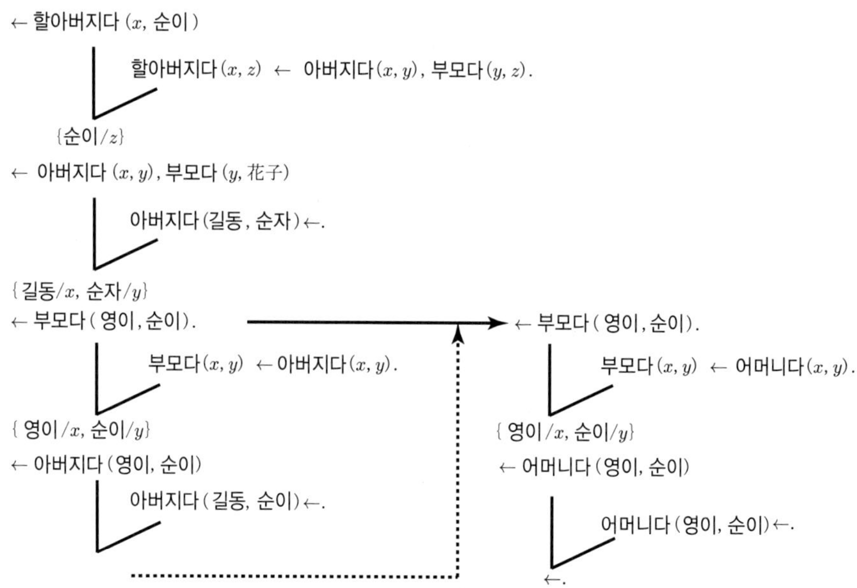

제 7 장

문제 1 7.1절 참조.

문제 2 영이를 뭔가의 개념 인스턴스로 생각하면(예를 들어 "인간"이라는 개념), 영이는 복수의 역할(즉, 대학생과 회사원)을 가지고 있다. 역할을 고려한 의미 네트워크의 기술도 가능하지만, 이 책에서는 역할의 개념에 대한 상세는 다루고 있지 않기 때문에 다음에 보이는 것처럼 영이를 직접 개념으로 취급하여 의미 네트워크를 기술한다.

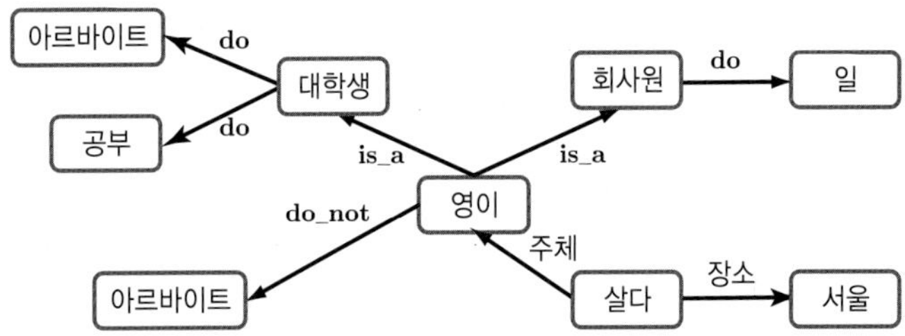

문제 3 (a) 상속(성질(속성)의 계승) (b) 다중상속 (c) 예외

문제 4 7.2.3절에서 "의미 네트워크의 특징" 항목을 참조하여 해답하시오.

문제 5 의미 네트워크를 기술할 때 그 정의가 애매한 정의 속성이나 성질 속성을 명확하게 체계화하고 구축된 지식을 다른 시스템에서도 상호운용을 가능하게 하는 지식의 재이용과 공유를 목적으로 한 지식 기술을 위한 틀을 제공하는 것을 목적으로 하고 있다. 복수의 다양한 시스템이 온톨로지로 기술됨으로써 각각의 기능을 객관적으로 관찰, 비교하는 것이 가능하게 된다. 온톨로지는 모든 시스템에서 지식의 공유화, 상호운용을 수행하는 기반기술을 제공하려고 하고 있다.

문제 6 7.3.2절 참조.

문제 7 7.3.3절 참조.

문제 8 7.3.3절 참조.

문제 9 7.3.5절 참조.

제 8 장

문제 1 프레임을 이용하여 표현한 것을 아래에 나타낸다.

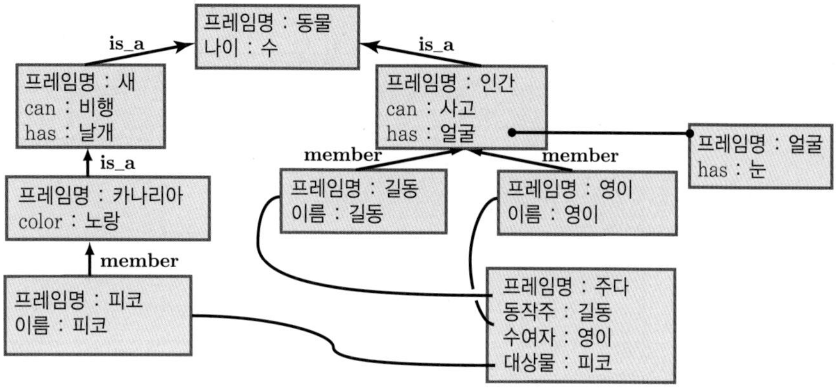

문제 2 8.1절 참조.

문제 3 8.2절 참조.

문제 4 8.3절 참조.

문제 5 8.3.1절 참조.

제 9 장

문제 1 그림 9.1에 기초하여 9.1절에서의 설명을 참조하여 해답하시오.

문제 2 9.1.3절에서 "경합 해소"의 항목을 참조하여 해답하시오.

문제 3 9.3절 참조.

문제 4 아래에 나타낸 것처럼 된다.

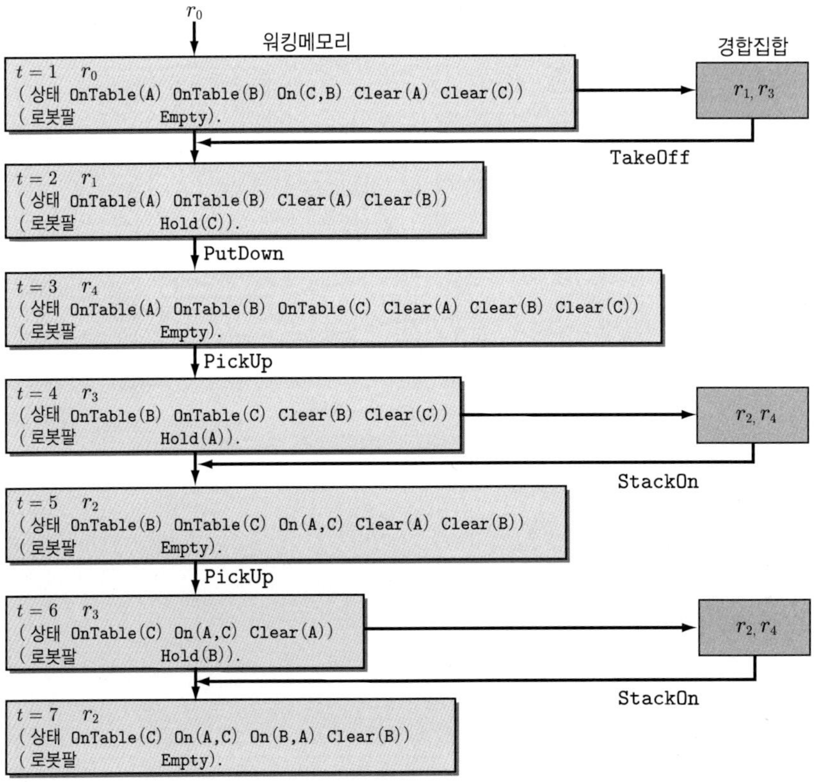

제 10 장

문제 1 크리스프집합은 특정 함수가 1 또는 0의 이치값을 취하는 데에 반해, 퍼지집합은 [0,1]의 연속값을 가진다.

문제 2 예를 들어, 전체집합을 1월부터 12월이라고 할 때, "여름"을 나타내는 퍼지집합은 다음과 같이 표현된다.

"여름"의 퍼지집합 = 0.0/1월 + 0.0/2월 + 0.0/3월 + 0.0/4월 + 0.2/5월 + 0.5/6월 + 0.8/7월 + 1.0/8월 + 0.8/9월 + 0.2/10월 + 0.0/11월 + 0.0/12월

그리고 $\widetilde{A}$ ="5와 거의 같은 실수"를 연속적 표현방법으로 나타내면 예

를 들어 다음과 같이 된다.

$$\widetilde{A}=\int_{X}^{\square} e^{-|x-5|}/x$$

문제 3 $\widetilde{A}$를 퍼지집합, 그리고 A^c를 보집합이라고 할 때, $\widetilde{A} \cup \widetilde{A}^c$는 크리스프 집합처럼 전체집합으로 되지 않고 그림 10.5에 나타난 것과 같이 각각의 퍼지집합의 멤버십 함수의 최대값을 가진 집합으로 된다. 그리고 모순법칙은 $\widetilde{A} \cap \widetilde{A}^c$가 크리스프집합처럼 공집합이 되지 않고 그림 10.6에 나타난 것과 같이 각각의 퍼지집합의 멤버십 함수의 최소값을 가진 집합이 된다.

문제 4 예를 들어, 아래와 같은 퍼지추론 규칙을 예로 들 수 있다.

악셀 패달을 세게 밟으면 차가 빨리 달린다.

악셀 패달을 보통으로 밟으면 차가 보통으로 달린다.

악셀 패달을 약하게 밟으면 차가 천천히 달린다.

문제 5 10.2.1절 참조.

문제 6 10.2.2절 참조.

문제 7 식 (10.34)로부터 식 (10.38)로의 식의 전개를 참조하여 해답하시오.

제 11 장

문제 1 11.1절 참조.

문제 2 정례로 학습대상이 가지는 특성을 학습하고, 부례로 학습대상이 가지지 않은 특성을 학습한다. 어떤 개념은 그 개념의 특성을 나타내는 속성과 값으로 규정된다. 따라서 학습대상이 되는 개념은 그 특성을 나타내는 속성값이 가장 일반화된 것과 가장 특수화된 것의 사이에서 반드시 존재하게 된다. 이것을 이용하여 가장 일반화된 개념으로부터 특수화를 수행함으로써, 그리고 가장 특수화된 개념으로부터는 일반화를 수행함으로써 학습대상이 되는 내명의 정례와 부례로 속성값이 규정되는 것을 발견함으로써 개념학습을 가능하게 한다.

문제 3 "한국차"의 개념은 다음과 같이 된다.

배기량 : 중
연비 : 양호
사이즈 : *

문제 4 주어진 데이터 집합으로부터 개념분류된 결정트리를 자동으로 생상하는 방법. 상세한 것은 11.3절의 설명을 참조하여 해답하시오.

문제 5 다음 결정트리가 생성된다.

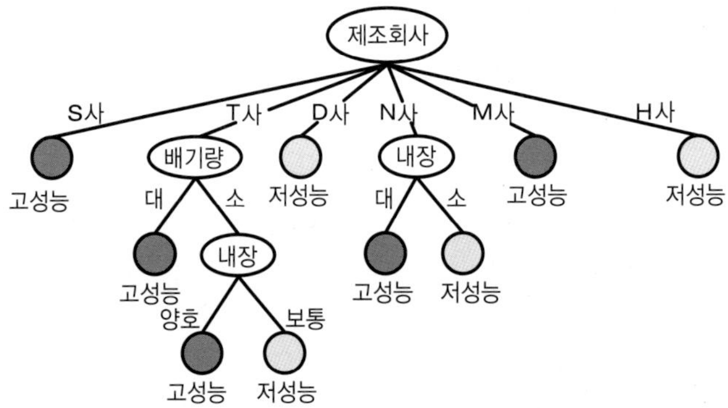

문제 6 11.4절, p.135 참조.

문제 7 11.4.1절 참조.

문제 8 그림 11.6에 나타난 관계로부터 도출된다. 상세한 것은 11.4.1절의 설명을 참조하여 해답하시오.

제 12 장

문제 1 그림 12.2 참조.

문제 2 계층형 네트워크 모델, 상호결합형 네트워크 모델

문제 3 12.2.1절의"퍼셉트론의 특징" 항목을 참조하여 해답하시오.

문제 4 12.2.1절의 식 (12.5)가 성립하는 것을 나타내어 해답하시오.

문제 5 뉴럴 네트워크 모델에서 중간층과 출력층, 두 층 간의 시냅스 가중치

수정의 기본량. 상세한 것은 12.2.3절을 참조하여 해답하시오.

문제 6 델타 규칙을 중간층 간의 시냅스 가중치 갱신에 적용할 수 있도록 일반화한 것. 상세한 것은 12.2.3절을 참조하여 해답하시오.

문제 7 p.146의 "back propagation 네트워크의 특징" 항목을 참조하여 해답하시오.

문제 8 12.3.1절 참조.

문제 9 p.151에서"연상기억의 행렬 계산"에 설명되어 있는 식 (12.31)에서 식 (12.37)까지를 참조하여 설명하시오.

문제 10 온도 파라미터 T를 에너지 함수 안에 도입함으로써 호프필드 네트워크와 같이 에너지 함수가 감소방향으로만 동작하는 것을 피한다. 초기상태에서 고온으로 네트워크를 가동시키고 안정상태로 수렴하는 방향으로 향하면 온도를 천천히 내려가게 함으로써 국소해로 빠지지 않도록 하여 최적해를 발견할 수 있는 가능성을 증가시키기 위해 이용된다.

제 13 장

문제 1 예를 들어 조합 문제에서 최적해를 발견하는 데에는 NP완전문제로 되어버려서 실시간 안에 해가 발견되지 않을 때 실시간 안에 최적해의 근사해를 발견하는 경우 등에 사용된다.

문제 2 13.3절에서 "GA 처리의 흐름" 항목을 참조하여 해답하시오.

문제 3 13.3절에서 "돌연변이" 항목을 참조하여 해답하시오.

문제 4 통학경로의 최적해를 구하는 등. 금액과 시간, 양쪽 모두를 제약조건으로 간주할 수 있다.

문제 5 돌연변이가 작으면 자식의 유전자가 부모의 유전자 성질을 이어받는 경향이 강하게 되어 해의 탐색에 다양성을 잃고 국소해에 빠질 가능성이 높아지게 된다. 한편, 돌연변이율이 크면 해에 가까운 좋은 유전자를 파괴할 가능성이 높아진다.

제 14 장

문제 1 14.1절 참조.

문제 2 14.2.1절, 14.2.2절 참조.

문제 3 14.2.2절 참조.

문제 4 p.176의 "상호운용성" 항목을 참조하여 해답하시오.

문제 5 14.3.1절의 facilitator의 설명을 참조하여 해답하시오.

참 고 문 헌

[1] 人工知能の基礎知識, 太原郁夫,近代科社,1988.

[2] 人工知能の理解を深める本, 和多田作一, 務育出版社, 1986.

[3] 知識の表現と利用,上野晴樹,石塚,オム社,1987.

[4] 岩波講座 情報科7 論理と意味, 長尾,淵一博,岩波書店,1983.

[5] IT Text 人工知能, 本位田一, 松本一, 宮原哲浩, 永 井保夫, オム社, 2005.

[6] 知識と推論(Information Science & Engineering-T1), 新田 克己, サイエンス社, 2002.

[7] 情報工シリズ20 人工知能, 菅原次,1997.

[8] 人工知能システムの基礎－基礎からエジェントまで－, 小倉久和, 小高知宏, 近代科社, 2001.

[9] 知能システム工入門, 松本啓之亮,浩一,森直樹, コロナ社,2002.

[10] 人工知能の基礎,西田豊明,丸善株式社,1999.

[11] 人工知能の基礎 (情報系科書シリズ),馬場口 登, 山田誠二,昭晃堂,1999.

[12] 人工知能論—コンピュタ知能からWeb知能まで, 荒屋 二, 共立出版, 2004.

[13] エジェントシステムの作り方,木下哲男,桑原和宏,菅 沼拓夫,菅原次,服部文夫,原英樹,藤田茂,電子情報通信,2001.

[14] 情報理編集 IT Text「エジェント工」,西田豊明,木下哲男,北村泰彦,間健二 共著, オム社, 2002.

[15] 西田豊明,木下哲夫,北村泰彦,間健二,IT Text エジェント工,オム社,2002.

[16] オントロジ工 (知の科),溝口理一,オム社, 2005.

[17] オントロジ構築入門, 古崎 晃司, 笹島 宗彦, 來村 信(著), 溝口 理一(編集), オム社, 2006.

[18] エレクトロニクスシリズ, ニュロファジィ遺 的アルゴリズム, 萩原文, 産業書, 1994.

[19] これなら分かる最適化 - 基礎原理から計算手法まで -,金谷健一,共立出版株式社,2005.

[20] オブジェクト指向からエジェント指向へ,本位田一,大 須賀昭彦,ソフトバンク株式社,1998.

[21] 職シリズ基礎編 6 , 集合論理, 細井勉, 共立出版株式社, 1982.

[22] ニュラルネットワク情報理 - コネクショニズ ム入門, あるいは柔らかな記に向けて -,麻生英樹,産業書株式社,1988.

[23] 習とニュラルネットワク (電子情報通信工シ リズ), 熊 逸夫, 森北出版, 1998.

[24] やわらかい情報理—生物にぶ最適化技法 (Information Science&Engineering), 吉田 紀彦,2004.

[25] ベイジアンネットワク 技術 ユザ顧客 のモデル化と不 確性推論, 本村 陽一, 岩崎 弘利, 東京電機大出版局, 2006.

[26] ファジィ工入門, 本多 中二, 大里 有生, 海文堂出版, 1989.

[27] サデファジィ理論, L.A.Zadeh著,菅野道夫,向殿政男監,日刊工業新聞社,1992.

[28] 岩波講座ソフトウェア科(15)自然言語理,長尾 編纂, 岩波書店, 1996.

[29] 自然言語理—基礎と用, 田中 積, 電子情報通信, 1999.

[30] 自然言語理ことはじめ:言葉をえ話のできるコンピュ タ, 荒木健治, 森北出版株式社,2004.

[31] 言語と計算 (4) 確率的言語モデル, 北 二, 東京大出 版,1999.

[32] 岩波講座 マルチメディア情報 4 文字と音の情報理, 長尾,宇津呂武仁, 島津明, 坂芳典,井口征士,片寄晴弘,岩波書店,2000.

[33] Artificial Intelligence: A Modern Approach (Prentice Hall Series in Artificial Intelligence) 2nd-edition, Stuart J. Russell, Peter Norvig, Prentice Hall, 2002.

[34] Artificial Intelligence, Patrick Henry Winston, Addison Wesley, 1984.

[35] AI Application Programming (Programming Series), M. Tim Jones, Charles River Media,2005.

[36] Learning Bayesian Networks (Artificial Intelligence), Richard E. Neapolitan, Prentice Hall, 2003.

[37] Allan M. Collins; M.R. Quillian (1969). "Retrieval time from semantic memory". Journal of verbal learning and verbal behavior 8 (2): 240-248.

[38] Schank, R. C.: Dynamic memory: A theory of reminding and learning in computers and people. Cambridge University Press, Cambridge, England, 1982.

[39] "Specification of the KQML Agent-Communication Language – plus example agent policies and architectures", The DARPA Knowledge Sharing Initiative External Interfaces Working Group, with major contributions from Tim Finin (co-chair),University of Maryland ; Jay Weber (co-chair),Enterprise Integration Technologies ; Gio Wiederhold (former co-chair),Stanford University ; Michael Genesereth,Stanford University ; Richard Fritzson,Donald McKay, Paramax Systems ; James McGuire,Richard Pelavin,Lockheed AI Center ; Stuart Shapiro, SUNY Buffalo ; Chris Beck,University of Toronto, 1993.

[40] Neches, R., Fikes, R., Finin, T., Gruber, T., Patil, R.,Senator, T., and Swartout. W.R.:Enabling technology for knowledge sharing. *AI Maganize*, Vol. 12, No. 3, pp.36–56, 1991.

[41] Patil, R. S., Fikes, R.E., Patel-Schneider, P.F.,McKay, D.,Finin, T.,Gruber, T.R., and Neches, R.: The DARPA knowledge sharing effort: Knowledge Representation and Reasoning: Proceedings of the Third International Conference, *Morgan Kaufmann*, 1992.

[42] McCulloch, W. S. and Pitts, W. H., A logical calculus of the ideas immanent in nervous activity. Bulletin of Mathematical Biophysics, 5:115-133, 1943.

[43] Fuzzy Sets Theory, L.A.Zadeh, Information and Control 8 (3) 338–353, 1965.

[44] Generalization as Search, Artificial Intelligence, Vol.18, No.2, pp.203–226,1982.

[45] Learning Efficient Classification Procedures and Their Application to Chess Endgames, J.R.Quinlan, In R.S. Michalski, J.G.Carbonell, and T.M.Mitchell, editors, Machine Learning –An Artificial Intelligence Approach–, Vol.1,pp.463–482. Tioga, 1983.

[46] The Effect of Noise on Concept Learning. J.R.Quinlan, In R.S. Michalski, J.G.Carbonell, and T.M.Mitchell, editors, Machine Learning –An Artificial Intelligence Approach–, Vol.2,pp.149–166. Morgan-Kaufmann, 1986.

[47] Induction of Decision Trees, J.R.Quinlan, Machine Learning, Vol.1, No.2,pp.81-106,1986.

[48] R.C.Schan and R.Abelson: Scripts, Plans, Goals, and Understanding, Lawrence Erlbaum Associates, 1977.

[49] Jeff Heflin, OWeb Ontology Language (OWL) Use Cases and Requirements (http://www.w3.org/TR/webont-req/) , 2004-02-10, W3C Recommendation (http://www.w3.org/TR/webont-req/)

[50] Matthew Horridge,Holger Knublauch, Alan Rector, Robert Stevens, Chris Wroe, A Practical Guide To Building OWL Ontologies Using The Protégé-OWL Plugin and CO-ODE Tools Edition 1.0, The University Of Manchester

[51] Newell, A. and Simon, H.A. Human Problem Solving, Prinrice-Hall, Upper Saddle River, New Jersey, 1972.

[52] The Society of Mind, Marvin Minsky, Touchstone Books, 1988.

[53] http://www.fipa.org/

[54] John Langshaw Austin, How to Do Things with Words, Harvard University Press, 1962.

[55] http://www-ksl.stanford.edu/knowledge-sharing/kif/

[56] http://www.robocup.org/

[57] Charles J. Fillmore, The Case for Case, In Bach and Harms (Ed.): Universals in Linguistic Theory. New York: Holt, Rinehart, and Winston, pp.1-88, 1968.

색 인

ㅂ

ㅅ

ㅇ

ㅈ

A~Z

역자소개

장문수 교수	서경대학교 컴퓨터과학과	**심귀보 교수**	중앙대학교 전자전기공학부
박계각 교수	목포해양대학교 국제해사수송과학부	**이상용 교수**	경남대학교 컴퓨터공학과
김광백 교수	신라대학교 컴퓨터소프트웨어공학부	**조영임 교수**	가천대학교 IT대학 컴퓨터공학과

인공지능의 기초

고바야시 이치로(小林一郎) 저자
장문수 · 심귀보 · 박계각 · 이상용 · 김광백 · 조영임 역자

1판 1쇄 발행 2014년 3월 5일
1판 2쇄 발행 2017년 3월 10일

편집인 명 혜 란
펴낸이 안 기 열
발행처 **드림미디어**
서울특별시 마포구 연남동 493-1번지 세창빌딩 501호
전 화 (02)332-3812~3
팩 스 (02)323-4560
메 일 dream356@empas.com

등록번호 제 6-0465호
ISBN 978-89-9150-50-8

정가 18,000원